關公崇拜
溯源

胡小偉 ── 著

從「斬蚩尤」神話到宋朝天象解說，
為什麼歷代皆尊關羽為忠義的化身？

壯志威風千古在，英雄氣概萬夫奇。堂堂廟貌人瞻仰，忠勇惟君更有誰？

威震華夏，聲名絕代！

成神後的關羽，何以能影響人世至今？
其中有多少鮮為人知的政治陰謀牽扯其中？
而關公崇拜又是如何凝聚各民族間的情感？

目錄

目錄

一個特立獨行的人（代序）

—— 懷念胡小偉先生

　　我和胡小偉先生相識是在一九七五年。當時胡先生在秦皇島農村中學教書，我在河北師範學院教書 —— 原在北京的河北北京師範學院搬到河北宣化，校名去掉「北京」二字，成了河北師範學院；後又搬到石家莊，與河北師大合併成為新的河北師範大學。河北北京師範學院這個學校很老，最早可以追溯到順天府學堂（西元一九〇二年）和順天府高等學堂（西元一九〇七年）。這所學校在強手如林的在京高校中，也堪稱實力雄厚。以我所知的歷史專學而言，著名史學家賴家璧、李光度、胡如雷、苑書義等都在該校任教，中文系有著名語言學家朱星。胡小偉是在這裡畢業的。他在秦皇島教書時，想調到宣化的河北師院工作，但沒有實現。他的同學錢競在那裡講授文藝理論，與我是同事。他來找錢競，我們自然就認識了。印象中他說話嗓門很大，常常哈哈大笑。蘇叔陽先生是他和錢競的大學班主任，我的大學校友，蘇叔陽比我高兩屆。我與蘇叔陽在一九六七年認識，當時是「文化大革命」中，首都大專院校有所謂「天派」和「地派」，兩派各編排演出一臺大歌舞劇互相爭勝，都是模仿《東方紅》大歌舞劇的架勢。參加創作和演出的都是各校師生，創作、排練都在北京體育學院的場館和宿舍。我和同學 —— 人大中文系學生左正一起參加「天派」大歌舞創作，蘇叔陽先生，還有楊金亭先生（後任《詩刊》副主編、中華詩詞學會顧問）作為河北北京師院中文系老師也參加創作組。我們以此結為朋友，這是一層關係；

代序

一九七四年我到宣化的河北師範學院教書，與在那裡工作的錢競成了同事，又認識了他的同學胡小偉，這又是一層關係。掐指一算，五十多年過去了。現在錢競、小偉、蘇叔陽及左正（後為作家）四位朋友都駕鶴西去，正是「知交半零落」，令人不勝唏噓！

胡小偉先生是一個什麼樣的人呢？胡先生去世的追思會我沒能參加，但我為追思會寫了四個字：「特立獨行」。他是個特立獨行的人，很特別、很自我，不在乎別人的看法、不在乎周圍的輿論。不管！就要做我胡小偉，認準一個方向往前走。在中國社會科學院文學研究所做關公文化研究是他的選擇。他認為關公文化是一個大題目，關公文化是中華民族精神的重要體現。經過艱苦的研究，在二〇〇五年出了五卷本的《中國文化史研究·關公信仰研究系列》。在他的推動下，中國文物保護基金會成立關公專項基金管理委員會。關公文化研究的等級一下子提高了，從民間信仰進入學術領域，從文化愛好者的領域提高到學術研究領域。推動深入研究關公文化是他的重大貢獻。他的足跡遍及全國各地的關帝廟、老爺廟、文武廟，研究視野很寬廣，臺灣以及亞洲各國、俄羅斯、美國各地的關公信仰都進入考察範圍。凡是關公文化界的朋友都對他很崇敬。

研究關公，崇拜關公的人，自然也就濡染了關公的忠義、豪邁精神。這在小偉身上表現得很突出。他是一位很與眾不同的人。長期以來，文人之間缺乏包容，社會對與眾不同的人也缺乏包容。特別是「文化大革命」，好多人彼此之間都成了鬥爭關係、競爭關係，不是你上就是我下，甚至是你死我活。胡先生在個性上很強勢，但又顯現出與世無爭的態度，遇到矛盾就繞道走，絕不為自己爭什麼。當今工作、生活中最大的問題是房子和職位，但是他都置之度外。他從不去爭教職員工宿

舍，也不申報職稱。他家住海澱區人大萬泉河一帶，離辦公的地方很遠。學院在分宿舍，他不爭。天大的事啊，不爭！他的強勢是在自己認定的工作上付出艱苦努力，完成自己定下的任務，但同時在其他方面又與世無爭。這兩個很矛盾的面向，同時體現在胡先生身上。人活一輩子不容易，活出自我更不容易，多數人活不出自我。很多人是為了活給別人看。胡先生是活出自我的，至於你們怎麼看我我不在意。這是人生的一種境界。有人不理解，說你是否應該對別人的意見多少在意些、多少遷就些，社會就會對你怎麼樣怎麼樣，但那不是小偉的風格。人是多樣的，不能要求人人千篇一律，按同一個模式發展。如果每個人都能活出自我，就能極大發揮個人的創造性，創造性就會更豐富，社會就會更多彩。個性更張揚，貢獻就更大了。如果所有人的稜角都磨平了，所有的人都唱同個調、說同一種話，社會將會缺乏光彩。不是胡小偉需要退讓，而是大家都該充分展現己身性格，同時又能互相包容。展現自己特別的那一面。不是要人損人利己，妨礙別人，而是要充分發揮自己的特長和創造性，做有益於公眾、有益於文化傳承的事業。

　　一九七八年恢復考試制度，同時首次招收授予學位的研究生。我和錢競、小偉報考研究生，而且都被錄取了。來北京複試時，我竟然和小偉排在同一個隊伍裡等候體檢。那時真是有「科學的春天」的感覺。小偉與錢競在中國社科院研究生院研讀三年之後，進了社科院文學所。兩人再次同學，而且成了同事，後來都各有所成。我則是進入中國人民大學再學習，畢業後留校教書。當時這批研究生被戲稱為「黃埔一期」，是頗感榮耀的。「文革」十年，成千上萬的大學畢業生沒有繼續深造的機會，還有無數渴望進入大學學習的各級中學生。在激烈的競爭中能再回到學校讀書，是多麼不容易！這時蘇叔陽先生已經是著名作家。「文

革」期間他堅持創作不懈，寫小說、寫話劇，有時還寫首歌詞、作個小曲什麼的。但多年東奔西走，不得要領，不被認可，甚至挨罵。家人對他說你一天到晚寫劇本有什麼用？每天只能灰頭土臉地回家。這是老同學左正和我說的。粉碎「四人幫」，把一切顛倒的東西又翻轉過來了。蘇叔陽的話劇《丹心譜》一炮打響，創造力突然得以釋放，作品如井噴一般湧現。後來蘇先生不幸得了癌症，但他十分樂觀頑強，被譽為抗癌明星。差不多二十年吧，他還是活躍於各界，出席各種活動。我與蘇先生常常在不同場合見面，每次讚賞他生命力頑強之餘，也往往談到他的兩位高徒錢競和小偉。

「文革」十年，包括此前許多年，知識分子被視為資產階級，是接受改造的對象，整個社會氛圍不利於知識分子發展。小偉等這批人，大學畢業時分配工作的方針是「四個面向」：面向工礦、面向農村、面向部隊、面向邊疆。胡小偉到煤礦挖煤去了，跟他們的文學志趣遠離得不是一點半點！在艱難的環境下，這批人還滿懷理想，保有朝氣，真不容易。他們具有頑強的生活意志，越挫越勇，也是在這種環境下鍛鍊出來的。現在有部分年輕人缺乏奮鬥精神，躺平了。躺平是他們表達態度的一種方式，是一種特有的社會現象。我則希望現在的年輕人，能多少繼承一些老一輩努力進取的精神。老一輩知識分子不懈地追求自己的理想，經受長時期的磨礪和鍛鍊，也表現出他們那個時代的特點，透過自己的艱苦努力為社會、為時代作出了奉獻，多多少少都留下了一些東西。小偉、錢競、左正、蘇叔陽先生都離我們遠去了，一個時代也漸漸遠去了。我們今天懷念老朋友，同時也回顧那一段歷史，回顧這批人的思想、情懷，表現和成就，這在社會史上和文化史上也是值得給予關注和研究的。今天我們閱讀胡小偉的《關公崇拜溯源》，如果不僅僅是從

中得到對於關公文化的認知和思考，同時也能夠領會小偉先生那一代知識分子努力奮發的精神軌跡，那麼得到的收穫將會遠遠超越關公文化之外。

　　言不盡意。懷念胡小偉先生，祝賀《關公崇拜溯源》再版！

毛佩琦

二〇二一年十一月十一日

於北京昌平之壘上

代序 —————————————————————

自序

　　出於個人學術興趣，我曾經花費二十年時間，尋求中國歷史上對於三國時代蜀將關羽崇拜文化的由來演進。

　　說來由於《三國志演義》及戲劇、說書的影響，對於關羽崇拜，幾乎人人都是「知其然，而不知其所以然」。作為歷史人物，關羽在正史《三國志》中得到的評價實在並不算高。陳壽曾批評他「剛而自矜」，「以短取敗，理數之常也」。但陳壽怎麼也不會料想到，千載以後關羽居然能壓倒群雄，晉升為整個中華民族「護國佑民」的神祇。明清間一度遍布全國城鄉的「關帝」廟宇，不但使劉備、曹操、孫權這些三國時代的風雲人物黯然失色，就連「萬世師表」的文聖人孔夫子也不得不退避三舍。清代史學家趙翼對此也頗不解，他曾歷數關羽崇拜的過程並感慨道：

　　神之享血食，其盛衰久暫亦皆有運數，而不可意料者。凡人之歿而為神，大概初歿之數百年則靈著顯赫，久則漸替。獨關壯繆在三國、六朝、唐、宋皆未有禋祀，考之史志，宋徽宗始封為忠惠公，大觀二年加封武安王，高宗建炎三年加壯繆武安王，孝宗淳熙十四年加英濟王，祭於當陽之廟。元文宗天曆元年加封顯靈威勇武安英濟王。明洪武中復侯原封。萬曆二十二年因道士張通元之請，進爵為帝，廟曰「英烈」，四十二年又敕封「三界伏魔大帝神威遠鎮天尊關聖帝君」，又封夫人為「九靈懿德武肅英皇后」，子平為「竭忠王」，子興為「顯忠王」，周倉為「威靈惠勇公」，賜以左丞相一員為宋陸秀夫，右丞相一員為張世傑。其道壇之「三界馘魔元帥」則以宋岳飛代，其佛寺伽藍則以唐尉遲

自序

恭代。劉若愚《蕪史》云：「太監林朝所請也。」繼又崇為武廟，與孔廟並祀。本朝順治九年，加封「忠義神武關聖大帝」。今且南極嶺表，北極塞垣，凡兒童婦女，無有不震其威靈者，香火之盛，將與天地同不朽。何其寂寥於前，而顯爍於後，豈鬼神之衰旺亦有數耶？[001]

其實所說並不確切，至少在北宋仁宗年代，關羽已經具有官方封祀了，續後再論。清代關廟中的這樣一副對聯，頗能概括關羽在中國傳統社會中的歷史文化地位和巨大影響：

儒稱聖，釋稱佛，道稱天尊，三教盡皈依，式瞻廟貌長新，無人不肅然起敬；

漢封侯，宋封王，明封大帝，歷朝加尊號，矧是神功卓著，真所謂蕩乎難名。

這是一個極有意思的現象，而且對審視中華民族的文化心理很有意義。說起來，在有關關羽的「造神」過程中，諸多文體，包括傳說、筆記、話本、戲曲、小說等，與民俗、宗教、倫理、哲學、制度互相影響，有著不可磨滅的功績。在某種意義上也可以說，關公是與中國古代小說、戲劇這些文體共相始終的一個形象。正是在這些人文因素的交互作用下，在清初文學中，關羽已被崇譽為集「儒雅」、「英靈」、「神威」、「義重」於一身，「做事如青天白日，待人如霽月光風」的「古今來名將中第一奇人」了。[002]

大約是「不識廬山真面目，只緣身在此山中」的緣故，盛行關公信仰的漫長時期中，歷代史家對於關羽崇拜的始末根由、曲折轉變，並沒

---

001 《陔餘叢考》卷三十五〈關壯繆〉。河北人民出版社 1990 年版，第 622～623 頁。
002 毛宗崗〈讀《三國志》法〉。

有認真的考探辨析。而近代文化斷裂後，中國文學史凡談論及此者，則率以「封建統治階級提倡」和「《三國演義》影響」為由，眾口一詞，幾成定論。美國匹茲堡大學社會學系主任楊慶堃（C. K. Yang）在一九六〇年代的專著《中國社會中的宗教——宗教的現代社會功能與其歷史因素之研究》被認為是以西方視角研究中國社會學的重要成果。在他擷取的全國八個代表性地區「廟宇的功能分配」中，就將關帝廟宇歸類為「C，國家」之「1，公民與政治道德的象徵」中「b，武將」一類，並論說道：

> 在當時全國性的人格神崇拜中，沒有比關羽更突出的了，關帝廟遍及全國。雖然這位西元三世紀的武將是作為戰神而被西方學者所熟知的，但就像大眾信仰城隍一樣，關公信仰造成了支持普遍和特殊價值觀的作用……神話傳說和定期的儀式活動，激勵著百姓對關公保持虔誠的信仰，使關公信仰得以不斷延續，歷經千年始終保持著其在民間的影響力。[003]

其實與文學史的說法相去不遠。從現在掌握的情況看，對於關公文化略近於現代方式的專題研究，是從一八四〇年由西方傳教士伯奇（Birch）的《解析中國之四：關帝保佑（Analecta Sinensia, No4: The kwan Te Paou Heum）》開始的。國際知名漢學家李福清（B. Riftin）就說：

> 關帝信仰這個題目並不是新的題目，有許多國家的學者從十九世紀中葉就開始專門討論這個問題。[004]

003　楊慶堃《中國社會中的宗教》（*Religion in Society: A Study of Contemporary Social Functions of Religion and Some of Their Hisorical Factiors*）范麗珠等譯，世紀出版集團·上海人民出版社 2007 年版，第 155、157 頁。

004　〈關公傳說與關帝信仰〉，輯入《古典小說與傳說——李福清漢學論集》，中華書局 2003 年中譯本，第 61 頁。著者持贈，謹誌高誼。

自序

　　而中國人自己在現代意義上的研究，則以一九二九年容肇祖在廣州《民俗》雜誌發表的〈關帝顯身圖說〉為最早。1993 年饒宗頤在香港《明報月刊》上發表了一篇〈新加坡：五虎祠〉，副題則是「談到關學在四裔」。「關學」之說，無非強調此中關連甚多，內蘊豐厚，絕非僅持關帝廟或者《三國志演義》一端立論所可道盡的。

　　「文化研究」據說是當前現當代文學的研究熱點。但究竟何為「文化」，卻言人人殊，據說定義不下二百個。其實這本來是一個專有名詞，出自《周易‧賁‧象卦》的「觀乎天文，以察時變；觀乎人文，以化成天下」。日本人以此移譯源出拉丁文的 culture（詞根原意是耕種），也是來源於農耕文明，由此產生的歧義又多出一層。從先民說來，「文化」實際上應當是一個動詞。東漢《說文》言，「文，錯畫也」，「化，教行也」。「文」的本義就是「紋」，自然紋理和花紋帶給人美的感受，人們就樂意模仿。聖人所作的詩禮樂書也是美好的，人們如果也樂於模仿，那麼天下就都變得美好了。這就是以文治來教化天下的意思，道出了文化的親和力。後來又出現了對應的概念，比如劉向《說苑》：「凡武之興，為不服也，文化不改，然後加誅。」晉代束皙〈補亡詩‧由儀〉說的：「文化內輯，武功外悠。」昭明太子蕭統注曰：「言以文化輯和於內，用武德加於外遠也。」[005] 又道出了文化的固有凝聚力問題。故唐代孔穎達《周易正義》解釋說：

　　　言聖人觀察人文，則詩書禮樂之謂，當法此教而成天下也。

　　我認為，這才是今日文化學者亟應重視的核心問題。大概而言，文化現象雖然呈現出多元的狀況，但是價值體系 ── 或者如唐君毅先生所謂民族「凝懾自固之道」 ── 卻始終是「文化」問題的核心。當我

005　《昭明文選》卷十九。

們從多元聚焦到核心時，就是「文化研究」。這就是我對「文化」的理解，也是我研究關羽崇拜的主要旨趣和方法。

關羽崇拜豐富的文化內涵也引起了西方學者的興趣，同時引進了西方文化人類學的思考。美國學者魯爾曼（Robert Ruhlmann）在〈中國通俗小說與戲劇中的傳統英雄人物〉專章論述了關羽，認為他是一個「綜合型的英雄」。他既是武士，又是書生，並且具有帝王之相。他的故事說明了民間傳說與制度化宗教間的相互作用，也證明著故事文學中的英雄一旦受到官方崇拜，會再影響故事內容。由於這類英雄深入人心，也鼓勵官方設法把他們尊為值得推崇的行為楷模。但同時魯爾曼也陳述了他的困惑：

> 但關羽所代表的主要美德 —— 忠義事實上有多方面的涵義，彼此很容易糾纏不清，而成為解不開的死結。關羽的故事說明同時為父母、朋友、君王、國家和正義盡責是何等困難。儘管官方傳記編寫人做了解釋，這位英雄人物仍表現出人生的複雜。[006]

如果說他與楊慶堃還是從「制度性宗教」和「分散性宗教」兩個不同線索展開論述的，帶有「古典學派」風格的話，那麼近年美國芝加哥大學歷史系教授杜贊奇（Prasenjit Duara）在他著作的前言中，就已自我定位為「對民族主義和民族國家的後現代解釋」，強調「『國家政權建設』和『權力的文化網路（Culture nexus of power）』是貫穿全書的兩個中心概念，兩者均超越了美國歷史學和社會科學研究的思維框架 —— 現代化理論。」[007] 在利用一九四〇至一九四二年滿鐵株式會社的田野調

---

006 〈《三國志演義》研究、史論、小說、版本、影響〉，譯自《印第安納中國古典文學指南》。輯入（美）安德魯‧羅《海外學者評中國古典文學》，濟南出版社 1991 年版，第 138 頁。

007 《文化、權力與國家 —— 1900～1942 年的華北農村》，江蘇人民出版社《海外中國研究叢書》之一種，王福明譯。1996 年版。

自序

查對於中國華北農村調查的史料時，他曾設立專節討論關羽何以成為「華北地區的保護神」問題，且「從歷史的角度」對鄉村關羽崇拜進行追究，結論是：

> 鄉村菁英透過參與修建或修葺關帝廟，使關帝越來越擺脫社區守護神的形象，而成為國家、皇朝和正統的象徵……關帝聖像不僅將鄉村與更大一級社會（或官府）在教義上、而且在組織上連接起來。

其實關羽崇拜就正是中國傳統社會「國家政權建設」和「權力的文化網路」的交集點。杜氏還主張，儘管社會各階層對於關羽崇拜的理解闡釋或有不同，「卻在一個語義鏈（semantic chain）上連繫起來……特定的解釋有賴於這種語義鏈，並在這種語鏈中產生出它的『意動力（conative strength）』。」[008] 不過限於題目，他無法，也不可能將以關羽崇拜為中心的鄉社祭祀變遷整理明晰，更不用說價值體系的建構過程了。

明清兩代，關羽已經赫然成為國家神，統攝三教，流布全國。用句形象比喻來說，彷彿三根支柱搭成了一個屋頂。但今日宗教學界各自獨立，似乎並不清楚歷史上關羽人而神、神而聖的提升過程，反而將之視為「民間信仰」。一九九〇年代陸續出版了兩種《中國道教史》，一卷本為任繼愈主編，四卷本為卿希泰主編，都是國家級的社科基金專著，卻沒有用多少篇幅談及關羽崇拜。二〇〇七年我曾應香港道教學院邀請，去做過三週短期講學，也會晤了一些道教界的領袖人物。據他們說是國家宗教局將關公信仰定性為「民間崇拜」的。現在佛、道、儒三家各有門牆，都在擴張自己的影響，發揮積極社會功能，自然不錯。只是忘記甚至放棄了長時期來經過「三教圓融」，共同建立起來的國家 —— 民族信仰，不能不說是一個極大的遺憾。

008　同上，第 132 ～ 133 頁。

歷史學界也與此類似。海外華人史學家黃仁宇就表達過他的迷茫，在從現代軍事角度列舉了「失荊州」過程中關羽的種種失誤以後，他以為：

只有此書（按指陳壽《三國志》）之敘關羽，則想像與現實參半……以這樣的記載，出之標準的文獻，而中國民間仍奉之為神，祕密結社的團體也祀之為盟主，實在令人費解。[009]

其實就連開創乾嘉「樸學」先河的顧炎武，也同樣於此表示過疑問，他說：

今南京十廟雖有蔣侯，湖州亦有卞山王，而亦不聞靈響。而梓潼、二郎、三官、純陽之類，以後出而反受世人崇奉。關壯繆之祠至遍天下，封為帝君，豈鬼神之道，亦與時有代謝乎？

畢竟生活在「神道設教」的時代，緊接著他就找到了原因：

應劭言：平帝時，天地大宗已下及諸小神凡千七百所，今營寓夷泯，宰器闕亡。蓋物盛則衰，自然之道，天其或者欲反本也。而《水經注》引吳猛語廬山神之言，謂神道之事亦有換轉。[010]

信仰亦有代謝，本身就是歷史文化演進的正常形態。唯關羽信仰何以能夠「與時消息」，「與時偕行」，[011]經千載而不衰，歷六代而愈盛，似乎成為中國歷史文化一個不解之謎。

如果單以三國史籍立論，後世有關關羽的種種傳說故事自然是贋品，不勞分證。但「關羽崇拜」偏偏就是在這種情勢下歷代相沿，積微

009　黃仁宇《赫遜河畔談中國歷史》，北京三聯書店 1992 年版，第 56 頁。
010　欒保群、呂宗力校點《日知錄集釋》，河北花山文藝出版社 1992 年版，下冊，第 1348 頁。承校點者贈書，謹誌謝忱。
011　兩語實出《易經》。《易‧豐卦》言：「日中則昃，月盈則食，天地盈虛，與時消息。」又《乾卦‧文言》：「潛龍勿用，陽氣潛藏。見龍在田，天下文明。終日乾乾，與時偕行。」

見到，蔚成大觀的。其中傳說形態的產生、發展和變異，在不同時代呈現出不同的特點。陳寅恪在評審馮友蘭《中國哲學史》時，對於中國思想史曾有一段非常重要的議論，對我啟發頗大。他以為：

> 以中國今日之考據學，已足辨別古書之真偽。然而真偽者，不過是相對問題，而最要在能審定偽材料之時代及作者，而利用之。蓋偽材料亦有時與真材料同一可貴。如某種偽材料，若逕認為其所依託之時代及作者之真產物，固不可也。但能考出其作偽時代及作者，即據以說明此時代及作者之思想，則變為一真材料矣。中國古代史之材料，如儒家及諸子等經典，皆非一時代一作者之產物。昔人籠統認為一人一時之作，其誤固不俟論。今人能知其非一人一時之所作，而不知以縱貫之眼光，視為一種學術之叢書，或一宗傳燈之語錄，而斷斷致辯於其橫切方面，此亦缺乏史學之通識所致。[012]

本書即秉此宗旨，取法乎上。文學研究過去涉及這一課題，主要是從三國戲曲小說故事分析人物形象，或者是以民間敘事角度，從傳說入手探其流變。這當然都是必要的，但也只能反映出近現代關羽傳說的形態，而不能體現出歷史的傳承和曲折。作為一個長期的，影響廣泛的「活」信仰，關羽的形象從來沒有封閉、凝固在文字或傳說中，而是不斷發展變化。如何將各個不同時代的關羽形象，恰如其分地放置在具體生成的背景之中，突顯其變化的因果連繫，以及與同時代其他宗教、社會、民俗、政治、經濟等多種因素的互動影響，然後又如何展現在文學藝術之中，才是更富於挑戰性的課題。錢鍾書曾精闢剖析言：

012　〈馮友蘭中國哲學史審查報告〉，輯入陳寅恪《金明館叢稿二編》，上海古籍出版社 1980 年版，第248 頁。

人文科學的各個對象彼此繫連，交互映發，不但跨越國界，銜接時代，而且貫穿著不同的學科。由於人類生命和智力的嚴峻局限，我們為方便起見，只能把研究領域圈得愈來愈窄，把專門學科分得愈來愈細。此外沒有辦法。所以，成為某一門學問的專家，雖在主觀願望上是得意的事，而在客觀上是不得已的事。[013]

我自知資質愚魯，屬於「生命和智力嚴峻局限」者，故須得另闢蹊徑，廣納百家，努力突破「圈得愈來愈窄」的研究範圍，也從不以某一學科的「專家」來標榜自己。蓋因關羽崇拜民間自有其傳承的渠道，包括千百年來口傳心授的法則祕訣從未載諸高文典冊者。本書引用的歷代方志，即是這一類饒有興味的證據。我的嘗試是在梳理材料，妥貼歸置的同時，進行「長時期」追蹤式描述。注重從典籍記載和民間資料（包括寺觀供奉和民俗崇拜方式）兩方面夾擊，並重視典籍之外的多重證據，突出關鍵時期的關鍵性的細節，力圖以多重證據求解這個隱藏著中華民族精神建構的「密碼」。

我所利用的「文本」也超出了傳統意義上的文字「典籍」。抱著對於歷史「了解之同情」，將地域民俗、歷代碑刻、造像藝術等亦作為歷史「文本」不可分割的部分，分別置於各自的時代地域環境之中，以便使上層「菁英」的論述回復到當年的文化語境中，復原其本來面目。也許可以說，這是一種歷史文化的「重構」（Reconstruction）。這裡主要借鑑了歷史學「年鑑學派」[014] 提出問題的方式，以便從關羽信仰的生成發

013　〈詩可以怨〉，原文為作者 1980 年 11 月 20 日在日本早稻田大學文學教授懇談會上的講稿。見文祥、李虹選編《錢鍾書楊絳散文》，中國廣播電視出版社 1997 年版，第 226 ～ 227 頁。編者持贈，謹誌高誼。

014　「年鑑學派」是在 20 世紀初歐美新史學思潮的影響下，由跨學科的史學雜誌《經濟與社會史年鑑》創刊號在〈致讀者〉中闡明了自己的宗旨：打破各學科之間的「壁壘」，明確提出了「問題史學」的原則，要求在研究過程中建立問題、假設、解釋等程序，從而為引入其他相關學科的理論和方

自序

展作為特定視角，在縱向上探索中國傳統價值體系的建構和發展過程，一如黃仁宇《萬曆十五年》橫向解剖晚明政治和財政遭遇到的困境。

這種剖析不免關涉一些歷史和文化研究的熱門問題，如中國社會分期、唐宋及明代的幾次社會轉型、江湖社會、神道設教、儒學與「政教合一」、中華各民族紛爭融合中的漢民族意識形成和發展、晚明商業社會的形成、滿族入關前崇拜關公的祕密等等問題，都無由迴避。故筆者也冒昧涉險，從關羽崇拜的形成發展角度提出了自己的看法。目的只是從特定視角剖析這一問題的癥結，或者試圖提出一種新的思路，並非擅作專業性結論。

這種研究必須建立在豐富詳實的史料基礎之上。中國獨有的地方志資料和歷代碑刻構成了對於中國歷史文化述說的另一條經緯線，提供了許多豐富生動的細節，足以彌補官修斷代史的缺失；而社會學提倡的「田野調查」，即透過實地考察在民間發現典籍失落的傳統，更是可遇難求的新奇體驗。比如一九九九年在香港《嶺南學報》發表的文章中，我曾揣測關羽後世的部分神力可能是從毘沙門天王的傳說中轉移過來的，或者說關公才是唐代毘沙門天王的真正傳承者，而不僅僅是道教神話中的「托塔天王李靖」，但苦無實證。二〇〇一年九月在河北蔚縣單堠村清代關廟的前檐上，卻赫然發現了清代民間匠人「托塔關公」的造像，證實了當初推斷不誤。人事天機，偶然湊泊，妙不可言。

釐清關羽崇拜的發展演變，曲折細微，並不是一個無關緊要的懷古思幽話題，而正是一個關涉「現代性」的大問題。中國曾在近代飽受凌辱，於艱難竭蹶之中開始了漫長的「現代化」歷程，對於歷史和傳統文

法奠定了基礎，如歷史人類學、人口史、社會史、生態文化地理史、心理學史以及統計史學、比較史學等，極大地拓展了研究領域。在繼承傳統和立意創新的基礎上重新認識歷史，對20世紀西方史學的發展產生了歷久不衰的影響。

化反躬自省當然是必要步驟。進入二十世紀，尤其是經歷了西方文明的兩次「世界大戰」以後，學者開始以相對平和的心態、目光審視人類的過去，提出了超越十九世紀盛行「西方文化優越論」的「四大文明中心說」和「軸心時代」理論；並且發現中華文明所以有別，是由於西方經歷過多次文明「斷裂」，而中華文明則為連續性質的緣故。哈佛大學張光直教授曾有文論及於此。[015]「斷裂」和「連續」固然各有優長，但是一九八〇年代中國學術界響應此說，炒作得最熱烈的卻是兩個觀點：一個是「封建社會超穩定結構」說，用中華文明的「連續性」詮釋西方十八世紀提出的「中國停滯論」，還曾透過權勢運作和電視媒體的關注力量，成為學術界一時占據要津的聲浪；另一個是近年有論者提出的「暴君暴民交相亂」說，以此替代一九五〇年代盛行的「階級鬥爭」和「農民起義是推動中國歷史發展的動力」說。兩說的立論角度雖有不同，但均視中華文明的「連續性」為中國不幸之大因由。我與他們在學術立場上的最大區別就是著眼於「連續性」的合理成分，變「後現代」大批判開路之「解構」，為對歷史持「同情之理解」的「重構」。目的當然是為二十一世紀重建中華文明的價值體系，尋找可資利用的傳統文化資源。

歷史經驗證實，「現代化」的國家過程總是伴隨著國族（nation-state）凝聚力的增強而非消解，即便是在今日全球技術競爭和貿易開放的時代。而凝聚力則端賴整個民族對於歷史傳統的共同記憶和核心價值的整體認同來達到的。用美國學者安德森（Benedict Anderson）的話來說，就是：

015　這是一個涉及考古、歷史及多種學科的問題。張光直的觀點著重表現在他〈連續與破裂：一個文明起源新說的草稿〉一文中（《九州學刊》第一期，1986 年 9 月），亦收入其著《中國青銅時代》第二集，臺北聯經出版有限公司，1990 年版。

自序

　　即使每個人都承認國族國家是個「嶄新的」、「歷史的」現象……國族卻總是從一個無從追憶的「過去」中浮現出來。[016]

　　民國初立，一度曾把關羽、岳飛列入國家武聖祀典。在一九三一至一九四五年的抗日戰爭時期，他們再次成為鼓舞中國人民前僕後繼，抵抗外侮，驅逐強寇的精神像徵。連繫到日人此刻何以會在華北進行大規模田野調查，日本學者何以會在同一時期集中發表相關研究論文，[017] 不啻一場學術文化戰線的無形爭鬥。其於現代中國的意義，也還需要今人重新審視和定位。

　　需要特別指出的是，中華民族百餘年前走上「近代化」道路時，就被誤導引入一個「反歷史」的文化盲區，這就是其缺少對於歷史文化價值體系和英雄榜樣的資源整合。歐洲中世紀「政教合一」，共同以《聖經》所載「六日創世」、「亞當夏娃」和「諾亞方舟」等傳說作為共同起源，本無所謂「民族 —— 國家」概念。由於缺乏文字記載，各民族歷史也端賴口頭流傳，形成歷史與文學的特殊複合體「史詩」（epic poetry），包括古希臘創世神話和歷史的《伊利亞特》（*ΙΛΙΑΣ*）、《奧德賽》（*ΟΔΥΣΣΕΙΑ*），統稱為「荷馬史詩」（Homeric epics）。在建立近代獨立的民族 —— 國家理念（nation-state）的過程中，歐洲不同民族謀求獨立自強，形成凝聚，就亟需建構自己民族「想像的共同體」（Imagined Communities）。而史詩作為各個民族的文化重要源頭，也受

---

016 《想像的共同體 —— 民族主義起源及傳播的反響》（*Imagined Communities: Reflections on the Origin and Spread of Nationalism*, revised edition, London, 1991），臺灣時報書系中譯本，第 11 頁。

017 前述杜贊奇著作大量引用了日本滿鐵株式會社 1940 ～ 1942 年的田野調查，而這一時期正是日本駐派遣軍在華北「掃蕩」，實行「三光政策」之時，不能謂之「巧合」。此外還有日比野丈夫博士〈關老爺〉（《東洋史研究》第六卷第二期）、井上以智為〈關羽祠廟的由來に變遷〉（《史林》第二十六卷，第 1 － 2 號。1941 年）、大矢根文次郎〈關羽と關羽信仰（1 － 4）〉（《東洋文化》，無窮會）都集中發表在這一時期的日本史學刊物上，頗不尋常。

到特殊重視，所以才出現了「經典文學」（Classical Literature，後與當代創作區分，稱為古典文學）的名詞。當十九世紀用科技手段發掘出特洛伊城，被證實「荷馬史詩」包含著古希臘信史以後，歐洲紛紛動手在民間獨立採集、整理本民族的史詩，作為共同記憶的源頭。如英格蘭《貝武夫》（*Beowulf*）、法蘭西《羅蘭之歌》（*La Chanson dc Roland*）、西班牙《熙德之歌》（*El Cantar del Mio Cid*）、日爾曼《尼伯龍根之歌》（*Nibelungenlied*）和俄羅斯《伊果遠征記》（*Слово ополку Игореве*）等。研究證實，這些「史詩」反映的歷史時段大多為八至十二世紀，其中表現的民族精神、價值觀念和英雄榜樣至今仍被視為具有凝聚力量的根本。

回顧十八世紀以來「現代化」過程，會發現不僅「開發中國家」強化了民族意識；「已開發國家」如德國、日本也無不竭力發掘本民族的歷史文化資源；新興國家如美國缺乏悠久的歷史文化資源，但卻強調歷史人物榜樣，樹立「愛國主義」典範。而價值觀念及其體系正是任何宗教、學術都注重的核心論題，也是形成民族凝聚力不可動搖的基石。可惜與此同時，中國「菁英」卻在詛咒歷史，辱罵祖先，自謂「一盤散沙」。恐怕這也是我們百年以來的步伐竟然走得如此艱難的原因之一吧。

今天重提中華民族的「文化紐帶（culture link）」，不能不正視並釐清歷史傳統的共同記憶，在分疏整理傳統價值體系中歸納總結，提煉出有益於維護國家統一和民族團結，增強中華民族凝聚力的精華，作為走向「現代化」國家民族的倫理資源。而「關羽成神」的漫長過程，正好就提供著前賢建構價值體系的線索。

經過二十年斷斷續續的努力，我的研究所得曾經析為《伽藍天

自序

尊》、《超凡入聖》、《多元一統》、《護國佑民》和《變理陰陽》五部文集自費在香港少量出版，以徵詢海內外同道的意見。山東大學路遙教授得聞訊息，趁來京之便數度約談。經過慎重考慮，最後決定正式邀請我參與他主持的教育部哲學社會科學研究重大課題《民間宗教與中國社會》（04JZD00030），以《關公信仰與大中華文化》為題列在其中。

二〇〇八年七月應山西衛視之邀在太原錄製《精彩山西》系列節目時，又夤緣結識了胡曉青先生，蒙他盛意邀約出版一部簡約的中國版本。詩云：「嚶其鳴矣，求其友聲。」士感知己，義不容辭。遂將一得之慮敷衍成章，並將近兩年來思慮所得增補成文，添入本書，以進一步就教海內外同道。

從現在掌握的史料研究看來，一千多年關公信仰的發展呈現著「米」字型態，融會前此種種，包含後來種種。其中至為重要的「十」字型的交會點應集中在宋元之際，高潮在晚明，巔峰則在清末。本文敘述限於篇幅，不得不刪去一些相關背景的考探論述。刈除枝蔓，保留主幹的同時，也盡量以時間順序為經，民族、社會階層及信眾群體為緯，交織相生。

略述主旨，以為自序。

第一章
春秋學與關公崇拜

宋代《春秋》學

「熙寧變法」欽定王安石「新學」為官學，據說他曾「黜《春秋》之書，不使列於學官，至戲目為『斷爛朝報』。」[001] 圍繞《春秋》一經在熙寧變法中的波瀾，後世言人人殊，莫衷一是。而王安石以《春秋》為「斷爛朝報」的說法，不僅見於蘇轍之文，其後周麟之、陸佃以及《宋史・王安石傳》都曾經記載此語，遂成定讞。這是關乎「慶曆新政」和「熙寧變法」的又一紛爭。

孟子曾言「孔子成《春秋》，而亂臣賊子懼」，[002] 極大地肯定了此書的經世功能。《史記・孔子世家》則說：

> 孔子在位聽訟，文辭有可與人共者，弗獨有也。至於為《春秋》，筆則筆，削則削，子夏之徒不能贊一辭。弟子受《春秋》，孔子曰：「後世知丘者以《春秋》，而罪丘者亦以《春秋》。」

《集解》劉熙注：

> 知者，行堯舜之道者也。罪者，在王公之位見貶絕者。

這就確立了《春秋》編著的體例和行文中含有強烈的善惡褒貶之道德評價，甚至可以作為經世治國之大法。其間還有微妙區別，「體例」決定的是按照什麼格式寫，寫什麼。比如孔子立「義例」，每事開頭必書周朝年月（正朔），以此為紀年之「經」，而以諸侯各國發生的事件為「緯」。這在分裂時代敘事體歷史記載中，也是最能提要鈎玄的辦法。在理學「尊王」，維護正統，提倡「大一統」的觀念中，這種

001　四庫本蘇轍《蘇氏春秋集解・自序》。
002　《孟子・滕文公・章句下》。

體例本身就有極大的意義。「筆法」則是指敘文的詳略和用字的內涵，深信《春秋》寓一字之褒貶，樹立了價值體系。由於先秦典籍筆之簡牘，文字務求簡練準確，所以「削」還包含有刪除修改的意思。而「筆則筆，削則削」的敘事，「一字褒貶」的含蓄，「言外之旨」的玄遠，尤能激發讀者想像發揮的餘地。《春秋》三傳一直是《春秋》學的中心話題，[003] 其中《左氏傳》以敘事紀年為主，但是多言鬼神之事，「豔而富，而失之巫」；《穀梁傳》強調「著以傳著，疑以傳疑」的謹嚴；而《公羊傳》意在發揮《春秋》的褒貶，從而找出「微言大義」和「非常異義可怪之論」。從董仲舒《春秋繁露》以來，漢唐諸儒深信《春秋》寓有「微言大義」，而探微索隱之風也一直未斷。

在從唐人以注疏為學問的窠臼中解脫出來以後，宋儒開始了以「義理」為主的自主發揮。《春秋》學在宋代的興衰變遷，尤能折射出他們在現實處境中進退維谷的掙扎和奮鬥。鑑於《三國志》裴注曾謂「（關）羽好《（春秋）左氏傳》，諷誦略皆上口」，[004] 討論宋代的「春秋學」，於理學接受關公崇拜的探討自不無意義。

眾所周知，宋儒是儒學發展的一個新階段，而《春秋》學本來就是宋儒的基本功和看家本領。經過五代離亂，外侮內叛，重新建立一統王朝，確立「尊王攘夷」和「明夷夏之大防」，正是後世理學在政治上的主要成就之一。《春秋》本係「經中之史」，而且是記述「禮崩樂壞」、諸侯割據的一段歷史，這為後世釐清類似情況下的史實及變化脈

003　《春秋》三傳指歷史上魯人左丘明編著的《左氏傳》；魯人穀梁子編著的《穀梁傳》和齊人公羊子編著的《公羊傳》，都是傳注孔子《春秋》一書的，但側重點及解釋各有不同，因此各擅一時。此為專學，故不贅言。《管錐編》一語點破，以為《春秋》經之於傳，「尤類今世報紙新聞標題之於報導。苟不見報導，則只睹標題造語之繁簡、選字之難易，充量更可睹詞氣之為『懲』為『勸』，如是而已。」（第162頁）

004　《三國志·蜀書·關羽傳》注引《江表傳》。

絡提供了一個範本。況且儒家諸多重要經典中，只有《春秋》學的「大一統」和「尊王攘夷」的宗旨，最能用來為宋初的現實服務。即便出於最直接的現實感受，宋初儒家學者也很自然地將研究焦點集中在《春秋》上。

一般以為，宋儒創新始於劉敞（公是先生，西元一〇一九年至一〇六八年）的《七經小傳》，而以世稱「三先生」的孫復（泰山先生，西元九九二年至一〇五七年）、石介（徂徠先生，西元一〇〇年至一〇四五年）和胡瑗（安定先生，西元九九三年至一〇五九年）為理學先導。據《宋史·藝文志》「春秋類」著錄兩百四十部，在孫復之前有三十七種，之後有兩百零三種。《四庫全書·經部·春秋類》猶存宋前八人著述十二種，而宋人著述卻有二十七人三十七種。可知「《春秋》學」大倡於劉敞以後，而以南宋為甚。《春秋》學家如孫復、孫覺、崔子方、葉夢得、呂本中、胡安國、高閌、呂祖謙、張洽、程公說、呂大圭、家鉉翁等，亦代不乏人。

「三先生」中的孫復曾在慶曆間任國子監直講，與歐陽脩為知交，也是新政集團人物之一。[005] 他著的《春秋尊王發微》開宗明義指出：隱公「元年春王正月」的基本主題，「夫欲治其末者，必先端其本；嚴其終者，必先正其始。元年書王，所以端本；正月，所以正始也。」先就勾稽出《春秋》尊王的微言大義，「正君臣之分，明大一統之義」的主旨。他以捨棄前人傳注、直探經文本義的研究方式與漢儒「三傳」同儕，掀起了儒家經典研究史上的革命，尤其是更新了《春秋》學，使之「與時消息」，「與時偕行」，[006] 同時也更具有現實的意義。

---

005 吳充〈歐陽公行狀〉言歐陽脩「篤於朋友，尹師魯、梅聖俞、孫明復皆貧甚，既卒，公力為經紀其家，表其孤於朝，悉錄於官。」（《歐陽脩全集》附錄一，第1337頁）

006 「與時消息」出於《易·豐》：「日中則昃，月盈則食，天地盈虛，與時消息，而況於人乎！況於

「正統之爭」

　　錢鍾書曾指出，杜預在〈左傳正義序〉中提出的「微而顯」、「志而晦」、「婉而成章」、「盡而不汙」和「懲惡而勸善」之五例，「乃古人作史時心向神往之楷模，殫精竭力，以求或合者也。」[007] 這當然包括熱心修史的宋人，《春秋》對於他們的意義、價值也不言自明。司馬光喜《左傳》，「自幼至老，嗜之不厭」，而有志於著史。據劉恕《通鑑外紀》介紹，所以有志於《通鑑》，就是想透過對古來對斷代史博采約記，「專取關國家盛衰，係民生休戚，善可為法，惡可為戒，使前後有倫，精粗不雜」，終成「一家之言」，以便使後世君主能夠「鑑前世之興衰，考當今之得失，嘉善矜惡，取得捨非」，有益於治道。可知司馬光祖述的正是《春秋》之大旨，及其編年紀事的體例。[008]

　　唐人曾把修史視為畏途，「古文運動」的開創者韓愈曾抱怨說：「自古為史者，不有人責，則有天災。」後來他預修《順宗實錄》，亦因此觸犯禁忌，招致宦官非議。故歐陽脩在《新唐書》卷一百三十二「史官傳記」的論贊中感慨繫之：

　　唐興，史官秉筆眾矣。然垂三百年，業鉅事叢，簡策挐繁，其間巨盜再興，圖典焚逸，大中以後，史錄不存。雖論著之人隨世裒掇，而疏舛殘餘，本末顛倒。故聖主賢臣，叛人佞子，善惡汩汩，有所未盡，可

　　鬼神乎！」而「與時偕行」在《易》中出現兩次：一次〈乾傳〉：「『終日乾乾』，與時偕行。」另一次〈咸傳〉：「損益盈虛，與時偕行」。孔穎達疏云：「生物不息，言『與時偕行』也。偕，俱也。諸儒以為建辰之月，萬物生長，不有止息，與天時而偕行。……同於天時生物不息，故言『與時偕行』也。」（《周易正義》卷一）

007　《管錐編》第一冊，第 161 頁。

008　唐庚（1071 ～ 1121）《唐子西文錄》言：「蘇黃門云：『人生逐日，胸次須出一段好議論。若飽食暖衣，唯利慾是念，何以自別於禽獸？予歸蜀，當杜門著書，不令廢日，只效溫公《通鑑》樣，作議論商略古人，歲久成書，自足垂世也。』」唐為眉州同鄉，曾親炙蘇氏之門，可知蘇軾晚年亦豔羨司馬光著史之功。

為永愆者矣。又舊史之文，猥釀不綱，淺則入俚，簡則及漏。寧當時儒者有所諱而不得騁耶？或因淺仍俗，不足於文也？亦有待於後取當而行遠耶？何知幾以來，工訶古人而拙於用己歟！自韓愈為《順宗實錄》，議者閧然不息，卒竄定無完篇，乃知為史者亦難言之。游、夏不能措辭於《春秋》，果可信已！

歐陽脩被認為是唐宋古文運動的領軍人物，也是勇於擔當、勇於任事的人。他在私修《新五代史》，以及後來和宋祁等人奉敕修撰《新唐書》時，也曾有意模仿寓「一字褒貶」的《春秋》筆法，以為：

聖人之於《春秋》用意深，故能勸戒切，為言信，然後善惡明。夫欲著其罪於後世，在乎不沒其實。……唯其不沒其實，以著其罪而信乎後世，與其為君而不得掩其惡，以息人之為惡。能知《春秋》此義者，然後知予不偽梁之志也。[009]

恰恰在他倡導「新史學」的先後，《春秋》學也大興於宋，蓋亦有自。

宋人著史之風頗盛，今存《四庫全書‧史部》輯存的即有數百種。其特點第一是「全能」，「史部」所分十五類二十四屬每個類屬都有大量宋人的著述；第二是開創了一些新的類屬，比如〈史部三〉的「紀事本末類」；〈史部七〉「傳記類」之「雜錄之屬」；〈史部八〉「史鈔類」；〈史部十一〉「地理類」的「都會郡縣之屬」和「山水之屬」；〈史部十二〉「官職類」的「官箴之屬」；〈史部十三〉「政事類」的「邦計之屬」、「軍政之屬」和「考工之屬」；〈史部十四〉「目錄類」的「經籍之屬」和「金石之屬」等等。這些新增的類屬擴大了傳統史學的範圍，

009　《新五代史》卷二〈梁本紀‧太祖下〉。

留存了很多具有價值的史料和史觀，證明著宋代史學的創新精神；第三是「慶曆新政」和「元祐舊臣」的很多核心成員參與並推動了宋代「新史學」運動。除了歐陽脩、司馬光以外，王禹偁、范仲淹、王質、王素、宋祁、宋庠、曾鞏、劉敞、劉攽、范祖禹、劉安世、蘇洵、蘇轍等詞翰之臣，即「以文鳴於當世」者，也都列名於《四庫全書》史部的作者之中，這個傳統一直延續到南宋的陸游、辛棄疾、范成大等人；第四是南宋理學的主要成員（以《宋元學案》為準）也差不多都參與了史學的工作。實際上在元代特殊的社會文化狀況下，猶能完成胡傳《春秋》注釋以及《文獻通考》等，並堅持修完宋、遼、金各史，也正得益於宋末史學的深厚積澱。故陳寅恪屢曰：「宋賢史學，今古罕匹。」[010]「中國史學，莫盛於宋。」[011] 也應當包含著對這些努力的肯定。

值得一提的是，在這股「修史熱」中，重修《三國志》曾被一再提及。如王安石曾建議歐陽脩、蘇軾重修《三國志》，蘇軾又轉薦劉恕之子劉道原以自代，但終於沒有進行，倒是與蘇門有關的唐庚撰寫了《三國雜事》。[012] 另蘇軾亦有重纂《後漢書》的打算，這正是與三國時代重合的一段由治而亂的歷史時期。[013] 南宋至元遂有多種三國新志出現，《四庫全書》收輯有蕭常《蕭氏續後漢書》，郝經《郝氏續後漢書》等。可知三國一段歷史，在宋人心中已經成為揮斥不去的問題。

---

010 《隋唐制度淵源略論稿·兵制章》。

011 陳垣〈明季滇黔佛教考序〉，載《金明館叢稿二編》。

012 這也是最早為「借荊州」翻案的書。唐庚以為「漢時荊州之地為郡者七，劉表之歿，南陽入於中原，而荊州獨有南郡、江夏、武陵、長沙、桂陽、零陵。備之南奔，劉琦以江夏從之，其後四郡相繼歸附，於是備有武陵、長沙、桂陽、零陵之地。曹仁既退，關羽、周瑜錯處南郡，而備領荊州牧，居公安，則六郡之地，備已悉據之矣。其所以云『借』者，猶韓信之言『假』也，雖欲不與，得乎？魯肅之議，正合良平躡足之幾，而周瑜獨以為不然。屢勝之家，果不可與料敵哉！」（《三國雜事》卷一）

013 此節情況，筆者在〈「說三分」與關羽崇拜：以蘇軾為例〉中曾有分證，故不贅。

古人把史學分為「經史之學」和「文史之學」。解經釋典，提要鉤玄，確立價值，可謂「經史之學」；而記敘前史，總結教訓，樹立榜樣，則是「文史之學」。荀悅在《漢紀》卷一〈高祖紀〉中說：

夫立典有五志焉：一曰達道義；二曰章法式；三曰通古今；四曰著功勳；五曰表賢能。

就是傳統史學共同追求的目標。這也是後世史官巨大的勇氣和歷史責任感。褒貶分明之「《春秋》大義」，遂成為一代人物事件之道德評價，或說價值系統的基準。

唐宋兩代祭饗配祀的安排及其變化，已經開啟了後世關於正統問題的爭論。海外學人饒宗頤先生曾歷時五載，足履三洲，「淹貫乙部，旁通別集，為獨立之探究」，著有《中國史學上之正統論》[014] 一書，對歷代之爭論爬剔梳理，其成就為學界所共識，不煩饒舌。但很少有人注意，錢鍾書同時稍早之《管錐編》也從不同角度論列到這個問題，言簡意賅，可為梳理這一公案作綱，可以參看。[015]

最初習鑿齒論及三國正統，即主張用「春秋大一統」為統續之標準，以曹魏並未「撫有天下」為理由，提出把「王濬樓船下益州，金陵王氣黯然收」之晉軍平吳、「三分歸晉」，作為「越魏繼漢」的開始。這是祖述司馬遷《史記》以漢「越秦代周」的前例，本來無可厚非。[016]他的觀點影響到唐代史學家、《史通》的作者劉知幾（西元六六一年至七二一年）。《史通》成書於中宗景龍四年（西元七一〇年），也許曾

014　饒宗頤收集了中國歷代關於正統問題論爭的許多資料，結訟最多的就是三國正統問題，可以參看。該書小引作於 1976 年。上海遠東出版社輯入「學術集林叢書」，1996 年出版。

015　《管錐編》第四冊，中華書局 1980 年版，第 1240 ～ 1242 頁。

016　習鑿齒是荊楚人，或許是他擁戴劉蜀的原因。

對開元十九年（西元七三一年）和建中三年（西元七八二年）唐代的武成王配祀中，保留著「三國並立」的格局發生直接影響。自韓愈〈原道〉仿照禪宗「傳燈」之法，樹立儒家「道統」以後，「正統」之說又超越了春秋時代的「宗子」概念，以及《論語·子路》中的「正名」理路，被賦予了「仁德」內涵。這就使宋代關於「正統史觀」的爭論更加激烈，但最終還是以理學的歷史觀念，重新釐定了統緒的標準。

　宋儒面臨的頭痛難題，便是如何以正統身分清理看待五代史實，以為本朝立國確立合法依據。他們手頭可資參考的只有隋唐以前的南北朝史，而三國時代正是這一段混亂歷史的開頭，無可迴避。歐陽脩雖以古文健將著稱，但初衷卻以史官自任。在仁宗時撰《五代史記》（後稱《新五代史》或「歐史」），曾撰寫《或問》，以為朱梁掌有國家權力，修《梁史》不得以其為偽。但梁君乃賊亂之君，又不能視為天下正統。為了彌合兩端，系統性地闡明這一觀點，他以後又接連著有〈原正統論〉、〈明正統論〉等專論七篇（後刪為〈正統論序〉、〈正統論上〉和〈正統論下〉），試圖釐定「正統」的概念。具體到三國史，歐陽脩在〈原正統論〉裡先自設疑問，云：「魏得漢而天下三分，論者曰正統，其可疑二也。」接著在《明正統論》中表明了他的選擇：「魏與吳、蜀為三國，陳壽不以魏統二方面並為三志，今乃黜二國，進魏而統之。」不料這卻掀起極大爭議。中國史學的「正統」之爭由此大興。饒宗頤《中國史學上的正統論》曾引《續資治通鑑長編拾補》卷六「王安石論蘇軾為邪憸之人臣，欲附麗歐陽脩。脩作〈正統論〉，章望之非之，乃作論罷章望之，其論都無理」，而言「此王安石對正統之意見，蓋附和章氏而反對東坡者」一節，不妨參看。南宋朱熹激烈反對歐陽脩、司馬光的看法，順帶把孫權也罵為「漢賊」：

　　學者皆知曹氏為漢賊，而不知孫權之為漢賊也。若孫權有意興復漢室，自當與先主協力並謀，同正曹氏之罪。如何先主才整頓得起時，便與壞倒！如襲取關羽之類是也。權自知與操同是竊據漢土之人。若先主事成，必滅曹氏。[017]

　　其所以著《通鑑綱要》，目的就是糾正司馬光的「帝魏觀」。這也引起南宋史家轟然應和。作為歷史人物，關公所以為理學史觀目注心儀，正是為此。一旦確立了蜀劉為漢室正統之續，則關羽的所有相關正史記敘和稗官傳說，全部都可以用來演義後世理學觀念「倫常日用」之忠孝節義仁智武勇。實際上，理學史觀的確立，正是為宋元以後三國戲曲小說的改編和經典化，創立了最重要的先決條件。

　　從現有方志資料看來，兩宋時期關廟已經迅速擴散。筆者在各地方志蒐羅的五十一座廟宇，實已涉及今日之十八省區。其中託言唐建者，或為毘沙門天王堂改建，或為「自我作古」者。值得注意的是，北宋中期關羽祠廟以西北邊境與西夏對峙前線為多，而後金兵西、東、中三線三次入侵，戰事亦曾反覆膠著，故南宋初年關廟亦以山東及長江下游以及河南、荊楚、江西一帶為盛，應當記載著宋軍將士信仰的歷史真實。

　　以上條分縷析，或可體會到宋儒在建構價值體系方面作出了世代相承的不懈努力，終於建立了一套以儒學為中心的價值觀，並在元明清正式變為國家體系。而關公信仰也正是因為這樣的努力，演進為全民崇拜的「護國佑民」神祇的。下文再論。

017　《朱子語類》卷一百三十六〈歷代三〉。

理學史觀

　　金兵南下之後，東京朝野上下議論沸起，圍繞王學與《春秋》的爭論，再次成為焦點。執政之臣抵禦之計未安，卻忙於平息物議。故有諺云：

　　靖康金退之後，吳敏、孫敏等秉政。有「十不管」之謠云：「不管太原，卻管太學；不管防秋，卻管《春秋》；不管炮石，卻管安石；不管蕭王，卻管舒王；不管燕山，卻管轟山；不管子界，卻管舉人免解；不管河東，卻管陳東；不管二太子，卻管立太子。」腐儒之誤國，又豈下於妖人賊子乎？[018]

　　隨後就是汴京傾覆，兩駕北狩。待得康王泥馬渡江，一度又屢遭金人追殺，驚魂甫定之後，主《春秋》「尊王攘夷」之論日益高漲。出於現實關切而追根溯源，廢除《春秋》的王氏新學也招致了更加嚴厲的批評。《宋史·陳公輔傳》言其上疏曰：

　　議者尚謂安石政事雖不善，學術尚可取。臣謂安石學術之不善，尤甚於政事。政事害人才，學術害人心，《三經》《字說》詆誣聖人，破碎大道，非一端也。《春秋》正名分，定褒貶，俾亂臣賊子懼，安石使學者不治《春秋》；《史》《漢》載成敗安危、存亡理亂，為聖君賢相、忠臣義士之龜鑑，安石使學者不讀《史》《漢》。

　　據說宋徽宗根本就沒有讀過《春秋》。徽、欽二帝及皇室成員被俘北上以後，李心傳《要錄》綜合各書，曾有這樣的記敘：

　　（建炎二年八月）金人遷二帝，自上京至其國御寨，遂移居韓州⋯⋯金遣晉康郡王孝騫等九百四人至韓州同處，仍給田十五頃，令種

018　潘永因《宋稗類鈔·搜遺》，第786頁。文中的「舒王」亦指王安石，「蕭王」則指完顏宗望。

蒔以自養。駙馬都尉蔡儵嘗勸上皇讀《春秋》，上皇大善之，曰：「恨見此書之晚！」[019]

這真是具有諷刺意義。鑑於「王學」屏棄《春秋》，故趙佶包括其皇子教育中當然闕失此經，可以想見趙構也從來沒有接觸過《春秋》。南渡倉促立國，綱常禮制百廢待舉。欲在戰火之中重構社會倫常秩序，也需要明晰的理論作為武器，以應對特別的、緊迫的現實。《史記》記載當年上大夫壺遂之問「孔子何為而作《春秋》」時，司馬遷有一段回答就特別應景：

有國者不可以不知《春秋》，前有讒而弗見，後有賊而不知；為人臣者不可以不知《春秋》，守經事而不知其宜，遭變事而不知其權。為人君父而不通於《春秋》之義者，必蒙首惡之名；為人臣子而不通於《春秋》之義者，必陷篡弒之誅，死罪之名。其實皆以為善，為之不知其義，被之空言而不敢辭。夫不通禮義之旨，至於君不君，臣不臣，父不父，子不子。夫君不君則犯，臣不臣則誅，父不父則無道，子不子則不孝。此四行者，天下之大過也。以天下之大過予之，則受而弗敢辭。[020]

將《春秋》一經對於國君人臣父子倫理和綱常秩序之重要意義表露無餘。故孫復的再傳弟子胡安國先以《時政論》二十一篇進上，「其論之目，曰〈定計〉、〈建都〉、〈設險〉、〈制國〉、〈恤民〉、〈立政〉、〈核實〉、〈尚志〉、〈正心〉、〈養氣〉、〈宏度〉、〈寬隱〉。」並且聲言「雖諸葛復生，為今日計，不能易此論也」。獻言之後，「居旬日，再見，以疾懇求去。」以表無意於權勢。這時的趙構也開始對《春秋》真正感了興趣：

019　叢書集成本《建炎以來繫年要錄》三，中華書局重印本，第 350 頁。
020　《史記・太史公自序》。

高宗曰：「聞卿深於《春秋》，方欲講論。」遂以《左氏傳》付安國點句正音。安國奏：「《春秋》經世大典，見諸行事，非空言比。今方思濟艱難，《左氏》繁碎，不宜虛費光陰，耽玩文采，莫若潛心聖經。」高宗稱善。尋除安國兼侍讀，專講《春秋》。時講官四人，援例乞各專一經。高宗曰：「他人通經，豈胡安國比。」不許。

今日視之，趙構南渡之初，於經學諸書中獨主《春秋》一經，不但符合當時情勢的需要，也是對熙寧王學的矯枉過正進行修正。從此胡安國得以專意傳注《春秋》，且訟王學言：

自王安石廢《春秋》不列於學官，安國謂：「先聖手所筆削之書，乃使人主不得聞講說，學士不得相傳習，亂倫滅理，用夏變夷，殆由乎此。」故潛心是書二十餘年，以為天下事物無不備於此。每嘆曰：「此傳心要典也。」[021]

胡安國的注經特色之一，就是把他的現實關懷明確地寫入傳注。例如在卷一「魯隱公元年」之「春，公會戎於潛」傳云：

無不覆載者，王德之體；內中國而外四夷者，王道之用。是故以諸夏而親戎狄，致金繒之奉，首顧居下，其策不可施也。以戎狄而朝諸夏，位侯王之上，亂常失序，其禮不可行也。以羌胡而居塞內，無出入之防，非我族類，其心必異，萌猾夏之階，其禍不可長也。為此說者，其知內者之旨，而明於馭戎之道，正朔所不加也。奚會同之有書會戎，譏之也。

針對兩宋的納幣求和，將「夷夏大防」的觀念發揮得淋漓盡致。又如卷十「哀公十三年」之「夏，公會晉侯及吳子於黃池」傳云：

　　黃池之會，聖人書法如此者，訓後世、治中國、御四夷之道也。明
此義，則知漢宣帝待單于，位在諸侯王上，蕭傅（蕭望之）之議非矣。
唐高祖稱臣於突厥，倚以為助，劉文靜之策失矣。何況於以父事之如石
晉者，將欲保國而免其侵暴，得乎？或曰：苟不為此，至於亡國，則如
之何？曰：存亡者天也，得失者人也，不可逆者理也。

　　這更是針對性極強的歷史評論，甚至認為即便亡社稷，也應當以保
持中華文化為第一要義。故明清之際王夫之《宋論》言及胡安國《春
秋》傳注，認為對於穩定當時局勢起了重要的作用：

　　是書也，著「攘夷尊周」之大義，入告高宗，出傳天下，以正人心
而雪靖康之恥，起建炎之衰，誠當時之龜鑑矣。[022]

　　胡安國之《春秋傳》此後即成為南宋元明清科第之基本教材。而
《春秋》一經的地位也從此孤標特出，未遭異議，一直影響到顧炎武
「國家興亡，匹夫有責」的著名議論。後話不提。[023]

　　又羅大經《鶴林玉露》卷之四甲編〈春秋書國滅〉條，說胡安國注
《春秋》時，甚至明顯地責備到徽、欽二宗的「北狩」：

　　胡文定《春秋傳》作於渡江之初。其論國滅也，曰：「《春秋》滅
人之國，其罪則一。而見滅之君，其例有三：以歸者，既無死難之節，
又無克復之志，貪生畏死，甘就執辱，其罪為重。許斯、頓牂之類是也；
出奔者，雖不死於社稷，有興復之望焉，托於諸侯，猶得寓禮，其罪為

022　《宋論》卷十一。
023　胡安國唯與秦檜交厚，為其一玷，故曾受到主戰派張浚等人的攻擊。王夫之之辨析曰：「嘗讀《胡
　　氏春秋傳》而有憾焉……顧抑思之，夷不攘，則王不可得而尊。王之尊，非唯諾趨伏之能尊；夷
　　之攘，非一身兩臂之可攘。師之武，臣之力，上所知，上所任者也。而胡氏之說經也，於公子翬
　　之伐鄭，公子慶父之伐余邱，兩發『兵權不可假人』之說。……唯胡氏之言如此，故與秦檜賢
　　奸回異，而以志合相獎。非知人之明不至也，其所執以為道者非也。」（《宋論》卷十，第184頁）

輕。弦子、溫子之類是也；若夫國滅死於其位，是得正而斃焉者矣，於禮為合，於時為不幸。若江、黃二國是也。」其旨嚴矣。如劉禪、愍懷，皆《春秋》之罪人也。近時韃虜入蔡，殘金之主守緒，乃能聚薪自焚，義不受辱，庶幾於江、黃。[024]

這等於借《春秋》大義，向國君守臣提出了國難當頭的三種可供選擇的出路：被俘、出走或者死難，並且明確宣示了死難殉節雖然「於時為不幸」，但是「於禮為合」的嚴厲要求。結尾羅大經提及蒙元入蔡滅金，金哀宗完顏守緒（西元一一九八年至一二三四年）自縊的史實，認為符合《春秋》「義不受辱」之旨，等於又為亡國君主樹立了一個新標準。這時距離南宋祥興二年（西元一二七九年）「厓門之戰」失敗，陸秀夫背負小皇帝宋恭宗趙昺投海殉國，只有四十五年。

徐夢莘回顧「靖康之恥」前後北宋亡國的情況時，曾引乾道六年（西元一一七〇年）左宣義郎、祕書省校書郎兼國史院編修官劉焞的上書，感慨地說：

重念國難以來，州鎮牧守不可勝數，倉卒之間，望風棄城，蓋十八九；嬰城自守，百無一二。至於整兵迎敵，以必死抗節者，又絕無僅有。[025]

024　《鶴林玉露》，中華書局排印本，第 70 頁。按羅大經字景綸，廬陵（今江西吉水縣）人，生平不詳，亦未被列入《宋史·道學傳》或《宋元學案》中。但其書流行頗廣，遠達日本。明人孫鑛題識謂「景綸蓋積學好修之士，詩文席歐蘇，議論依程朱，而其筆力足以發之。所記述大約勁快，可人意。第十三卷內熙寧、紹興士大夫肺腸骨髓之說，尤為中的。」葉廷秀言「其言以紫陽為鵠，學術治道多有發明，而不離王道。」而清代《四庫全書總目提要》則說「大抵本文章之士而兼慕道學之名，故每持兩端，不能歸一。然要其大旨，固不謬於聖賢也。」（均載中華書局校點本附錄）可知明清理學對他的認同。

025　《三朝北盟會編》卷一百十四上。

　　這和南宋亡國文天祥、張世傑、陸秀夫等誓死抵抗的情況，已經形成鮮明對比。[026]

　　歐陽脩在《新唐書‧太宗本紀》中，首倡「《春秋》之法，常責備於賢者」之說。這裡的「責備」，是「求全責備」之意，意即對於「賢者」應提出更為嚴厲的道德標準。在理學先導周敦頤「聖希天，賢希聖，士希賢」[027]的系譜裡，「賢者」正是儒士砥礪人品道德的第一級階梯。如果我們再注意到，明末除了南明弘光以外，崇禎、唐王、魯王和永曆等幾位或者臨朝稱制，或者監國之主，以及史可法、黃道周、李定國等一大批佐命大臣，陳子龍、夏完淳等一大批在野儒生都是以死殉職，所謂「死社稷」、「死封疆」、「死城守」者比比皆是的話，就更容易品出胡安國、羅大經的這一段話，對於理學評定亡國君臣的歷史分量了。

　　不僅如此，黃宗羲（西元一六一○年至一六九五年）還標舉出史家書寫「殉職」的體例：「曰死之，曰戰死，曰敗沒。」其間顯有高下之分：

　　死之者，節之也；戰死者，功罪半也；敗沒，則直敗之耳。

　　顯然認為「死之」是文臣一種主動選擇的節義行為，「戰死」已意味武將雖然盡力但沒有盡到職責。至於「敗沒」則屬於失職以後的身不由己，無足道哉。

　　黃宗羲此言或許出於對於崇禎煤山自縊的肯定，據載當京師將陷，臣僚屢上遷都「南徙」或「南巡」之言時，朱由檢曾說：

026　元人修撰《宋史》已列若干，趙翼《二十二史劄記》卷二十九「《元史》補見夏金宋殉節諸臣」條（《校證》下冊第 663 ～ 666 頁）又補訂了宋金守土殉難的將帥城守名錄，可知南宋末年將士死節之多。且不說隋唐五代亡國時守將的望風而降，即與北宋相比，也不啻雲泥天壤。
027　《通書》。

國君死社稷，正也。朕死決矣！[028]

崇禎雖然以剛愎昏庸著稱，臨死一言總算是說了一句明白話。因此被南明朝廷諡為「烈皇帝」。

南宋理學史家首創「綱目」、「學案」、「本末」三體，即是欲以《春秋》經旨參以天理、人道、大綱、統閏，加以概括，編述為一體，以明經發覆，確立正道，訂正統續，昭彰天理。而集理學大成的朱熹嘗稟學於白水劉勉之、績溪胡憲、屏山劉子翬三先生。《宋元學案·劉胡諸儒學案》全祖望案語云：「白水、績溪、屏山三先生，晦翁所嘗師事也。白水師元城（劉安世），兼師龜山（楊時）。績溪師武夷（胡安國）。」劉安世是司馬光的弟子，楊時曾在程頤門前「立雪」，胡憲就是胡安國的姪兒。在重視師承淵源的南宋理學來說，這無疑是一份完美的譜系。朱熹也不負師望，大倡《春秋》「尊王攘夷」之說，這大多展現在他和學生的講談錄《朱子語類》中：

《春秋》大旨，其可見者：誅亂臣，討賊子，內中國，外夷狄，貴王賤伯而已。

《春秋》只是直載當時之事，要見當時治亂興衰。

此是聖人據魯史以書其事，使人自觀之，以為鑑戒耳。其事則齊威、晉文有足稱，其意則誅亂臣賊子。[029]

因此，他在與友人書信中提及《通鑑綱目》時，一再強調目的是要以「《春秋》謹嚴之法」，「會歸理之純粹」。自稱：「義例精密，上下

---

028 文秉《烈皇小識》卷八。上海書店影印本第228頁。按文秉字蓀符，長洲（今江蘇蘇州市）人，為東林人士文震孟子，文徵明玄孫。崇禎甲申國變後隱居竹塢，乃搜討思陵遺事，用編年體裁輯成此書。所記崇禎一代史事，於當日諫臺奏疏採錄頗備。著有《先撥志始》六卷、《烈皇小識》四卷、《定陵注略》等。

029 《朱子語類》卷八十三《春秋·綱領》。

千有餘年，亂臣賊子真無所匿其形矣！」他還強調「夫《春秋》之法，君弒，賊不討，則不書『葬』者，正以復仇大義為重，而掩葬之常禮為輕，以示萬世臣子遭此非常之變，則必能討賊報仇，然後有以報君親者。」[030] 此番史論如果是針對兩宮北狩、南渡偏安的現實，那麼其中的經世涵義，也不言自明了。

　　王應麟（西元一二二三年至一二九六年）和胡三省（西元一二三〇年至一三〇二年）[031] 都是素有家學和師承，跨越宋元的理學史家，也再一次經受了宗社覆亡、家國殘破的深切痛楚。在他們筆下，「《春秋》大義」之說，又生出一層刻骨銘心的議論。如王應麟以為《春秋》之法在於「謹嚴」、「切近」，以之行褒貶，正名分，明綱常，存天理。並舉例言之：

　　《春秋》以道名分成，皆三綱之大者也。曰「成宋亂」，以宋弗督討，而賄賂是取也；曰「宋災」，以蔡般弗討，而細故是恤也；曰「用致夫人」，以嫡妾無辨，而宗廟之禮亂也；曰「大夫盟」，以君弱臣彊，而福威之柄移也。吁，其嚴乎！[032]

　　以春秋之宋國為例，頗有針對南宋亡國之禍的現實狀況而發的意味。他還聲言「撥亂反正，莫近於《春秋》」。[033] 並以為：

030　分別載《朱子文集》卷三七〈答尤延之〉、卷三五〈答劉子澄〉、卷二五〈答張敬夫〉。

031　胡三省與文天祥、陸秀夫、黃震為寶祐四年（1256）同榜進士。其父胡鑰亦曾專意於史注。

032　《困學紀聞》卷六《春秋》。按此數例俱見《春秋》。〈桓公二年〉：「公會齊侯、陳侯、鄭伯於稷以成宋亂。」〈襄公三十年〉：「五月甲午，宋災，伯姬卒。天王殺其弟年夫。王子瑕奔晉。」〈僖公八年〉：「秋七月，禘於太廟，用致夫人。」〈莊公九年〉：「春，齊人殺無知。公及齊大夫盟于暨。」《公》《穀》兩傳對這些記載的解釋各有不同。這幾個例子與南宋末年韓侂冑、史彌遠、賈似道相繼威福亂政，謝太后被俘無蹤，城闕宮室焚燬殆盡的情況殆不無相似。

033　《通鑑答問》卷二〈陳勝、吳廣起兵於蘄〉。

民心之得失，此興亡之大幾也。林少穎云：「民之思漢，則王莽不能脅之使忘；民之忘漢，則先主不能強之使思。」唐與政云：「民心思漢，王郎假之而有餘；民心去漢，孔明扶之而不足。」[034]

此中之「漢」，正如元人誤讀「漢壽亭侯」、「漢鍾離」之「漢」，亦寓有深意在焉。後文再論。

胡三省為他窮畢生精力注釋《資治通鑑》的努力，則直截了當地說：

孔子定《書》而作《春秋》，《通鑑》之作，實接《春秋》後也。[035]

胡三省的同年黃震也是宋末理學的中堅人物，宋亡後餓於寶幢而卒，氣節可知。他梳理了「道學」淵源流派，並將精力專注於南宋當代史上，也對《春秋》「凡例」寓褒貶懲善惡的功用表示過懷疑，但仍然肯定《春秋》是為聖人「直書其事，善者、惡者，瞭然自見」，以達到「整一人心」的效果。[036] 尤其值得提出的是，他也對司馬光《資治通鑑》頗多批評，認為「必先正蜀漢之稱而後可」，強烈呼籲為三國「正統觀」全盤翻案。

《春秋》大一統

在中國歷史上，「統一」向來是減少戰爭頻率及其傷害，整合國家資源最為經濟有效的方式。故自西周以來，「盛世」理想都與「統一」密切相關。而其思想及理論資源，即來自於《春秋》「公羊學」強調的

---

034 《困學紀聞》卷七《孟子》。林少穎，字之奇，侯官（今屬福建福州市）人，紹興進士，為校書郎。《宋史・藝文志》著錄其《觀瀾文集》六十三卷。唐仲友字與政，淳熙間任臺州太守，因與朱熹紛爭而為後世理學排斥。著有《詩解鈔》、《經義考》等，又《帝王經世圖譜》輯入《四庫全書》。《鄧廣銘全集》有〈悅齋唐仲友生卒年分考〉。

035 〈新注資治通鑑序〉。

036 參《黃氏日鈔》卷七。

「大一統」觀念。又經過理學的發覆，對於中國宋後的歷史發生了深遠影響。所以中國自元代以後，就再也沒有出現如南北朝、晚唐五代與兩宋那樣的以割據或者偏安之主，或者倚恃天險長期與中央政權抗衡，或者透過納帛輸金以求自保者，其中一個重要原因，就是源於「《春秋》大一統」的觀念隨理學擴展而深入君心民心。

按「大一統」是《春秋》公羊學闡發「微言大義」的主要準則和典範。為使讀者明瞭其推演邏輯，略述一二於下。

「大一統」的思想來源主要來自以下典籍：（一）《春秋經》首條經文：「元年春王正月」。（二）《公羊傳·隱公元年》：「何言乎王正月，大一統也。」（三）疏：「王者受命，制正月以統天下，令萬物無不一一奉之以為始，故言大一統也。」（四）《漢書》卷七十二〈王吉傳〉：「《春秋》所以大一統者，六合統風，九州島同貫也。」

後世公羊家將「元年春王正月」劃分成「元年」、「春」、「王」和「正月」。加上《春秋》書法慣常有的「公即位」三字，共得五個要素，即公羊家所謂的「五始」：「元年」為氣之始；「春」為四時之始；「王」為受命之始；「正月」為政教之始；「公即位」為一國之始。並認為此「五始」顯於《春秋經》之首章，可見其重要。

透過對「五始」進行詞序分析，他們見出了「五始」之間存在著自下而上承載統系的邏輯關係：「諸侯」必載繫於王之「政令」；「政令」必載繫於「王」；「王」必載繫於「天」；「天」必載繫於「元」。但如果把這個邏輯順序倒置過來，就產生出一個自上而下的倫理體系，即據「元」以正「天」；據「天」以正「王」；據「王」以正「政令」；據「政令」以正「諸侯、大夫」；據「諸侯、大夫」以正「民」。這正是理學家所認同的邏輯模式。「五始」亦可劃為三端，即天、王、人。

「元年」、「春」應屬天之類;「正月」、「公即位」則屬人事之類。「王」位於二端之間,上承天而下繫人。這就是董仲舒所說的「置王於春正之間,非曰『上奉天而下正人,然後可以為王也』云爾。」[037]

具體到政治運作,就是要求新君初立,必先頒曆授時,以明正朔,並且進行種種禮儀鼎新,這都需要由確定新朝初年始於何日,即「王正月」的開始。[038] 如《尚書・堯典》所載大堯繼禪,即令羲和授曆於民:「迴命羲和,欽若昊天,曆象日月星辰,敬授民時。」何休解傳文:「曷為先言王而後言正月?王正月也。」[039] 今人陳立注曰:「以上繫於王,知王者受命,布政施教,所制月也。王者受命,必徙居處、改正朔、易服色、書殊徽號、變犧牲、易器械、明受之於天,不受之於人。」[040] 一部二十四史,每於《志》中詳述天文曆法、地理版圖、服飾車輿、儀仗祭祀等等細節,就都是因應著這些變更而來的。

董仲舒把強調「大一統」作為思想、法制統一的基本規律,他曾指出:

《春秋》大一統者,天地之常經,古今之通誼也。今師異道,人異論,百家殊方,指意不同,是以上亡以持一統,法制數變,下不知所守。臣愚以為諸不在六藝之科,孔子之術者,皆絕其道,勿使並進。邪辟之

037　《春秋繁露》卷二〈竹林第三〉。

038　其中「正月」所以繫於「人事類」,是與上古新朝制曆有權選擇一年之始攸關。上古三代不僅曆法不同,一年初始的正月也各不同。依《史記》記載,顓頊帝和夏代都以孟春正月為元,即使用建寅,故改朝即須改曆,如夏曆以農曆正月初一為元旦;殷曆建丑,以農曆十二月初為元旦;周曆建子,以農曆十一月初一為元旦;秦曆建亥,以農曆十月初一為元旦;漢武帝太初元年(前104)改用司馬遷、落下閎創制的太初曆,又重新使用建寅夏曆,以農曆正月初一為元旦。以後除王莽和魏明帝一度改用建丑的殷曆,唐武后和肅宗時改用建子的周曆外,隨著天文學的發展,曆算日益精微,隋唐更易變動曆法顯然不智,故以後各朝代又重新回復到符合四季規律的夏曆,直至清朝末年,故至今「農曆」猶稱「夏曆」。由於不再變更曆法,所以「五行」作為「正朔」的一個別枝在宋後被特別提出來。另話不提。

039　《藝文類聚》歲時下,第 97 頁。上海古籍出版社,1982 年版。

040　陳立《公羊義疏》第二冊,商務印書館「國學基本叢書」本,第 17 頁。

說滅息，然後統紀可一，而法度可明，民知所以矣。[041]

正因為皇權「授之」於天，因此也應當「受制」於天。所以天象變化的徵兆，透過儒臣的解釋，可以用來警示君王，限制君權。故漢儒可以「天」為由，理直氣壯地申說「民本」，如「屈民而申君，屈君而申天，《春秋》之大義也。」[042]「天下乃皇天之下也，陛下上為皇天子……夫官爵非陛下官爵，乃天下之官爵也。」[043] 在漢、唐、宋各代，代表帝統的君權和代表儒家的相權，可以在這個前提下構成一種相互制約關係，就是這個道理。

宋儒大多不贊同《公羊》、《穀梁》學褒貶善惡，「微言大義」的說法，朱熹亦然。但事關南宋面臨的現實，他的評價也有變化，認為：

《春秋》固是尊諸夏，外夷狄。然聖人當初作經，豈是要率天下諸侯而尊齊晉？自秦檜和戎之後，士人諱言內外，而「《春秋》大義」晦矣！[044]

面對北面強敵壓境，南宋習《春秋》學的諸臣心理實在難以平衡。在主戰、主和兩派的紛爭中，「恢復」始終是一個主題，可以推想「大一統」已成為南宋士人的心結。最為著名的表述，便是陸游〈示兒詩〉：「死去原知萬事空，但悲不見九州同。王師北定中原日，家祭毋忘告乃翁！」隨著趙汝愚、韓侂胄主持「興復大計」的失敗，這個豪壯的旋律顯得愈來愈微弱，「《春秋》大一統」的豪邁口氣，在宋儒嘴裡也逐漸變成囁嚅，直至歸於沉寂，最後傳出「暖風薰得遊人醉，直把杭州作汴州」。錢鍾書《宋詩選注》箋注陸詩，嘗說：

---

041 《漢書》卷五十六〈董仲舒傳〉引董應漢武帝舉「賢良」之策對。

042 《春秋繁露》卷一〈玉杯第二〉。

043 《漢書》卷七十二〈王貢兩龔鮑傳〉。又本題寫作時曾參考過署為「東京買餅生」之〈「大一統」簡釋〉，原載《西湖評論》第 171 期。

044 《朱子語類》卷八十三《春秋》。

　　陸游死後二十四年宋和蒙古會師滅金，劉克莊《後村大全集》卷十一〈端嘉雜詩〉第四首就說：「不及生前見虜亡，放翁易簀憤堂堂；遙知小陸羞時薦，定告王師入洛陽。」陸游死後六十六年元師滅宋，林景熙《霽山先生集》卷三〈書陸放翁書卷後〉又說：「青山一發愁濛濛，干戈況滿天南東；來孫卻見九州同，家祭如何告乃翁？」[045]

　　雖經「端平入洛」，與蒙古共同滅金極其短暫的興奮，但終於悲壯變成了悲愴，豪言淪落為難言。正緣如此，如果僅僅從個人或者小團體利益而言，宋儒們 —— 尤其是理學諸公續絕往哲 —— 為建構文化而投入的努力，應該是最不划算的，因之常遭當時後世功利論者的批評、非難和恥笑。而陳寅恪於抗戰期間偶讀《建炎要錄》，設身處地悟出「對歷史抱同情之理解」，才打破歷史學的冷漠，開創「宋學」研究之新紀元，對於宋儒的文化集成作出了新的評價。倒是理學的「北枝」把「《春秋》大一統」的聲音放大出來，這就是元儒的「用夏變夷」，[046]貫穿於郝經、許衡、鄭玉、趙汸等人的《春秋》學觀點之間，並透過他們，達於明清。此題關係甚大，望有心者留意之。

　　錢鍾書曾引《公羊傳》「昭公二十三年七月戊辰」「不與夷狄之主中國也。然則曷為不使中國主之？中國亦新夷狄也」，認為「即言華夷非徒族類（ethnos）之殊，而亦禮教（ethos）之辨」。[047]這也是入元的理學重臣格於當時形勢，不得不突破「族類之殊」，強調「禮教之辨」，以「行漢法」來承道統，對「大一統」進行重新詮釋的原因。

045　《管錐編》第一冊，第 215 頁。

046　《孟子・滕文公上》：「吾聞用夏變夷者，未聞變於夷者也。」雖然不無「先進文化」的優越感，但最早提出了多民族共處及文化融合的概念，這為漢末何休《春秋公羊經傳解詁》解釋「夷狄而進於中國者，則中國之」的民族融合理念提供了理論支持。也成為元儒立論的基本立場。

047　《管錐編》第四冊，第 1488 頁。

郝經（西元一二二三年至一二七五年）家學素有淵源，其六世祖曾親炙程顥，曾祖父郝震開始在鄉里傳授程氏之學，祖父郝天挺為「伊洛之學」的金朝理學大儒元好問之業師。他受到忽必烈召見，置諸侍從，並隨蒙元統師伐宋，曾出使宋朝，為賈似道囚禁十六年之久，但志節不屈，被譽為「北朝文天祥」。雖然在政治立場上他是與南宋儒士對立的，但在理學和文化立場上卻能同道「接軌」。從「《春秋》大一統」的邏輯，他認為「道統」高於「皇統」，皇統既繫於天命，天命所歸，則「夷狄」亦可「善治」，故特別推崇北魏孝文帝為「用夏變夷之主」，「遷都洛陽，一以漢法為政，典章文物與前代燦然比隆。」[048] 既勸說忽必烈等蒙古新主「行漢法」，又說服南宋諸臣接受「能行中國之道，則中國之主也」。[049] 所以他曾大力推崇關羽，並把這個歷史榜樣推薦給蒙元統治者。這在元初也的確顯現過功效，另文再論。

和郝經明確的原則立場相比，許衡（西元一二〇九年至一二八一年）更多的是隨遇而安。他亦為金遺民，曾被忽必烈召為京兆提學，又任過國子祭酒。身處亂世，反對交互征戰：

中國與夷狄，中國勝，窮兵四遠，臣伏戎夷；夷狄勝，必潰裂中原，極其殘酷。如此報復，何時能已！[050]

但既然歷史趨勢已無可避免，他就轉而以《中庸》「素夷狄行乎夷狄」一言為據，採取了「見在夷狄，便行那夷狄所當為之事」[051] 的態度，並作詩言：

048　郝經《陵川文集》卷三二。

049　同上卷三七，〈與宋國兩淮制置使書〉。

050　《魯齋遺書・語錄上》。同時之劉靜修〈詠史〉云：「紀錄紛紛已失真，語言輕重在詞臣。若將字字論心術，恐有無窮受屈人。」也反對用《春秋》義法對此易代大事的個人行為作一字褒貶，而強調「心術」之可用。

051　《魯齋遺書》之〈《中庸》直解〉。

直須眼孔大如輪，照得前途遠更真。光景百年都是我，華夷千載也是人。[052]

主張在「大一統」過程中擴大眼界，超越狹隘民族觀念；正視現實，努力實現「華夷同風」。考慮到當時南宋處於弱勢地位的現狀，這裡說的「華夷千載也是人」的平等，顯然是漢族的奢望。他也主張「行漢法」，並向忽必烈建言「以北方之俗，改用中國之法，非用三十年不可」。[053] 他和郝經雖然也經過蒙古滅金的「亡國之禍」，但畢竟都是以「北人」身分看待無可迴避的蒙元「大一統」趨勢，反而比南宋士人理智清醒。

與郝、許相較，鄭玉（？至西元一三五七年）是元儒中的《春秋》學名家。他家在徽州，生於元世，曾被元順帝召為翰林侍制，辭不赴，但所著《春秋闕疑》被作為至正（西元一三四一年至一三六七年）以後的官學讀物。朱元璋部入徽，招請參與反元事業，他以「吾豈事二姓者耶」為由拒絕，並自縊以示志向，可謂「元遺民」的典範。在主張「王道」的同時，他也對「霸道」有所辨析，認為「霸道」雖有罪於商周盛世，卻有功於春秋衰世，如齊桓公「九合諸侯，不以兵車，誠足以暫息當時之亂」。[054] 連繫現實，則綱常法制的統一，比「夷夏之防」更為重要：

今中國弒逆之賊，天子不能討，方伯不能誅，鄰國無聲罪之師，大夫無沐浴之請。而夷狄能正之，夫子雖欲貶而不與，亦不可得矣！[055]

---

052 《魯齋遺書》卷一一〈病中雜言〉。
053 《魯齋遺書》之〈時務五事〉。
054 《春秋闕疑》卷八。
055 《春秋闕疑》卷二三。

在「大一統」問題上代表著入元部分「南人」的感受體會。但與他同時同鄉同道之趙汸（西元一三一九年至一三六九年）觀點卻大異其趣。趙一生僅守《春秋》一經，很得宋濂讚賞，並親為其《春秋屬辭》著序，四庫館臣亦以他為「元季翹楚」。入明後曾獲徵召參與修纂《元史》，但書成即辭歸故里，不為明臣，是另一類型的蒙元「遺民」。他強調從《春秋》的書法看，必須嚴夷狄名分，謹華夷之辨，才能「信大義於天下」，但也有辨析之言。如他借解釋《春秋》書法中的變化，舉例說：

杞，夏禹之後也。其始朝也，以侯書之，一變而伯，再變而子，何也？大抵中國而夷狄則夷狄之。杞用夷禮，愈降愈下，聖人患之，故再奪其爵以示貶。

相反的例子則是：

楚，南方之夷也。其始聘也，以荊人書也。一變而書其臣之名，再變而書其名氏，何也？大抵夷狄而（中國）則中國之。用中國之禮，每進每善，聖人予之，故再進其法以示褒。[056]

聯想到元末明初的「華夷混雜」的狀況，不難理解其意旨究為何指，也直接開啟明人以「中國之法」再行「大一統」的自信，後話另表。

至於元明以後「大一統」的意義，除了學理上的探討之外，更重要的是從「安史之亂」（西元七五五年）開始，由中唐至五代、兩宋，九州瓜裂導致民族間交互攻伐的局面，已經延續了將近六百年。不僅在時間長度上早已超越春秋戰國及「五胡亂華」，而且透過江南的開發，經濟文化重心的轉移，使得中國的南北整體依存的需求大為增加。這倒不止是北方民族豔羨江南的富庶繁華，如傳說中的完顏亮聞聽「三秋桂

056　〈春秋金鎖匙〉。又《管錐編》曾引唐人皇甫湜文說此節，參第四冊，第1488頁。

子，十里荷花」，便欲「南下牧馬」[057] 這麼單純。遼、金兩國在經濟上都需要依賴兩宋的「納貢」作為補充，實質上就是在變相地延續唐五代以來的「仰賴東南漕運」。蒙元不欲假手他人輸納，索性變成「自收自支」，於是開鑿疏濬了南北大運河，使江南漕糧得以直抵大都，作為支撐這個「世界之都」的基本後勤保障。

但是成也蕭何，敗也蕭何。蒙元之所以在失去江南以後，戰鬥力未傷元氣的情況下，[058] 不經背城決戰即拋棄大都，遠颺漠北，並非喪失了勇武強悍之氣，而是腹枵無糧，難乎為繼。蓋緣朱元璋占據江南之後即斷絕了漕運，等同於扼其咽喉，置之死地。日人桑原隲藏（西元一八七一年至一九三一年）在〈歷史上所見的南北中國〉注意及此，曾於注釋中廣泛引用資料，證實蒙元不戰自敗的原因。[059] 現縷述如下：

葉子奇《草木子·克謹篇》：

元京軍國之資，久倚海運，及失蘇州，江浙運不通；失湖廣，江西運不通。元京殘窮，人相食，遂不能師矣。

丘濬《大學衍義補》：

元朝承平之時，歲運幾至四百萬石。至其末年也，哀丐於叛臣，僅得十有餘萬石，最後升斗皆無焉。是時也，斗米至銀六兩。一時勳戚權貴，衣錦繡、袍珠玉，而枵腹忍飢，以為餓殍者何限，嗚呼，可嘆也哉！[060]

057　柳永描寫杭州風景的一首詞〈望海潮〉有「有三秋桂子，十里荷花」之句，相傳金主完顏亮看了這首詞，遂生南侵的野心。見《鶴林玉露》卷一。

058　明初永樂等朝一直受到蒙古人的威脅，最有名的事件是明英宗率五十萬大軍親征瓦剌，被俘於土木堡（今河北懷來縣東），史稱「土木堡之變」（1449）。隨即蒙古軍隊兵臨北京，于謙等誓死守城的事件。從歷史上看，蒙古人也是「撫有華夏」之後唯一全身而退，仍然長時期保有自己民族特性的少數民族。

059　《日本學者研究中國史論著選譯》，中華書局 1992 年出版。第一卷，第 61 頁注 67。

060　《大學衍義補》卷三十四、「漕挽之宜」下條。桑原注說：「所謂『哀丐於叛臣，僅得十有餘萬石』，『哀丐於叛臣』指元廷不得不『懷柔』盤踞江浙的張士誠，每年求其海運十餘萬石之事。但

謝肇淛《五雜俎》卷三：

今國家燕都（北京），可謂百二山河、天府之國，但其間有少不便者，漕粟仰給於東南耳。元時亦輸粟以供上都，其後兼之海運。然當群雄奸命之時，烽煙四起，運道梗絕，唯有束手就囚耳。此京師之第一當慮者也。

近年河南社旗山陝會館特地塑造了巨型「關公讀《春秋》」銅像。表明關公不但熟讀《春秋左氏傳》，而且深明「《春秋》大一統」觀念。這也是宋明理學所以要尊崇關公的重要原因。

故朱元璋大兵能夠順利揮戈北上，不戰而勝。近代以前歷史上以「北伐」而能一統天下者，亦僅此一例。

此外五代至宋黃河水患頻發，為患極大，元、明、清運河係漕運命脈，都亟需實行南北東西的資源整合及「全流域治理」。可參卡爾‧魏特夫關於「東方專制主義」源自「水文化」的論述及學術界相關爭論，不贅。[061]

張士誠的海運到至正二十四年（1364）以後亦全部斷絕，朱元璋即自立吳王，1368 年稱帝改元。

061　1853 年 6 月 10 日，馬克思在一篇給《紐約每日論壇報》（6 月 25 日 3804 號發表）寫的時評〈不列顛在印度的統治〉中，提出了一個遠非深思熟慮的觀點：「在亞洲，從很古的時候起一般來說只有三個政府部門：財政部門，或對內進行掠奪的部門；軍事部門，或對外進行掠奪的部門；最後是公共工程部門。氣候和土地條件，特別是從撒哈拉經過阿拉伯、波斯、印度和韃靼區直至最高的亞洲高原的一片廣大的沙漠地帶，使利用渠道和水利工程的人工灌溉設施成了東方農業的基礎……節省用水和共同用水是基本的要求，這種要求，在西方，例如在法蘭德斯和義大利，曾使

　　我以為必須包含這些經濟上的實際需求與制度保障，才能全面正確地瞭解「《春秋》大一統」的概念在元、明、清三代被賦予的新含義以及相應的歷史觀和經濟觀深入人心的過程。而關羽在這一時期的作用之一，就是代表正統，反對分裂；或者不甘偏安，努力興復。這兩種看去彼此矛盾的價值標準，卻都被賦以「《春秋》大一統」的象徵。後世官方關廟幾乎都有「春秋殿」（亦稱麟經殿）或者「春秋亭」之類建築，造像也每塑為挮髯讀《春秋》之形象，正說明關羽已經成為中華民族後世「《春秋》大一統」的精神象徵。後文再論。

歷代帝王廟

　　二〇〇四年七月，我曾應北京歷代帝王廟管理處邀請去參觀。該廟為明代嘉靖九年（西元一五三〇年）始建。《明會典》言：

　　嘉靖十年三月，歷代帝王廟成。先是，中允廖道南請撤靈濟宮神，改設帝王廟，禮部以所在窄隘，宜擇地別建。於是工部相度阜成門內保

　　私人企業家自願結盟；但是在東方，由於文明程度太低，幅員太大，不能自願結盟，所以就迫切需要中央集權的政府來干預。因此亞洲的一切政府都不得不執行某種經濟功能，即執行公共工程的功能。」（《馬克思恩格斯全集》第九卷，北京：人民出版社版，第 145～146 頁）以現代常識而言，這段話的論據和論證都經不起考驗。比如東方政府制度相當繁雜，遠非三個只負「掠奪」之責的部門；比如撒哈拉到青藏高原不是同一氣候地質季風帶，形成沙漠的原因也各不相同；比如東方的文明發展程度並不是「太低」，尤其是和農耕時代的「西方」相比等等。百餘年後德裔美籍學者卡爾·魏特夫（Karl August Wittfogel, 1896～1988）撿拾此說，加以引申發揮，在所著《東方專制主義 —— 對集權力量的比較研究》（徐式谷等譯，中國社會科學出版社 1989 年版）中斷言「東方專制主義」源自「水文化」，在 1990 年代初期的中國史學界引起極大的興趣、應合和討論。（參李祖德、陳啟能著《評魏特夫的〈東方專制主義〉》，中國社會科學出版社 1997 年 12 月版）可以參看。近年韓國學者宋榮培博士致力此問題，並在〈儒家思想、儒家式的社會結構與馬克思主義的中國化〉（http://www.confucius2000.com/Confucian/songrujia.htm）中對上述說法進行了全面質疑，我認為很有道理。但不僅要考慮到「全流域治理」的管理需要，即中央集權和「大一統」，亦應包含續後的「內陸及海運漕運支持體制」，即中國社會的商業化規模及進展。這是一個彼此息息相關而內容更加龐雜的專題。前輩學者多有論列，如史念海《中國的運河》，許輝《唐宋運河論述》、何榮昌〈唐宋運河與江南社會經濟的發展〉、朱瑞熙的〈大運河和唐宋帝國的統一〉等專著專論亦多對運河漕運與政治、經濟、社會發展關係論述詳瞻，自可參考。略帶一筆以示關注，不枝蔓。

安寺故址，舊為官地，改置神武後衛，地勢整潔，且通西壇，可鼎新之。詔可，遣工部侍郎錢如京督工。工完，上親詣廟祭。

　　清代仍之，民國後改為學校。近年北京市為政策需要，決心搬遷學校，復建廟宇，於二〇〇四年四月依照原式鼎新竣工，對外開放。

北京阜內大街的歷代帝王廟，是全國唯一一所代表宋明理學「春秋大一統」和「正統論」的儒家祠廟。今天供奉的均為乾隆時擬定的歷代帝王牌位，不設塑像。但西南隅專有一院敬奉塑像的關帝廟。

　　馬端臨《文獻通考》曾概述宋代開寶三年（西元九七〇年）以後開始修復歷代帝王及功臣烈士的陵寢廟宇，後遂定為朝廷儀禮的經過。其中的升降貶黜，不僅出於帝王個人愛憎，也昭示著新朝確立價值體系的變化。明初朱元璋開始著手將散居各地的歷代帝王享祀集中於京城，唯「崇祀只創業之君，從祀唯開國之臣」，故數量極其有限。明清兩代列入祀典的帝王人選曾經屢生變化，大致而言，朱元璋鼇定的入祀諸君除三皇五帝外，還有夏禹、商湯、周文王、漢高祖、唐高祖、宋太祖、元世祖，黜去秦始皇不提，已經「越秦」而「以漢代周」，體現出宋元理學的正統觀。後來又增加歷代功臣作為陪祀。嘉靖北京建廟以後，二十四年（西元一五四五年）「以禮科陳棐言，罷元世祖陵廟之祀，及從祀木華黎等」，也是迫於當時邊境蒙古的壓力。[062] 滿洲入主關內伊

062　明代歷代帝王廟祭祀諸主及典儀，可參《明史》志二六〈禮四（吉禮四）〉「歷代帝王陵廟」。

始，即在多爾袞攝政的順治二年（西元一六四五年）恢復元世祖祭享，增加遼、金開國君主及其功臣，也是為滿人入主「正名」的意思。但政權穩定之後，順治十四年（西元一六五七年）福臨接受臣工建議，增加「守成」之君如商中宗、高宗，周成王、康王，漢文帝、宋仁宗、明孝宗等的崇祀，而將未及混一宇內的「偏方之主」遼、金、元之太祖黜落。康熙開始大量增加「守業之君」的奉祀，六十一年（西元一七二二年）曾頒諭：

> 帝王崇祀，代止一二君，或廟饗其臣子而不及其君父，是偏也。凡為天下主，除亡國暨無道被弒，悉當廟祀。有明國事，壞自萬曆、泰昌、天啟三朝，神宗、光宗、熹宗不應崇祀，咎不在愍帝也。[063]

雍正仍之。如果說前代廟祀諸人名單，還帶有後世君主出於自身或者開基、或者守業的個人色彩，那麼乾隆四十九年（西元一七八四年）再議奉享陪祀時，弘曆就以辨明「中華統緒」作為出發點，通盤籌劃出奉祀原則：

> 四十九年，諭廷臣：「曩時皇祖敕議增祀，聖訓至公，而陳議者未能曲體，乃列遼、金二朝，而遺東西晉、元魏、前後五代。謂南北朝偏安，則遼、金亦未奄有中夏。即兩晉諸代，因篡而斥，不知三國正統，本在昭烈。至司馬氏以還，南朝神器數易，宋武帝手移晉祚，篡奪無所逃罪，其他祖宗得國不正，子孫但能守成，即為中主。且蜀漢至初唐不乏賢君，安可闕略！洎朱溫以下，或起寇竊，或為叛臣，五十餘年，國統不絕如線。周世宗藉余業，擴疆宇，卓然可稱，而斥擯弗列，此數百年間，祀典闕如，又豈千秋公論？他若元魏雄據河北，太武、道武，胥

勤治理，並宜表章。昔楊維楨著〈正統辨〉，謂正統在宋不在遼、金、元，其說甚當。今《通禮》祀遼、金，黜兩晉諸代，使後世疑本朝區分南北，非禮意也。明神、熹二宗，法紀墜失，愍帝嗣統，事無可為，雖國覆身殉，未可以荒淫例。皇祖微神、熹，祀愍帝，具見大公。乃議者因復推祀桓、靈，亦思漢之所由亡乎？其再詳議。」尋議增祀兩晉、元魏、前後五代各帝王，並以唐憲宗平亂，金哀宗殉國，亦宜列祀。允行。[064]

　　現在的陳列是乾隆釐定的祭祀。此將歷代帝王廟祀主列表如下[065]：

三皇時代	太昊伏羲氏、炎帝神農氏、黃帝軒轅氏
五帝時代	少昊金天氏、顓頊高陽氏、帝嚳高辛氏、唐堯、虞舜
夏	禹王、啟、仲康、少康、杼、槐、芒、泄、不降、扃、廑、孔甲、皋、發
商	烈祖成湯、太宗、沃丁、太庚、小甲、雍己、中宗、仲丁、外王、河亶甲、祖乙、祖辛、沃甲、祖丁、南庚、陽甲、盤庚、小辛、小乙、高宗、祖庚、祖甲、廩辛、庚丁、太丁、帝乙
周	武王姬發、成王、康王、昭王、穆王、共王、懿王、孝王、夷王、宣王、平王、桓王、莊王、僖王、惠王、襄王、頃王、匡王、定王、簡王、靈王、景王、悼王、敬王、元王、貞定王、考王、威烈王、安王、烈王、顯王、慎靚王
西漢	高祖劉邦、惠帝、文帝、景帝、武帝、昭帝、宣帝、元帝、成帝、哀帝
東漢	光武帝劉秀、明帝、章帝、和帝、殤帝、安帝、順帝、沖帝
三國蜀	昭烈帝
東晉	元帝、明帝、成帝、康帝、穆帝、哀帝、簡文帝
南北朝	宋文帝、孝武帝、明帝，齊武帝，北魏道武帝、明元帝、太武帝、文成帝、獻文帝、孝文帝、宣武帝、孝明帝，陳文帝、宣帝

064　《清史稿》志五十九〈禮三（吉禮三）〉。

065　北京歷代帝王廟管理處編寫《歷代帝王廟100問》（香港國際出版社，2004年3月出版，第52～55頁）及說明書，均承該書主編、管理處主任吉曉星持贈，謹致謝意。

唐朝	高祖李淵、太宗李世民、高宗、睿宗、玄宗、肅宗、代宗、德宗、順宗、憲宗、穆宗、文宗、武宗、宣宗、懿宗、僖宗
後唐	明宗
後周	世宗
遼代	太祖、太宗、景宗、聖宗、興宗、道宗
宋	太祖趙匡胤、太宗、真宗、仁宗、英宗、神宗、哲宗、高宗、孝宗、光宗、寧宗、理宗、度宗、端宗
金	太祖、太宗、世宗、章宗、宣宗、哀宗
元	太祖成吉思汗、太宗、定宗、憲宗、世祖忽必烈、成宗、武宗、仁宗、泰定帝、文宗、寧宗
明	太祖朱元璋、惠帝、成祖、仁宗、宣宗、英宗、景帝（代宗）、憲宗、孝宗、武宗、世宗、穆宗、思宗（愍帝）

　　乾隆在關於入祀標準的諭旨中既提到了「一統帝系」，帝王廟要體現「中華統緒，不絕如線」，又在給享殿題聯中明確寫道「治統溯欽承，法戒兼資，洵哉古可為鑑」，可知這是他對於歷代「正統」，即新型政權合法權力來源的一次全面整理。其中以蜀續漢，以五代後唐、後周續唐的旨意顯豁。出於多民族融合的考慮，北方偏霸之主尚可入祀，卻絕不允許歷史上任何偏安、割據之邦自立門戶。這既是對於歷代「正統」爭議的一次總結，又何嘗不是出於「《春秋》大一統」歷史觀念的考慮？

　　北京社科院〈歷代帝王廟保護利用評估報告〉課題組曾以與太廟、孔廟並立而三的「皇家廟宇」定位歷代帝王廟。[066] 竊以為並不確切。蓋緣太廟為帝室之所袷，孔廟為儒學之所宗，歷代帝王廟則為中華治權「正

066　《歷代帝王廟 100 問》第 2 ～ 3 頁。又該書復自設疑：「南京歷代帝王廟設有帝王塑像，而歷代帝王廟不設塑像，只立牌位。為何有此變異呢？目前對此缺少研究。」（第 18 頁）其實儒家祀典向來只設牌位，太廟、孔廟以及嘉靖所建天地日月壇無不如是。元時佛教像設泛濫，故朱元璋初立各省城隍皆有塑像，尋亦毀像設位。後文〈護國佑民〉將有舉證。又涉及廟址選擇問題（第 19 頁），則應當考慮嘉靖時容納三教的政策。按阜成門（元稱平則門）內大街到自西迤東西四，元明時已相繼建有三座佛道著名廟觀。舊時北京兒歌言：「平則門，拉大弓，過去就是朝天宮；朝天

「統」之所繫，亦為其具體象徵。唯一的共同點，是他們都屬於儒學系統。

此外東西廡配殿，還祀有經過乾隆欽定的歷代功臣名將七十九位：

年代	東廡配祀名臣	西廡配祀名臣
三皇時代	風后、倉頡	力牧
五帝時代	夔、伯夷	皋陶、龍、伯益
商	伊尹、傅說	仲虺
周	召公奭、畢公高、召穆公虎、仲山甫	周公旦、太公望、呂侯、方叔、尹吉甫
西漢	張良、曹參、周勃、魏相	蕭何、陳平、劉章、丙吉
東漢	鄧禹、耿弇	馮異、馬援
三國年代	諸葛亮	趙雲
唐	房玄齡、李靖、宋璟、郭子儀、許遠、李晟、裴度	杜如晦、狄仁傑、姚崇、張巡、李泌
遼		耶律赫嚕（耶律曷魯）
北宋	曹彬、李沆、王曾、富弼、文彥博	呂蒙正、寇準、范仲淹、韓琦、司馬光
南宋	李綱、韓世忠、文天祥	趙鼎、岳飛
金	宗翰（黏沒忽）	斡魯、宗望（斡離不）
元	穆呼哩（木華黎）、布呼密（不忽木）	巴顏（伯顏）、托克托（脫脫）
明	徐達、常遇春、楊士奇、于謙、劉大夏	劉基、李文忠、楊榮、李賢

宮，寫大字，過去就是白塔寺；白塔寺，掛紅袍，過去就是馬市橋；馬市橋，跳三跳，過去就是帝王廟；帝王廟，繞葫蘆，隔壁就是四牌樓；四牌樓東，四牌樓西，四牌樓底下賣估衣」云云，即是說此。其中朝天宮建於明宣德七年（1432）為道教宮觀，因雷擊焚於天啟六年（1626），民國時魯迅曾住宮門口二條（今為北京魯迅博物館），即其原址儀門外。白塔寺、妙應寺，建於忽必烈至元八年（1217）為藏傳密教寺院，歷代帝王廟為儒家祭殿，廣濟寺（建於金元，明代天順元年即1457年重建，今為中國佛教協會所在地）則為漢傳佛教廟宇。長約一公里的大街上寺觀廟宇如此密集，也是京師一大特殊景觀。

　　其中以國力屢弱之兩宋入祀功臣名將最多，包括近年來備受爭議的岳飛與文天祥。值得注意的是，三國蜀將中只有趙雲，而無關、張。乍一看來似乎不可理喻，尤其是清代關羽地位極其崇高。歷代帝王廟管理處作了這樣一個附注說明：「為突顯三國時代的關羽地位，清代建有單獨的關帝廟祭祀之。」位置就在帝王廟二門西跨北院之內。而張飛早有國家祭祀廟宇，故而不再列於陪祀。

　　據《歷代帝王廟 100 問》說：

　　明代文獻中沒有發現有關關帝廟的記載，在《大清會典》中歷代帝王廟圖上有一處標明「關帝廟」三個字。《大清會典》是清代嘉慶年間編纂的書籍，據此推測，關帝廟至遲在乾隆末期似乎就有了，它有可能是乾隆帝或嘉慶帝建造的。[067]

　　此說也未必確切。萬曆初年開始編纂的《明會典》所附〈今帝王廟圖〉中，二門外西跨院已經建有四座建築物，與《大清會典》所指關廟所在地相合處正有一座，我疑心或許就是新建之關廟。按嘉靖由西南方位入嗣皇位，並按祖制把出生地鍾祥升為承天府，荊州、當陽亦劃入府治。關羽最初於當陽歸天成神，也就順理成章地替代永樂年間奉立的帝祚護佑神北方玄武（真武大帝），成為新的嘉靖一系帝祚保護神。後世名聞天下的正陽門西南偏小關廟，亦同時於嘉靖十年（西元一五三一年）建成，不為無因。詳細考辨留待後文，不贅。

067　《歷代帝王廟 100 問》，第 159 ～ 160 頁。

《左傳》兵法與講史演義

《左氏傳》在宋代還有一些相關可道之事。《宋史·儒林二·何涉傳》載：

（涉）所至多建學館，勸誨諸生，從之遊者甚眾。雖在軍中，亦嘗為諸將講《左氏春秋》，狄青之徒皆橫經以聽。

說來狄青（西元一〇〇八年至一〇五七年）是北宋尤其難得的福將勇帥。他與呂蒙一樣，都屬於士卒出身，功至將帥的傳奇性人物。《宋史》列傳第四十九載，狄青字漢臣。汾州西河（今山西汾陽）人。行伍出身，善騎射。「臨敵被髮、帶銅面具，出入賊中，皆披靡莫敢當。」卻不肯除去年輕時觸犯刑法臉上留下的黥記：

奮行伍，十餘年而貴，是時面涅猶存。帝嘗敕青傅藥除字，青指其面曰：「陛下以功擢臣，不問門地，臣所以有今日，由此涅爾，臣願留以勸軍中，不敢奉詔。」[068]

曾在西夏前線征戰多時，但是主要功績是平儂智高時攻克崑崙關，其中混雜有關公崇拜的「神道設教」已見於前文論列。唯功高震主，以致仁宗憂慮，顧宰相曰：「速議賞，緩則不足以勸矣。」結果還是引發了猜忌。「青在樞密四年，每出，士卒輒指目以相矜誇。又言者以青家狗生角，且數有光怪，請出青於外，以保全之，不報。嘉祐中，京師大水，青避水，徙家相國寺，行止殿上，人情頗疑，乃罷青為同中書門下

068　據委心子《新編分門古今類事》第五卷〈異兆門下〉「狄公默祝」引蘇軾所記載，狄青本農家子，年輕時其兄與鄉人號「鐵羅漢」者鬥毆至溺殺之，他自願代兄受過。後被「逮罪入京，竄名赤籍」，開始軍旅生涯的。

平章事，出判陳州。明年二月，疽發髭，卒。」⁰⁶⁹

值得一提的是，狄青是被慶曆集團的尹洙首先發現轉薦韓琦的，且「（范）仲淹以《左氏春秋》授之曰：『將不知古今，匹夫勇爾。』青折節讀書，悉通秦、漢以來將帥兵法，由是益知名。」推想何涉向「狄青之徒」講的，應當就是《春秋左氏傳》中的戰例戰法和奇妙的戰爭故事，這種方式至今尤為講史演義者沿用。

又蘇軾為司馬光撰寫的〈行狀〉中說：

先生七歲時，凜然處成人。聞講《左氏春秋》，愛之。退為家人講，即了其大旨。⁰⁷⁰

亦此情景。朱熹也說：

看《春秋》，且須看得一部《左傳》，首尾意思通貫，方能略見聖人筆削，與當時事之大義。⁰⁷¹

也強調了《左氏傳》的故事性。錢鍾書則進一步指出：

《左傳》記言，而實乃擬言、代言，謂是後世小說、院本對話、賓白之椎輪草創，未遽過也。⁰⁷²

這就不僅是歷史實錄，實際上是以《左傳》為後世講史演義、小說戲曲的濫觴。以此觀之，三國故事為宋人講史演義之始作俑者，或者換

---

069 又狄青生平的傳奇性及其「臨敵被髮、帶銅面具」的特點，亦為戲曲小說關注。後世戲劇有元·無名氏《衣襖車》（一作《復奪衣襖車》）、豫劇《烈火旗》、粵劇《狄青闖三關》、潮劇《八寶與狄青》、臺灣亂彈戲《狄青斬蛟龍》、《狄青平西遼》等。小說則有《狄青演義》、清人李雨堂《萬花樓（狄青初傳）》、《五虎征西傳（狄青前傳）》、《五虎平南傳（狄青後傳）》等。又司馬光《涑水紀聞》載，儂智高攻廣州，「使勇士數十人，以青黛塗面，跳躍上岸，廣州兵皆奔潰。」（第 258 頁）則狄青之「臨敵被髮、帶銅面具」，或亦有「以儺制儺」的心理威懾功用。

070 《蘇文正公集》卷三十六〈司馬溫公行狀〉。

071 《朱子語類》卷八十三《春秋》。

072 《管錐編》第一冊，第 162 頁。

句話說，三國故事素以兵法戰例擅長者而為聽眾喜愛，並非偶然。[073]

　　案《春秋左氏傳》本為將帥必修之課。錢鍾書嘗言：「古之『名將』而『精通』《左氏傳》者，梁章鉅《退庵隨筆》卷一三曾標舉之，關羽、渾瑊、狄青等與焉。」[074] 至於何以如此，錢氏亦有解釋：

　　《新五代史·敬翔傳》梁太祖問：「《春秋》所記何等事？」翔答：「諸侯戰爭之事耳。」又問：「其用兵之法，可以為吾用乎？」答：「兵者，應變出奇以取勝，《春秋》古法不可以用於今。」觀《舊五代史·敬翔傳》末附注言其「應《三傳》數舉不第，發憤」投筆，則其對梁祖語，或猶存餘憤，乃己噎而勸人廢食歟？後世言兵者稱述左氏不衰；顏季亨《九十九籌》卷一〇〈戰律《春秋》〉嘆「《春秋》，兵法之聖也」，即以孫、吳等兵法詮《左傳》；明陳禹謨撰《左氏兵略》，清魏禧《魏叔子文集》卷二有〈春秋戰論〉一〇首，謂「左氏之兵」為「謀三十有二」，「法二十有二』焉。」[075]

　　錢氏且謂《春秋》所言兵事甚多。如言兵戰之「詐敵」（可參考該書之《左傳正義》一五「僖公二十二年」）；言「治兵」（參觀一八「僖公二十七年」）；言「戰亦戲也」（一九「僖公二十八年」）；言「先發制人」（二二「文公七年」）；言「兩強相遇勇者勝」（四一「襄公二十五年（一）」）諸節。

　　《三國志·關羽傳》裴注「羽好《左氏傳》，諷誦略上口」，又見《吳書·魯肅傳》注引《江表傳》，乃呂蒙向魯肅所說：「斯人（羽）長

073　可參拙作〈「說三分」與關羽崇拜：以蘇軾為例〉，論及三國故事在北宋的流傳，以及宋代說話與講史演義的演變等事，可與本文互相參證。原載盧曉衡主編《關羽、關公和關聖》（中國社科文獻出版社 2002 年）。

074　《管錐篇》第五冊，第 32 頁。

075　《管錐編》第一冊，第 355 ～ 356 頁。

而好學，讀《左傳》略皆上口。」兩則均出於吳人記載，值得注意。此乃強調關羽好兵法謀略，非如後世文人理解為「知尊王，《春秋》大義」也。例證即是呂蒙也好讀《春秋》，卻為江東割據而掩襲關羽。而關羽之盡棄前功，兵敗身死，亦因低估「吳下舊阿蒙」當時亦在鑽研包括《左傳》在內的兵書故也。

由此看來，熙寧王學號稱「富國強兵」之策，卻黜去《春秋》，是一個重大失誤，以致宣和、靖康之際主持朝政者徒知張皇，舉對失措，遠無統觀料敵之長策，近乏臨機應變之權智，終致覆亡的教訓；與南渡之後，文臣武帥爭講《春秋》的原因，於經史兩學之外，尚有別解。後來胡三省注《通鑑》總結歷朝亡國教訓時，就特別談到用兵之道在於謀，「是知徒勇而無謀者，無益於成敗之數也。」[076] 作為儒士的史家，有鑑於亡國破家的切膚之痛，也終於注意到一再被他們鄙為「詭道也」的兵家者言。這算是對中唐以來文武紛爭，或有宋以來的右文輕武的現象作了一個小結；也從理學的角度，為後世講史演義推崇將帥謀略另闢蹊徑。此節與講史演義的勃興和發展關係頗大，幸望讀者留意。

076　《資治通鑑》卷一〇五注語。

第二章

「神道設教」與理學確立

神道設教

「澶淵之盟」是北宋透過武力收復五代以來的北方失地的最後一次努力。這次戰役雖然以小勝結束，但最終訂立的盟約，卻是宋廷每年向遼輸納白銀十萬兩，絹二十萬匹，名副其實地「化干戈為玉帛」。古云：「天子之事，唯祀與戎。」既然戎事不行，精力自然轉向「祀」來。和議成立後，「上（宋真宗）既罷兵，垂意典禮」，[077]也是「偃武修文」的意思，倒也和太祖、太宗的政策相距不遠。但對於宋真宗而言，「澶淵之盟」的輸款結好，無論如何喚不起踵武漢唐的感覺來。既欲彰顯盛世、則無論遠述秦皇漢武，近譬唐代玄宗，致力祀事都是標明盛世、點綴太平之一大景觀。《續資治通鑑長編》景德四年（西元一〇〇七年）十一月條記載說，殿中侍御史趙湘曾上言請封禪，真宗不答。王旦等奏：「封禪之禮，曠廢已久，若非聖朝承平，豈能振舉？」真宗也表示「朕之不德，安敢輕議」？[078]但他的內心總有一點不甘：既不能收復燕雲失地，建立祖宗夢寐以求的功業，又想當盛世的明君聖主。這種兩難情結被聰明透頂的王欽若捕捉到了：

契丹既受盟，寇準以為功，有自得之色，真宗亦自得也。王欽若忌準，欲傾之，從容言曰：「此《春秋》城下之盟也，諸侯猶恥之，而陛下以為功，臣竊不取。」帝愀然曰：「為之奈何？」欽若度帝厭兵，即謬曰：「陛下以兵取幽燕，乃可滌恥。」帝曰：「河朔生靈始免兵革，朕安能為此？可思其次。」欽若曰：「唯有封禪泰山，可以鎮服四海，誇示外國。然自古封禪，當得天瑞，希世絕倫之事，然後可爾。」既而

---

077 《續資治通鑑長編》卷六三。
078 《續資治通鑑長編》卷六七。

又曰：「天瑞安可必得？前代蓋有以人力為之者，唯人主深信而崇之，以明示天下，則與天瑞無異也。」……帝猶猶豫，莫與籌之者。會幸祕閣，驟問杜鎬曰：「古所謂河出圖、洛出書，果何事耶？」鎬老儒，不測其旨，漫應之曰：「此聖人以神道設教爾。」帝由此意決。[079]

「以神道設教爾！」一語道破天機。緊接著降神、天書、封禪、祥瑞等事也次第展開。「天書降神」的整個過程，《宋史‧禮七（吉禮七）》中有比較詳細的記述，筆者另有〈「天書降神」新議 —— 北宋與契丹的文化競爭〉[080]，可以參看。

按「神道設教」之說，始於《周易觀象》：

聖人以神道設教，而天下服矣。

錢鍾書《管錐編》釋《周易觀象》，曾以大段篇幅論說「神道設教」，指出鬼神之教最初出於禁忌避諱，亦是宗教和禮法的萌芽：

按《禮記‧祭義》：「因物之精，制物之極，明命鬼神，以為黔首則，百眾以畏，萬民以服。」可申說此二句，古人政理之要言也……蓋世俗之避忌禁諱（taboos），宗教之命脈繫焉，禮法之萌芽苗焉［Freud, Totem und Tabu, 2, Aufl., 26（Gese-tzeskodex），91（Gewissen）］，未可卑為不足道也。李商隱《過故崔兗海宅》：「莫憑無鬼論，終負託孤心。」道出「神道設教」之旨，詞人一聯足抵論士百數千言。[081]

「神道設教」還是一把雙面刃，不僅用來轄制百姓，亦且可以警示君王，這也是規劃理學政治文化的關鍵之一。宋真宗君臣雖然借用過這

079　慶曆時人田況《儒林公議》卷上記述王欽若所言事，後采入《宋史‧王旦傳》。
080　原載《西北民族研究》2003 年第 1 期。
081　《管錐編》第一冊《周易正義》五〈觀〉。中華書局版，第 18 頁。

個口號，但未必具有這樣完整的自覺。恰恰是在南宋明清的儒臣中，「神道設教」才逐漸發展完善起來的。錢鍾書復言：

> 夫設教濟政法之窮，明鬼為官吏之佐，乃愚民以治民之一道……於是賞罰之柄，乃移之冥漠之中，而蚩蚩之氓，其畏王鈇，不如其為鬼責矣。乃世之君子，猶有所取焉，以輔王政之窮。今日所傳地獄之說、感應之書，皆苗民詛盟之餘習也……王政行乎上，而人自不復有求於神，故曰：「有道之世，其鬼不神。」華、陸、顧、文論神道，樹義別於二魏。二魏為治人者言，法令之力所不逮，得宗教以裁約之；華、陸、顧、文抉剔治於人者之衷心，遭荼毒而不獲申於人世，乃禱諸鬼神以冀疾苦之或蘇。[082]

可見這個設計一直貫徹到清朝，都沒有大的改變。後世批評者或謂之中國特有的「愚民政策」，毋寧說這種「宗教 —— 法律」混合的現像是人類歷史必經之階段之一。即如歐洲人文發軔地之古希臘、倡導科學文藝復興之義大利、以啟蒙運動對抗神學的法國，或者以實用理性著稱的英國，也無不具有「神道設教」的類似設計。[083] 至今西人法庭宣誓猶手按《聖經》，口稱上帝（God），用以約制「自由心證」的率意性，[084] 亦中世紀「神道設教」（法律學術語稱為「神誓」或「神示證據制度」）之遺意耳。

082　《管錐編》第一冊《周易正義》五〈觀〉。中華書局版，第 18 頁。

083　參《管錐編》第一冊第 19 頁。錢鍾書談論到古希臘奧古斯都大帝（Caesar Augustus, 63BC ～ AD14）、哲學家亞里斯多德（Aristotle, 384 ～ 322）、義大利政治家馬基維利（Machiavelli, 1469 ～ 1527）、法國哲學家孟德斯鳩（Montesquieu, 1689 ～ 1755）和英國哲學家吉朋（Gibbon, 1737 ～ 1794）對於「神道設教」的意見，其中特別提到李伐洛（Rivarol, 1753 ～ 1801）「兼明二意，既言宗教為法律之補充，復言民不聊生，乞靈宗教，以他生稍慰此生……亦正為馬克思所謂宗教乃人民對實際困苦之抗議，不音為人民之鴉片。」

084　「自由心證」（free evaluation of evidence through inner conviction）是突破神學統治後歐洲大陸法系認可的一項聽證制度。核心內容是：「證據的取捨和證明力的大小，以及案件事實的認定，均由法官根據自己的良心、理性自由判斷，形成確信的一種證據制度。」

儒學宗教化

宋代優禮文官，不但言論相對寬鬆，而且有一套福利制度作為保障，特有的祠祿制度即其一端。當然這也是造成冗官現象的原因之一，所以招致的批評聲浪一直未斷。[085]

設置祠祿制度的原因，《宋史・職官十（雜制）》說是「佚老優賢」，或者多領一份閒俸，或者為官員退養閒職：

大抵祠館之設，均為佚老優賢，而有內外之別：京祠以前宰相、見任使相充使，次充提舉，余則為提點，為主管，皆隨官之高下，處以外祠。選人為監岳廟，非自陳而朝廷特差者，如黜降之例。

在京宮觀，舊制以宰相、執政充使，或丞、郎、學士以上充副使，兩省或五品以上為判官，內侍官或諸司使、副政和改武臣官制，以使為大夫，以副使為郎。為都監，又有提舉、提點、主管。其戚里、近屬及前宰執留京師者，多除宮觀，以示優禮。時朝廷方經理時政，患疲老不任事者廢職，欲悉罷之。乃使任宮觀，以食其祿。

鑑於真宗朝祠祿之職都是現任實權官員兼領，我懷疑這套制度建立的初衷，其實是為了收買官僚，以取得他們對於「天書降神」的必要支持。《續資治通鑑長編》卷六七記載真宗曾向宰相王旦行賄一壇珍珠，即是著名的例證之一。趙翼就認為：

自真宗置玉清昭應宮使，以王旦為之。後旦以病致仕，乃命以太尉領玉清昭應宮使，給宰相半俸。祠祿自此始也。[086]

085　如趙翼《二十二史劄記》卷二十五〈宋冗官冗費〉說：「薦辟之廣，恩蔭之濫，雜流之猥，祠祿之多，日增月益，遂至不可紀極。」

086　《二十二史劄記》卷二十五〈宋祠祿之制〉。王旦為在儒家君權與文化立場對立時的兩難尷尬始終感到不快。《續資治通鑑》卷三十三說他「祥符間，每有大禮，輒奉天書以行，嘗怏怏不樂。臨

　　皇帝賄賂百官的事情，在中國歷史上並不多見。《邵氏聞見錄》卷一記載趙匡胤使曹彬伐江南，許諾「功成以使相為賞」。後來後悔，「密賜錢五十萬。彬怏怏而退，至家，見錢布滿室，乃嘆曰：『好官亦不過多得錢耳，何必使相也。』」宋代以政變開國，奉行穩定過渡的方針，並且記取晚唐五代教訓，強調以文官轄制武帥，所以對於文士相當優容。無論是「半部《論語》治天下」的傳說，還是「宰相須用讀書人」的記述，甚至誓碑「不得殺士大夫，及上書言事人」的美談，[087] 都意圖證實宋初君明臣賢、雍雍穆穆的太平景象。文彥博也認為宋代體制是「為與士大夫治天下，非與百姓治天下也」。[088] 這決定了真宗不會在文官中強迫推行他的新政策。另一方面，經過中晚唐激烈的「三教論衡」和社會變革，「不語怪力亂神」的儒家抵制佛道、兼攻二氏的立場雖然有所緩和，但畢竟還沒有退讓到公然相信「降神」，崇奉「天書」的程度。這就決定了宋真宗的策略是「收買」而非「壓服」。上下官員接受了祠祿宮觀的職務和薪俸，也就意味著接受了「神道設教」的體制。作為平息反對意見，順利推行新政策的必要成本，還是划算的。好在他剛剛裁減下一大批職務空額，不必顧忌財政上有無餘裕。[089]

　　終，語其子曰：『我別無過，唯不諫天書一節，為過莫贖。我死之後，當削髮披緇以斂。』」但畢竟與真宗共相始終，以致王欽若有「為王子明，遲我十年作宰相」之慨嘆。

087 「半部《論語》治天下」出自《宋史》。述趙普每遇政事不能決，便於歸家後查閱家中一篋中書，次日則問題迎刃而解。久之家人好奇，偷偷一看，原來裡面只有半部《論語》。時人便說趙普以「半部《論語》治天下」。《續資治通鑑》言趙匡胤欲改元「乾德」，後發現後宮繳自蜀國的銅鏡上已有「乾德」年號，問宰相是怎麼回事，皆不能答。獨翰林學士竇儀答稱，前蜀王衍曾稱年號為「乾德」。太祖嘆道：「宰相須用讀書人！」（該人《石林燕語》說是盧多遜。《舊聞證誤》則以為是陶、竇二內相）又《宋史・曹勛傳》載「藝祖有誓約藏之太廟。」葉夢得《避暑漫抄》說，相傳宋太祖在密室立一鐵碑，後世即位天子祕密閱讀，不得外傳。金滅北宋後鐵碑暴露，共計三條：第一不得擅殺柴氏子孫，第二不得殺害士大夫，第三子孫有渝此誓者，天必殛之。

088 《續資治通鑑長編》卷二二一。

089 《二十二史劄記》卷二十五〈宋冗官冗費〉：「真宗咸平四年（1001），有司言：減天下冗吏十九萬五千餘人。」

趙翼謂：「在京有玉清昭應宮、景靈宮、會靈觀、祥源觀等，以宰相執政充使。丞郎學士充副使，庶僚充判官，都監、提舉、提點等各食其祿。初設時員數甚少，後以優禮大臣之老而罷職者，日漸增多。」[090] 如《宋史·職官志十》載「元豐中王安石以左僕射、觀文殿大學士為集禧觀使；呂公著、韓維以資政殿學士兼侍讀，仍提舉中太一宮兼集禧觀公事。元祐間馮京以觀文殿學士、梁燾以資政殿學士為中太一宮、醴泉觀使。范鎮落致仕，以端明殿學士提舉中太一宮兼集禧觀公事」，都是油水頗厚的兼差。蔡京柄政時尤其留心於提高官員薪資福利，以攏絡官吏，收買人心，這對官員的日常補貼也確實有所效用。朱弁《曲洧舊聞》卷六說：

> 蔡京豐吏祿以示恩，雖閒局亦例增俸入。張天覺作相，悉行裁減。鄒浩以宮祠里居，月所得亦去其半。嘗謂晁檢討曰：「天覺此事，吾儕無異詞。但當貧屢之際，不能不悵然。」乃知天下喻義者少。[091]

最後一句委婉地批評連鄒浩這樣的元祐黨人，在福利優渥的政策面前也難免氣短，變成「小人喻於利」了。

用大臣權知祠祿之責，本源於「唐天寶七載，以給事中楊釗充九成宮使」，五代因之。宋真宗則以之為常差，以應付紛至沓來的降神、天書和封祀等職事。剛開始也許是權宜之策，但後來事態又有變化。熙寧變法時，精明的王安石開始考慮用這些職務來安置反對派，「欲以此處異議者，遂詔：『宮觀毋限員。並差知州資序人。以三十月為任。』」[092]

090　《二十二史劄記》卷二十五〈宋祠祿之制〉。

091　《筆記小說大觀》本第四輯第八冊，第 135 頁下。按鄒浩（1060～1111）字志完，晉陵（今江蘇常州市）人。元豐五年進士，累官至右正言。曾因直言謫新州，徽宗立，復召為右正言。後坐黨籍，謫永州。

092　《宋史·職官志十》。

但已非「優禮」，而是貶黜：「大抵宮觀非自陳而朝廷特差者，如降黜之例。」[093] 王安石變法時期為此下過一系列的詔書，使它形成了一個特殊的職等階級。先是，「宮觀毋限員。並差知州資序人。以三十月為任。」並特別指定：「杭州洞霄宮、亳州明道宮、華州雲臺觀、建州武夷觀、臺州崇道觀、成都玉局觀、建昌軍仙都觀、江州太平觀、洪州玉隆觀、五嶽廟自今並依嵩山崇福宮、舒州靈仙觀置管幹或提舉、提點官。」級別則比照同級官員降一級使用：

奉給，大兩省、卿、監及職司資序人視小郡知州，知州資序人視小郡通判，武臣仿此。

這無疑壯大了冗官的隊伍。不但沒有裁減冗員，反而膨脹起來。正因為這一系列職務充當著波濤洶湧黨爭之「洩洪區」的作用，所以朝政越是反覆，它的領域越擴越大。

趙構「泥馬渡江」以後，一度顛沛流離，居無定所，宮觀亦不復置，只保留體泉觀使、萬壽宮使及佑聖觀[094]使三種宮觀使。但由於舊京官員隨即南渡，夾屁股追了過來，祠祿制度遂欲罷不能，成為官員退養福利一個甩不掉的大包袱，而與兩宋官制共相始終：

紹興時，士大夫多流離，困厄之餘，未有闕以處之。於是許以承務郎以上權差宮觀一次，續又有選人在部無闕可入與破格岳廟者，亦有以宰執恩例陳乞而與之者，月破供給。非責降官並月破供給，依資序降二等支。理為資任，意至厚也。[095]

---

093 《文獻通考》，中華書局影印本，第 550 頁。
094 《文獻通考》：「渡江以後，宮觀不復置，而觀使有三：前宰相則得體泉，宗戚則得萬壽，又其次則得佑聖云。」
095 《宋史‧職官志十》。

但是越到後來，這種恩賞優秩就越像是退休金了。一開始六十歲是個標準，後來則八十才是了：

舊制，六十以上知州資序人，本部長官體量精神不致昏昧堪厘務者，許差一任，兼用執政官陳乞者加一任。紹興二十二年，臣僚言：「郡守之職，其任至重，昨朝廷以年及七十，令吏部與自陳宮觀，乞將前項指揮永為著令。」從之。蓋不當請而請，則冗瑣者流競竊優閒廩稍；或當請而不請，則知進而不知退，識者羞焉。……紹熙五年慶壽赦，應文武臣宮觀、岳廟已滿，不應再陳者，該今來慶壽恩，年八十以上，特許更陳一次。京官以上二年，選人三年，凡待庶僚者，皆於優厚之中寓開制之意焉。[096]

故陸游〈七十一翁吟〉有言：

七十一翁心事闌，坐叨祠祿養衰殘。樽中無酒但清坐，架上有書猶縱觀。吏部齒搖心悵望，將軍髀滿淚丸瀾。客來共飯增羞澀，小摘山蔬不掩盤。

宮觀祠廟的建築耗費人力財力無數，也是後世批評的焦點。[097] 倒是范仲淹發表過一個特殊的觀點，後來因為美國經濟大蕭條時羅斯福1932年「百日新政」名噪一時，叫做「以工代賑」。《鶴林玉露》卷之三甲編〈救荒〉言：

096　《宋史·職官志十》。
097　《容齋三筆》卷十三「政和宮室」條言：「國朝祥符中，奸臣導諛，為五清昭應、會靈、祥源諸宮，議者固以崇侈勞費為戒，然未有若政和蔡京所為也。京既固位，竊國政，招大璫童貫、楊戩、賈詳、藍從熙、何訴五人，分任其事。於是始作延福宮……五人者各自為制度，不相沿襲，爭以華靡相誇勝，故名『延福五位』。其後復營萬歲山、艮岳山。」延福、艮岳為御園苑囿，與宮祠功用有別。

皇祐間，吳中大饑。范文正公領浙西，乃縱民競渡，與僚佐日出燕湖上，諭諸寺以荒歲價廉，可大興土木。於是，諸寺工作鼎新。又新倉廒吏舍，日役千夫。監司劾奏杭州不恤荒政，游宴興作，傷財勞民。公乃條奏所以如此，正欲發有餘之財以惠貧者，使工技傭力之人，皆得仰食於公私，不至轉徙填壑。荒政之施，莫此為大。是歲，唯杭饑而不害。近時莆陽一寺，規建大塔，工費巨萬。或告侍郎陳正仲曰：「當此荒歲，寺僧剝斂民財，興無益之土木，公為此邦之望，盍白郡禁止之！」正仲笑曰：「子過矣！建塔之役，寺僧能自為之乎？莫非傭此邦之人為之也。斂之於富厚之家，散之於貧窶之輩，是小民藉此以得食，而贏得一塔耳。當此荒歲，唯恐僧之不為塔也，子乃欲禁之乎？」

可惜的是，這麼超前的經濟手段，只有部分用來修築公共工程，而大多耗費於寺廟宮觀「無益之土木」。但也從另一方面證實著兩宋宗教經濟實力的雄厚。

那麼，宋代花費如此巨大的財力物力，建立祠祿制度目的究竟何在？僅僅是為了賄買百官、優容秩老嗎？我懷疑它的續後發展，越來越像是與佛道兩教之外，別建一套以儒學為中心的祭祀體系，悄悄開始了「儒學宗教化」，或者「儒學道教化」的進程。

卿希泰《中國道教史》曾言：

> 北宋王朝修建宮觀，主要是為了令道士進行為國祈禱醮謝等宗教活動。[098]

其實不確。從宋真宗大中祥符八年（西元一○一五年）「置清、衛二指揮奉宮觀」，到宋仁宗天聖元年（西元一○二三年）「減玉清昭應宮、景靈宮、會靈觀、祥源觀清、衛卒以分配諸軍，其工役送八作司；

---

098 《中國道教史》第二冊，第593頁。

兗州景靈宮、太極觀清、衛準此」，[099] 看來，最初在宮觀擔任雜役的，並非束髮道人，而是軍營兵士和御作工匠。儀典也是佛道混合的。

宋代的道教和佛教事務，先由太常寺掌管，後歸鴻臚寺，在制度上與文官儒臣的祠祿制度也有清晰的區分：

中太一宮、建隆觀等各置提點所，掌殿宇齋宮、器用儀物、陳設錢幣之事。在京寺務司及提點所，掌諸寺葺治之事。傳法院，掌譯經潤文。左、右街僧錄司，掌寺院僧尼帳籍及僧官補授之事。[100]

「儒學宗教化」最突出的表現，首先便是基於儒學的祖先崇拜，把皇室祖宗提升、放大成為國家祭祀的主要場所。沒有一個朝代像宋代這樣對自己的世祚延永如此操心。宋真宗先後修造了供奉「聖祖」的景靈宮[101]、用以供奉預言趙宋國祚延永「天書」的元符觀[102]、供奉太祖出生處靈跡的祥源觀（後為醴泉觀）[103]、會靈觀（後為集禧觀）[104] 等。而宋徽宗建神霄玉清宮，也是因為其還在藩邸時即自稱夢見老君面諭「汝以宿命，當興吾教」。政和三年（1113）十一月，又宣稱他看見玉津園東有天神降臨。[105] 目的都是託名以重申天佑宋室，自我作神。

這裡面還各自揣著小算盤。如「斧聲燭影」之後，國祚可疑地落

099　分別載《宋史·真宗本紀》，《續資治通鑑》卷三十六。

100　《宋史·職官志》。

101　《宋史·吉禮十二》：「景靈宮。創於大中祥符五年，聖祖臨降，為宮以奉之。天聖元年，詔修宮之萬壽殿以奉真宗，署曰奉真。」《續資治通鑑》卷三十四：「宮觀總一千三百二十二區。」

102　大中祥符七年十二月頒詔，於京城左承天門天書下降處建。

103　天禧二年（1018）閏四月，奏稱皇城拱聖營（趙匡胤出生在西京拱衛營）西南真武祠側出「靈泉」，病者飲之多瘥。真宗即命於其地建祥源觀。《續資治通鑑》卷三十四：「祥源觀成，觀宇凡六百一十三區。」卷五十五：至和元年（1054）「新修醴泉觀成，即祥源觀也。」《東京夢華錄》卷三：「醴泉觀，在東水門裡。」

104　《續資治通鑑》卷五十三：「皇祐四年（五月）丙戌，新修集禧觀成。初，會靈觀火，更名曰集禧，即舊址西偏復建一殿，共祀五嶽，名曰奉神殿。」曾公亮、富弼、王安石都曾經提舉集禧觀。

105　《續資治通鑑》卷九十一。

在了二房趙光義及其後代手中。「靖康之恥」以後，這一房的嫡系子孫又可恥地被金人通通俘虜到了北方。[106] 唯有康王趙構匹馬過江，登基為帝，可惜一直生不出血胤子孫，只好把皇位傳給了大房趙匡胤之七世孫趙眘即宋孝宗。[107] 但趙眘又在潛邸創建佑聖觀，作為護佑長房一系帝位傳承的保障，只是再不供奉「黑殺神」。據載：

> 佑聖觀，孝宗舊邸也……淳熙三年建，以奉佑聖真武靈應真君，十二月落成。或曰真武像，蓋肖上御容也。[108]

據《宋史・孝宗本紀》載：自佑聖觀落成以後，孝宗幾乎每年都要前往參拜一次。皇室延祚奉祀的主神，就這樣悄悄發生了變化。寧宗又於嘉定二年（1209）頒布〈誥詞〉以宣揚其神威，並特封為「北極佑聖助順真武靈應福德真君」。《夢粱錄》卷二載三月三日為北極佑聖真君聖誕之日：

> 佑聖觀侍奉香火，其觀係屬御前去處，內侍提舉觀中事務，當日降賜御香，修崇醮籙。午時朝賀，排列威儀，奏天樂於墀下，羽流整肅，謹朝謁於陛前，吟詠洞章陳禮。士庶燒香，紛集殿庭。諸宮道宇，俱設醮事，上祈國泰，下保民安。

另話不表。另據徐松《宋會要輯稿補編》，玉清昭應宮是一個混雜

106　趙翼《二十二史劄記》卷三十「金元二朝待宋後厚薄不同」言《金史》載：「宗翰以二帝及后妃太子四百七十餘人，及宗室三千餘人北去。」（第695頁）可謂一網打盡。

107　這裡面也有名堂。《續資治通鑑》卷一百三十八：「高宗未有後，而昭慈聖獻皇后亦自江西還行在，後嘗感異夢，密為高宗言之，高宗大悟。紹興二年五月，選帝育於宮中；三年二月，賜名瑗；五年六月，聽讀資善堂；十二年正月，封普安郡王；三月出合就外第；三十年二月癸酉，立為皇子，更名瑋；丙子，進封建王；三十二年五月甲子，立為皇太子，改名昚。」「異夢」之說，或者是當初進言的託詞，或者是後世神異其事的藉口。

108　李心傳《建炎以來朝野雜誌》甲集卷二。又葉紹翁《四朝聞見錄》乙集「佑聖觀」：「觀為孝宗潛邸，先自有神三見於雲端，孝宗為之拜跪。既即大位，賜邸為觀，蓋龍潛初志也。」（第63頁）

儒道的供祀體，既要顧全趙恆所述「降神」的細節，又要建構出一個國家祭祀體系。於是丁謂、李宗諤等幾經「詳定」，在正殿三前殿依次供奉玉皇、聖祖和紫微二十八宿。東位二聖殿奉太祖太宗並配享功臣，殿閣奉司命；西位則建二星殿奉周伯壽星，殿閣奉翌聖。太初殿以下對設八殿，分別供奉天蓬、真武、九曜、十二元辰、東西斗、天曹官，此外如太微五帝、天市垣、地司命、三十二天帝、天一、太一、辰歲星、太初以及太陽、太陰象，明慶殿環殿圖八十一太一，東西廊圖五百靈官。儀注也雜用儒家經典和道教科儀，如建安軍範鑄玉皇等銅像完成，迎往汴梁時：

又令增訂儀注，請自京差道士威儀，迎玉皇、聖祖備道門幢節、扇拂，太祖、太宗以殿中傘扇。發日，設黃麾二千五百人，太常鼓吹四百人。[109]

宋廷還屢次加封春秋時「託孤救趙」之忠臣義士。仍然是庇護皇室血胤，強化中央集權之把戲耳。《宋史‧吉禮八》：

初，紹興二年，駕部員外郎李願奏：「程嬰、公孫杵臼於趙最為功臣。神宗皇嗣未建，封嬰為成信侯，杵臼為忠智侯，命絳州立廟，歲時奉祀，其後皇嗣眾多。今廟宇隔絕，祭亦弗舉，宜於行在所設位望祭。」從之。十一年，中書舍人朱翌言：「謹按晉國屠岸賈之亂，韓厥正言以拒之，而嬰、杵臼皆以死匿其孤，卒立趙武，而趙祀不絕，厥之功也。宜載之祀典，與嬰、杵臼並享春秋之祀，亦足為忠義無窮之勸。」禮寺亦言：「崇寧間已封厥義成侯，今宜依舊立祚德廟致祭。」十六年，加嬰忠節成信侯，杵臼通勇忠智侯，厥忠定義成侯。後改封嬰彊濟公，杵臼英略公，厥啟侑公，升為中祀。[110]

109　《宋會要輯稿補編》，第 25 頁。
110　關於宋神宗朝提出此祀的經過，可參何冠環〈宋朝表揚程嬰公孫杵臼考〉，載香港《嶺南學報》

事實上，當年「救孤存趙」之地究在何地，一直存在絳州（今山西新絳）和盂縣（今屬山西陽泉）的爭議。約與洪邁質疑的同時，金大定十二年（西元一一七二年）做過盂縣縣令的智楫曾為藏山撰寫過〈神泉里藏山廟記〉碑文，其中已提及當時的趙氏於藏山「歲歲血祭，遠近歸禱」的情況。至今盂縣還保存九座祭祀趙武（即「趙氏孤兒」）的廟宇。雍正十二年（西元一七三四年）纂輯之《山西通志》言：

> 盂縣藏山廟：踞城三十里有藏孤洞，祀晉趙武並義士程嬰、公孫杵臼。額曰「報功殿」。宋封杵臼成信侯、嬰忠智侯。元至治三年修廟建碑，後三十年達魯噶齊達穆爾重修，呂思誠撰記。[111]

即是元人兩歧的證明。至今為爭旅遊人潮，兩地紛爭更上層樓。[112]枝蔓不贅。

綜上所述，兩宋朝廷興造之宮觀，都純係皇祚延世之祈請，非關救贖苦難，普渡眾生。這證明著它們非道非佛的特點。

其次是儒學雖然一向以周文化「慎終追遠，敬天法祖」的宗旨為嚆矢，但是自覺地限制在嶽瀆崇拜和祖先崇拜兩端來制定儀注，鬧不出

新第 1 期第 27 頁。此於元代戲曲《趙氏孤兒》有直接影響，並經耶穌會士譯介傳播歐洲，引起伏爾泰等「啟蒙學派」代表人物對中華道德文明的由衷讚嘆。在中國又透過清代《三俠五義》「狸貓換太子」風靡一時，至今戲曲扮演《搜孤救孤》仍是老生熱門戲目。其中表現的「忠義節烈」的孤臣孽子情結亦足玩味，另文再論。

111　文淵閣本四庫全書《山西通志》，133 冊，卷 166，第 53 頁。另尋訪到絳州「存趙」遺跡是由吳處厚進行並匯報朝廷的，載於吳著《青箱雜記》。但自洪邁《容齋隨筆》即有無情詰難，其卷十言：「自晉景公至元豐，千五百五十年矣！古先聖帝、明主之墓尚不可考，區區二士，豈復有兆域所在乎？絳郡以朝命所訪，姑指他丘壟為之祠以塞責耳！此事之必不然者也。」四庫全書收錄吳書，館臣按語亦謂「晁公武《讀書志》謂『所記多失』，實又譏其記成都置交子務，誤以寇瑊為張詠。案吳處厚以干進不遂，挾怒羅織蔡確《車蓋亭》詩，驟得遷擢，為論者所薄。故公武惡其人並惡其書。今觀所記，如以馮道為大人之類，頗乖風教，不但記錄之訛。」趙翼則認為甚至連程嬰等「存趙」故事也是「本《史記》采無稽之談以聽新聞，未必有其事也」。復舉宋金元各一類似實事證之（《二十二史劄記校證》卷三〇「郝經、昔班帖木兒」條，第 715 頁）。今日觀之，正可證實宋室之祀，實是「古為今用」。

112　今人議論，可參〈九月藏山好個秋〉（http://www.sxta.com.cn/lvwh/lywh49.htm）。

什麼新鮮花樣、多大動靜。但是宋室「援道入儒」，借助道教的設醮符籙，程式繁複，儀典翻新，倒是別有一番光景。

宋主以讖緯得天下，道教也與兩宋君主相始終。宋太祖曾改建周世宗太清觀為建隆觀，以待「有道之士」。[113] 宋太宗先建上清太平宮以崇翊聖將軍，又陸續建有太一宮等。真宗「以天書降日為天慶節，詔東京建玉清昭應宮」。就兼有祈嗣作用。[114]《續資治通鑑》卷二八言籌建昭應宮時：

> 謂欲殫國財用，規模宏大，近臣多言其不可；殿前都虞候張旻亦言土木之侈，不足以承天意。帝召問謂，謂曰：「陛下富有天下，建一宮崇奉上帝，何所不可？且今未有皇嗣，建宮於宮城之乾地，正可以祈福。群臣不知陛下此意，或妄有沮止，願以此諭之。」既而王旦又密疏諫帝，帝諭之如謂所對，旦遂不敢復言。於是特建使名，令謂專總其事。[115]

趙恆建祠的高峰，應該是在昭應宮給趙氏「聖祖」上「玉皇大天帝」的尊號。

> 大中祥符八年春，正月，壬午朔，詣玉清昭應宮太初殿，奉表上玉皇大天帝聖號；遂奉安刻玉天書於寶符閣，塑御像冠服立侍。帝升閣，

113　此觀最初或者是為陳摶準備的。據《宋史·陳摶傳》，周世宗顯德三年曾召陳摶至京師問道，趙匡胤卻屢召不至。《續資治通鑑·開寶二年》載，趙匡胤征北漢時「（五月）次鎮州，召道士蘇澄入見，謂曰：『朕作建隆觀，思得有道之士居之，師豈有意乎？』對曰：『京師浩攘，非所安也。』」這所道觀在「斧聲燭影」政權交接以前，曾用以檢驗張守真供奉之「黑煞神」靈驗否（王欽若〈翊聖保德真君傳〉，《雲笈七籤》卷一百三《紀傳部·傳一》）。太宗為黑煞神另建祠宇之後，此祠改由道士主掌，地位亦隨之下降。《東京夢華錄》卷三述：「建隆觀，觀內東廊於道士賣齒藥，都人用之。」可得其概。

114　《長編拾補》卷三十七「重和元年五月丁亥」條。

115　《新安志》卷三〈歙縣沿革〉：「祥符中議營昭應宮，計其工十五年而成。丁謂總領其事，以夜繼晝，每繪一料，給燭兩條，逾七年而就。」又《國老談苑》卷二：「凡役工日三四萬，發京東、西、河北、淮南州軍禁軍。調諸州工匠，每季代之；兵卒歲一代。並優其口糧、資值，選四廂指揮使忠佐二員董其役。」《宋朝事實》卷七〈道釋〉：「宮凡三千六百一十楹。」

備登歌，酌獻；還，御崇德殿受賀，大赦天下。[116]

　　請注意，這是「玉皇大天帝」的徽號在中國歷史上第一次正式出現。前之典籍雖也有「天帝」、「玉皇帝」等說法，[117] 但都非確號。呂宗力、欒保群編著之《中國民間諸神》甲編「玉皇上帝」條曾縷述來源，以為其源於古代昊天上帝，顧頡剛、張政烺則以為其人格化後為張天師或張角。道教自唐代開始出現「玉皇」、「玉帝」之稱。[118] 理或然矣，但是竊以為沒有考慮到以下因素：一個新造神祇影響能夠擴大至全社會和後世，必須借助特殊的社會力量。我以為這就是宋真宗托祖並在全國普建宮祠，實際上是把人間君主制度神格化，且為有宋君主以國家力量持續供奉一百六十多年（1015 ～ 1279）的歷史，入元以後才開始轉為道教及民間信仰，復列入神譜的。

　　後世道教神譜遂援玉皇大帝為最高神祇。宋金元不但是各種宗教和民間信仰大混雜的時期，也是小說戲曲開始大流行的時期。在這兩種影響力極大的社會力量交互作用之下，「玉皇大帝」的形象、個性、祭祀、禮儀就顯現出宋人而非漢人的影響來了。比如清人顧祿《清嘉錄》謂玉皇壽誕為正月初九，而真宗正式上玉皇大天帝尊號亦在正月，可見附會之跡。近世有論者指出：

　　然民間所謂玉皇上帝並非道教之玉皇上帝，已有宇宙的教導者一變而為宇宙的統治者，且承襲上帝之稱號與職司。使玉皇信仰普遍化者為宋真宗。[119]

116　《續資治通鑑》卷三十二。
117　《集說詮真》引殷藝〈小說〉謂「周興死，天帝召興升殿」。白居易〈夢仙〉詩：「人有夢仙者，夢身升上清……仰謁玉皇帝，稽首前致誠。」（《白氏長慶集》卷一）
118　《中國民間諸神》，河北教育出版社 2001 年新版，第 29 ～ 31 頁。編者持贈，謹志高誼。
119　〈民間新年神像圖畫展覽會·附錄三〉，北平中法漢學研究所 1942 年。轉自《中國民間諸神》第

明清以後神魔小說《西遊記》、《封神演義》又從而張揚之，故成婦孺皆知之仙界至尊。以致《聊齋誌異》卷十二〈鴰鳥〉有言「天上有玉帝，地下有皇帝」，是把玉帝統領天庭，視同皇帝統治人間，或者說直以皇帝在世俗社會的權勢，激發信眾想像玉帝在天宮的權威。

唯有弄清楚兩宋宮祠修建之主要目的，才能明白與之配套的祠祿制度之功用。這實際上開啟了日本明治維新以後以「國家神道教」重塑「和魂」的文化、政治制度的先河。枝蔓不提。

又南宋淳祐九年（蒙古海迷失后元年，即西元一二四九年）：

> 六月，丙寅，詔：「各郡各立一廟，以褒忠為額，凡前後沒於王事，忠節顯著之人，並祀之，郡官春秋致祀。」[120]

這又為符合儒家宗旨的造神運動頒布了新綱領。另話不提。

宋代祠祿作為制度創建，亦與文人士大夫切身利益密切相關，如朱熹就曾提舉武夷山沖佑觀。[121] 道教的宇宙模式對於理學諸公的「格物致知」開了生面，因此他們在氣、性、道和鬼神問題上都有響應，包括「氣象」、學聖和倫常日用的修行功夫。明人推舉程朱，康熙又將程朱理學頒布為綱常，所以明清時代的關公崇拜進入儒學已毫無窒礙。此時關羽崇拜影響全社會的功能，實際上已呼之欲出了。

---

29 頁。

120　《續資治通鑑》卷一百七十二。

121　《武夷山志》載唐天寶年間（742～755）始建天寶殿。南唐保大二年（944）元宗李璟為其弟李良佐「辭榮入道」，遂移建並命名「會仙觀」。宋大中祥符二年（1009）增修屋宇。紹聖二年（1095）降旨大建宮殿，改名沖佑觀。南宋詞人辛棄疾、詩人陸游、理學家朱熹、劉子翬、張栻等都曾提舉沖佑觀。其中朱熹尤耽武夷，「琴書四十年，幾做山中客。」（〈武夷精舍雜詠詩·精舍〉，《朱文公文集》卷九）

自致不朽

　　兩宋儒學秉入世之大旨，致力重整晚唐五代以來頹隳的綱紀，也面臨著多方面困難：「強幹弱枝」造成高度集中的皇權、重商社會急功近利的習俗、佛教平民化對於儒學的衝擊。學界前賢討論理學，每以儒家經典為據。其實《老子》有言：「故失道而後德，失德而後仁，失仁而後義，失義而後禮。」在道家盛行的宋代氛圍中，宋儒從中偷得「道」與「德」的概念加以改造，建立起「仁義禮智」的綱常學說；復以老子推崇的「聖人」[122] 和儒家提倡的「賢人」作為理想人格，排定「聖希天，賢希聖，士希賢」的提升層次；打破社會的階級觀念，以「君子小人」作為人的區分標準。[123] 這都是重塑道德權威以制衡君權、重建道德標準以振作世風的文化努力。

　　很多神祇信仰都建立在「生死」之上，無論佛教的「輪迴無常」、「西方極樂」，還是道教的「長生仙籙」、「不死之方」，抑或天主教的「天堂地獄」、「先知引導」，包括其宗教建築、規儀、制度、藝術，都是在以不同方式昭示「往生彼岸」，以戒尤此生，勸眾皈依。兩河流域的宗教還特別表彰「殉教」，以致今日中東戰局不斷。另話不提。

　　但中國原始信仰素無「往生來世」的超時空觀念，也沒有描繪「彼岸」的習俗和遺存，故人輕死。老子曾著重討論過這個問題，如《道德經》言：

> 民不畏死，奈何以死懼之。若使民常畏死，而為奇者，吾得執而殺之，孰敢？

122　《論語·述而》：「子曰：『聖人，吾不得而見之矣；得見君子者，斯可矣。』」
123　《論語·季氏》言：「孔子曰：『君子有三畏：畏天命，畏大人，畏聖人之言。小人不知天命而不畏也，狎大人，侮聖人之言。』」

民之輕死，以其上求生之厚，是以輕死。夫唯無以生為者，是賢於貴生。

人之生也柔弱，其死也堅強。草木之生也柔脆，其死也枯槁。故堅強者死之徒，柔弱者生之徒。是以兵強則滅，木強則折。強大處下，柔弱處上。

既然知道死之畏懼，便懂得生命之可貴，以追求人生意義與價值，同時亦認為「輕死」是對生命價值之愚昧，容易鋌而走險，破壞社會秩序。「使民重死」才會促使人類追求永恆之境界，「不死」就是超越死亡。得道聖人和谷神是不死的，不死的形式則是「復歸於嬰兒」。因此道教也不擅描繪死後恐怖，後世東嶽廟、城隍廟中那些妖魔鬼怪的形象，絕大多數都是從佛教流傳過來的。

儒家情況則略有不同。孔子和孟子都得享天年，故早期儒家著作很少談及生死問題。孔子說過：「志士仁人，無求生以害仁，有殺身以成仁。」[124] 孟子從「魚與熊掌不可得兼」的兩難命題，引申出「生亦我所欲也，義亦我所欲也，二者不可得兼，捨生而取義也」。[125] 但先儒都不是實踐者。至於死後的狀態，由於儒家學說中理性精神一直占據著上風，故孔子言：「未知生，焉知死？」拒絕談論死後為何。虔誠儒者應當如何看待生死，也成為論衡「三教」時儒家難以啟齒的問題。佛教、道教都善於編造成佛登仙的人物故事，並繪成寺觀水陸畫用以影響民俗民風。由於沒有建立起一套中心價值觀念，而且佛教逐漸深入人心，故儒家體系及其「成仁」、「取義」之說益發顯得蒼白無力。

隨著識字率提高和啟蒙教育普及，如何才能把先秦豐富的儒家資源

124　《論語·衛靈公》。

125　《孟子》卷十一〈告子〉。

通俗化，使觀念性的倫理道德深入民心，便成了宋後儒學解決從「倫常日用」到道德榜樣的大問題，而生死觀念成為他們深入民風民俗的難題之一，既需樹立歷史榜樣，又得樹立現實榜樣。突破先儒諱言「生死」的界線之後，理學終於為儒學帶有宗教性的「彼岸」即「靈魂安頓」的問題指出方向。這既非佛教報應輪迴，亦非道教長生仙籙，而是歷史「名節不朽」。其實這本來就算得上儒家專利，自然無需假借外說。

《左傳‧襄公二十四年》載，范宣子曾問穆叔何謂「死而不朽」，穆叔回答：

> 魯有先大夫曰臧文仲，既沒，其言立，其是之謂乎？豹聞之，太上有立德，其次有立功，其次有立言，雖久不廢，此之謂不朽。[126]

後來這被總結為「三不朽」，又擴大到石刻的碑文版銘。漢人以「勒石燕然」，傳之後世，與立功受賞，生前「封侯」，同為人生一大幸事，又進一步延伸到個人的歷史聲譽。[127] 自《宋史》以後各代史書及方志紛紛表立「忠義」、「孝友」等列傳，又隨理學觀念對於家族社會的延伸擴大到「列女」。明後朝廷還有地方官員訪察上奏，不待付史立傳，即在其生前或故去時予以旌表，採用牌坊、祠堂或者其他旌表的形式顯於鄉里，形成制度，用以崇名節，厲風俗，以活生生的道德榜樣激勵鄉人。故顧炎武《日知錄》卷一三「名教」條總結說：

---

126 「不朽」觀念大概源於金石之物能夠歷千年而不朽壞，可以用於葬儀。如《漢書‧楊王孫傳》：「口含玉石，欲化不得。」而葛洪〈抱朴子〉則載：「金玉在九竅，則死者為之不朽。」漢代出現了大量的葬玉製作，大如金縷玉衣、銀縷玉衣、銅縷玉衣，小若口含、眼蓋的玉石之類，也是在追求物質意義上的不朽。

127 筆者另有〈華夏精魂〉一文，其中「書法與工具」曾探討到中國書法材質由甲骨、鐘鼎到漢唐以勒石記功，碑銘版刻為「不朽」，以至濫為「諛墓」的觀念及其流變。參《書法集成》序，河北美術出版社 2001 年版。

後之為治者宜何術之操？曰唯名可以勝之⋯⋯曰名教，曰名節，曰功名，不能使天下之人以義為利，而猶使之以名為利。[128]

北宋前線宋軍開創為當世盡忠守節之臣建立廟祀的先河。南宋臨安和各地方普遍建立了名為旌忠、昭忠、褒忠等的廟祀，或新立神祇，以確立儒家神祇和國家祭祀體系，亦是為「《春秋》大一統」整合文化資源的需要。類似的榜樣崇拜後來逐漸集中歸於關羽、岳飛，固然由於時代變遷中源於理學「大一統」觀念選擇和淘汰的結果，但是也不應忽視初始階段的形態。這種榜樣的激勵作用也確實表現出來，如《宋史‧文天祥傳》言：

自為童子時，見學宮所祠鄉先生歐陽脩、楊邦乂、胡銓像，皆諡「忠」，即欣然慕之。曰：「沒，不俎豆其間，非夫也。」

理學後以「名教」著稱，也是在與佛之「像教」、道之「仙教」的區別中自覺出來的。也許是稍嫌於儒家不善誇飾描繪，故死後理氣無歸，明代嘉靖出現以關羽名義刊行的《三界伏魔忠孝護國翊運真經》，為忠臣孝子展示了另一幅「不朽之域」：

慷慨赴義：或見危受命，或靖供爾位，或調和鼎鉉，或侃侃盡瘁，或亭亭物表，或心如金石，或精忠貫日，或塞外植節，或抗志虜庭，或鼎鑊不避，或裹屍馬葬。是等是人，揚芳萬年。生而不死，死而不亡，炳炳忠孝，亙天不磨。或命終時當為天大元帥，天大將軍，天大神王，永無輪迴，永無百劫。[129]

128　《管錐編》第四冊，第 1244 頁。

129　李一氓主編《藏外道書》，巴蜀書社 1992 年版，第四冊，第 273 ～ 274 頁。

　　正可以和儒家之「自致不朽之域」相比勘。只是這裡使用了儒家尤其是理學的倫理，但開出的支票卻是道教的仙籙。也是拿關羽崇拜作為榜樣，展示出儒道既已合一，倫理價值觀念亦趨於親密無間。

　　理學發掘出這個價值非常得意，故特意將〈大學〉章從《禮記》篇中單獨抽出，作為後世基礎教材「四書」之一。陳寅恪對此格外重視，認為韓愈推舉此節，是「吾國文化史中最有關係之文字」：

　　儒家書中最具系統易被利用者，則為《小戴記》之〈中庸〉，梁武帝已作嘗試矣。然〈中庸〉一篇雖可利用，以溝通儒釋心性抽象之差異，而於政治、社會具體上華夏、天竺兩種學說之衝突，尚不能求得一調合貫徹，自成體系之論點。退之首先發見《小戴記》中〈大學〉一篇，闡明其說，抽象之心性與具體之政治社會組織可以融會無礙，即盡量談心說性，兼能濟世安民，雖相反而實相成，天竺為體，華夏為用，退之於此以奠定後來宋代新儒學之基礎。退之固是不世出之人傑，若不受新禪宗之影響，恐亦不克臻此……此種研究經學之方法亦由退之所稱獎之同輩中人發其端，與前此經詩著述大意，而開啟宋代新儒學治經之途徑者也。[130]

　　這就是理學強調實踐性，即「倫常日用」的根本。

　　此外，孔聖人當年說：「若聖與仁，則吾豈敢！」[131] 理學必須於此有所突破，才能讓榜樣充分發揮功用。於是周敦頤首推「聖可學至」，他在《通書‧聖學章》說：

　　「聖可學乎？」曰：「可。」曰：「有要乎？」曰：「有。」「請聞焉。」曰：「一為要。一者，無欲也。」

130　陳寅恪〈論韓愈〉，《金明館叢稿初編》，上海古籍出版社 1979 年版，第 288 頁。
131　《論語‧述而》。

　　可視為理學「學聖運動」的綱領，提出並回答能否「學至聖人」。
復言：

　　聖希天，賢希聖，士希賢。伊尹、顏淵，大賢也。伊尹恥其君不為
堯舜，一夫不得其所，若撻於市；顏淵不遷怒，不貳過，三月不違仁。
志伊尹之所志，學顏子之所學。[132]

　　正是因為「聖可學至」，理學倡導的道德榜樣，才可能成為後人可
以觸及的楷模。陸九淵持論在「援禪入儒」上走得更遠。禪宗本講一念
之善，即可「立地成佛」，他則反覆闡說「人皆可以為堯舜」，「塗之
人可以為禹」。後世王陽明亦申說此理，強調「個個人心有仲尼，自將
聞見苦遮迷」，「人胸中各有個聖人，只自信不及，都自埋倒」。錢鍾
書轉引及此，曾言「皆如章水貢水交流，羅山浮山合體，到眼可識」，
明白如話。[133] 所以鑑於前轍，明清理學設計要以關羽為「武聖」，就是
意圖在領軍將帥中樹立起一個符合理學觀念的道德榜樣，以防止出現唐
宋驕鎮悍將，擁兵自重，不識大體的局面。

　　此外理學還標榜「氣象」，拈取以與漢官威儀、魏晉風度、唐禪神
姿並立為四。二程明確提出崇褒「聖賢氣象」，是他們倡導賞鑑「聖
學」的重要組成，如謂「仲尼渾然，乃天地也。顏子粹然，猶如和風慶
雲也。孟子岩岩然，猶泰山、北也。」[134] 朱熹與呂祖謙則把「氣象說」
發揮到極致，他們合編的《近思錄》第十四卷專言「聖賢氣象」，列出
道統，確立聖賢，條分縷析，比較品評，對孟子以下諸賢皆有所批評，

132　《通書》。
133　參中華書局版《管錐編》第四冊，第 1332 頁。
134　《粹言》卷二。

聲言逮及北宋理學先導才又重睹聖學氣象。[135] 並訂立了一套品鑑裁量人物的「氣象學」標準：如以「溫潤含蓄」為純正，「英氣發露」為有疵；「循守聖言」為軌儀，「敢為異論」為大忌；「尊道重義」為高尚，「謀求功利」為卑下；「修德養性」為學的，「擅習文章」為末技等等，以此指導個人修養的取向。「氣象說」認為涵育「聖賢氣象」是變化氣質、修養德性的一個重要方法。朱熹曾以「關羽擒顏良」為喻，強調專一精進。他以為：

> 讀書理會義理，須是勇猛直接理會將去。正如關羽擒顏良，只知有此人，更不知有別人，直取其頭而歸。若使既要砍此人，又要砍那人，非唯力不給，而其所得者不可得矣。[136]

這也是一種勇往直前、旁若無人的氣概。宋代以後援佛入儒，在廟宇塑像繪畫上亦重視表現聖賢「氣象」，以便習儒者透過「讀圖」過程，面對具體而微的形象，去體察、領會、感知歷代聖賢的精神境界，又把佛教「設像以立教」的功夫引入了儒學廟堂。後世所以為關羽繪畫造像，突出「丹鳳眼」、「臥蠶眉」以及「美髯」種種細節，包括戲曲表演設計的特定造型道具服飾等等，也都是為了突出他的威嚴儒雅。一如明代理學大儒呂柟所言：

> 忠義之志，英烈之略，亦可於容貌間想見。[137]

135　呂祖謙在《近思錄‧跋》中說：「所載講學之方，日用躬行之實，具有科級。循是而進，自卑升高，自近及遠，庶幾不失纂集之旨。」沒有掩蓋他們以此作為儒生變化性情氣象的實用目的。又謂：「讀〈明道行狀〉，可以觀聖賢氣象。」（參《宋元學案》卷十四）

136　《朱子語類》卷五十二〈孟子二〉。

137　乾隆《解梁關帝志》卷之一。按呂柟，高陵（今屬陝西省西安市）人，正德三年戊辰科狀元。其學源於薛瑄，屬程朱理學一派。嘉靖間曾任北京國子監祭酒。史籍中稱呂氏講席「幾與陽明氏中分其盛」。曾增訂胡琦《漢壽亭侯志》為五卷，今存明嘉靖刻本（北京大學圖書館藏）。

理學「鬼神觀」

　　理學已經意識到要在民間普及道德名節榜樣，必須利用民間信仰，並且應與佛道區分，遂標舉歷史人物，逐漸替代宋代以前的道教神仙祠祀。

　　儒家本屬上古巫師的流變，祭祀亦為其主業之一。孔子改造儒學，尚有「祭如在，祭神如神在」一語，雖然迴避神靈是否存在，卻沒有否定祭祀存在。西周祭祀情況可以由儒家編訂的《禮記》窺見，其中〈祭法〉和〈祭義〉兩節集中表明先秦儒家認可的祭祀及其禮儀。鑑於儒家始終主張「禮」才是維繫社會體制和教化方式的唯一途徑，故於共事祖先、血胤祖宗及天地山川雨暘雷電等自然現象的崇拜外，還特地為卿士大夫列入祀典留下了相當空間。《禮記·祭法》言：

　　夫聖王之制祭祀也，法施於民則祀之，以死勤事則祀之，以勞定國則祀之，能御大菑則祀之，能捍大患則祀之，是故厲山氏之有天下也。

　　「慶曆新政」還援引古例，為士大夫建立家廟，以表彰士風，激勵後人。《宋史·仁宗本紀三》：「臣僚許立家廟。」〈仁宗本紀四〉：「十二月甲申，定三品以上家廟制。」文彥博就曾詔立家廟。《宋史·禮八》還列舉了更多為當朝忠節賢能之臣立廟祭祀的事例。

　　儒家還有一個砥礪名節的武器，就是「諡法」。漢前史書例書諡號，而系統詮釋「諡法」是由《汲塚周書》（亦稱《逸周書》）輯錄的。[138] 其〈諡法解〉言：

　　諡者，行之跡也；號者，功之表也；車服者，位之章也。是以大行受大名，細行受細名，行出於己，名生於人。

138　西晉初年汲郡（今河南衛輝市）有人盜掘魏王墓塚，發現了古簡，輯出十萬餘字典籍。後經整理，析出《竹書紀年》、《周書》等書。史學界對此問題尚有爭議。

　　歷代帝王之廟號即是謚號之一種，卿士大夫亦可據其生前事蹟品格，請求賜予謚號。由於謚號具有「蓋棺論定」的性質，遂為後世儒家看重，發展成為一種勸誡士夫大愛惜聲譽、砥礪名節的手段。謚號的封、贈、追、奪，還是朝廷褒貶儒臣的重要手段。此外還有官方以外給予人品風節概括評價的「私謚」。晚明文震孟在答覆因東林黨禍死於「詔獄」的周順昌之子周茂蘭為其父昭雪要求時，曾明確提出「『贈、謚、祠、蔭』，一個都不能少」，[139] 可見贈封官職（虛銜）、加謚、祠祭及蔭子四項，已經成為表彰儒臣烈士的標準程序。如果加上碑版傳記（包括「宣付國史館立傳」），就構成了儒家褒獎先賢、理學敦勵士子希賢希聖的五種基本方式，實已構築成儒家「不朽之域」相互連繫支撐的主要框架。

　　從宋後關羽崇拜的發展軌跡來看，也是因為他「以死勤事，以勞定國，能御大菑，能捍大患」而由各處因地制宜，進行祭祀的。儒家對於關羽的崇敬，也是由封爵、加謚、立祠、蔭後裔（如雍正三年仿照孔子在當陽、解州、洛陽、荊州、許昌選取關氏後裔世襲五經博士），而至碑版誄文，一板一眼進行的。其中其謚號「壯繆」受之劉禪，妥當與否歷代都有爭議。故宋代改謚「武安」，最後還是在清代由乾隆皇帝親自出面解決，後話另談。

　　社會組織結構方面，理學主張恢復宗法制度。作為配套措施，他們也力主建立一整套由社稷宗廟到平民宗族的祭祀體系，以明西周「敬天法祖」的文化。祖先崇拜既是上古流傳下來的風習，又是標舉「孝道」的特殊典儀，本來就在先秦儒家的制度設計裡占據著重要地位。《禮記》特有〈祭義〉一章論說此節：

139　文震孟，長洲（今屬江蘇蘇州）人，文徵明曾孫，天啟二年狀元。天啟、崇禎間侍講經筵，官至禮部左侍郎兼東閣大學士，因閹黨排擠致仕歸里。

宰我曰：吾聞鬼神之名，不知其所謂。子曰：氣也者，神之盛也；魄也者，鬼之盛也。合鬼與神，教之至也。眾生必死，死必歸土，此之謂鬼。骨肉斃於下，陰為野土，其氣發揚於上為昭明。焄蒿淒愴，此百物之精也，神之著也，因物之精，制為之極，明命鬼神，以為黔首則，百眾以畏，萬民以服。

宋時巫風特盛，人們普遍相信靈魂不滅，「聖人設教」加以「鬼」「神」的名號，使民知所畏敬。這也是構成理學「理氣論」的依據之一。在宗法社會中，後世子孫就是仰賴祭祀活動，來上接祖先神明，表達感激之誠；也仰賴祭祀活動以「合宗族」，增強親族間的凝聚力，培養子孫敬順的品德。張載「宗子法」提出「祭接鬼神，合宗族」，[140] 即此之謂。

二程則以為從祭祀活動而言，子孫誠敬，氣類感應處，便是「來格」。子孫為祖考之血胤，氣類相同，故有感格之理。[141] 因此也承認祭祀可以結交神明，卜筮、託夢也具有合理性：

祭無大小，其所以交於神明、接鬼神之義，一也。

卜筮之能應，祭祀之能享，亦只是一個理。著龜雖無情，然所以為卦；而卦有吉凶，莫非有此理；以其有是理也，故以是問焉，其應也如響。

人心在此，託夢在彼，亦有是理。只是心之感通也。死者託夢，亦容有此理。[142]

雖然採取審慎態度，只作出理性的推論，但畢竟承認了祭祀感應的合理性。隨之配套而來，便是承認「卜筮」即為探測神明意願的方式，

140　《經學理窟·義理》。
141　《程氏文集》九。
142　分別載《遺書》卷十五，卷二上、下。

「託夢」則是祖先昭告的途徑，這就形成了與祖先神明對話的基本方式和雙向管道。子孫與祖先血脈相連，便是同此一氣。祭祀之禮，盡其誠敬，便可以致得祖考之魂魄附著歆享。

因此引申出理學對於多元民族，「華夷之辨」中的「神不歆非類，民不祀非族」的原則。朱熹認為：

陳後之問：「祖宗是天地間一個統氣，因子孫祭享而聚散？」曰：「這便是上蔡所謂『若要有時，便有；若要無時，便無』，是皆由乎人矣。鬼神是本有底物事。祖宗亦只是同此一氣，但有個總腦處。子孫這身在此，祖宗之氣便在此，他是有個血脈貫通。所以神不歆非類，民不祀非族，只為這氣不相關。如天子祭天地，諸侯祭山川，大夫祭五祀，雖不是我祖宗，然天子者天下之主，諸侯者山川之主，大夫者五祀之主。我主得他，便是他氣又總統在我身上，如此便有個相關處。」[143]

請注意，這正是理學論述祭祀的一個「總腦處」：「聚合祖宗之氣」解釋了兩宋平民宗法提倡「合族而居」的必要；「不歆非類，不祀非族」延伸則為辨別華夷，保持種族傳統的價值意義，等同「攘夷」之說；而「天子之祭」云云，則與理學「尊王」說條貫一致，又順便提點到嶽瀆山川崇拜與祖先崇拜的「相關處」。祭祀活動並不限於祭祀父祖親人，而是有著廣泛的範圍，如祭天地、社稷、山川，以及祈雨；這些活動理學家都不反對，甚至親自參與其中。不過理學家不相信偶像之神，而以氣為神。二程曾說：

問：如名山大川能興雲致雨，何也？曰：氣之蒸成耳。又問：既有祭，則莫須有神否？曰；只氣便是神也。今人不知此理，才有水旱便去

143　分別載《遺書》卷十五，卷二上、下。

廟中祈禱，不知雨露是甚物，從何出，復於廟中求耶？[144]

把雨雲成因歸結為「氣之蒸成」，已具有初步的物質性科學意義。朱熹從兩方面引伸二程之意，一方面山川集氣，蒸騰而靈，氣場特別強，故廟宇多建於此處。所謂神佛有靈者，其實就是山川之靈氣，他說：

祈雨之類，亦是以誠感其氣。如祈神佛之類，亦是其所居山川之氣可感。今之神佛所居，皆是山川之騰而靈者，雨亦近山者易至，以多陰也……古人祭山川，只是設壇位以祭之，祭時便有，祭了便無，故不褻瀆。後世卻先立個廟貌如此，所以反致惑亂人心。[145]

另一方面，人誠敬則用心專一，更易感格「外氣」。眾人用其誠敬之心於一事，則感格之力就會大大增強。所以朱熹說：

眾心之所輻輳處，便自暖，故便有一個靈底道理。[146]

這就是求神祈雨等祭祀活動，需要大規模群眾參與的理論根據。朱熹知南康軍，就曾親自參加祈雨活動。這不是做做樣子給民眾看的，他本人就認為這種活動具有一定的靈驗性，他說：

昔守南康，緣久旱，不免遍禱於神。忽到一廟，但有三間弊屋，狼藉之甚。彼人言，三五十年前，其靈如響。因有人來，而帷中有神與之言者。昔之靈如彼，今之靈如此，亦自可見。[147]

入元之後，漢民族沒有接受蒙古、西域的「統治階級」的信仰，反而激發起強烈的祖先崇拜和本土神靈崇拜的熱潮。關羽崇拜也借跡佛教

---

144 《遺書》卷二十二。
145 《朱子語類》卷九十，卷八十七。
146 《朱子語類》卷九十，卷八十七。
147 《朱子語類》卷三。

脫穎而出，成為全國性的神靈，並在元明之際更上層樓。後世關廟聯額屢有孟子「至大至剛」、「配義與道」之語，就是以天地倫常之正氣，形容關羽的森嚴「氣象」。清代當陽知縣蔡毓榮〈重修玉泉山漢壽亭侯關公廟碑記〉言：

> 夫侯自許先主以來，不自有其身久矣，死而化為日星河岳之氣，充塞天地，無所不之，何有遺體之足念？又何俟智者之顯烈哉！而人心有感，而動於侯所歸藏與所顯烈之處，尤無不肅然敬喟。然嘆若侯之降鑑，憑依專在，是者故侯廟祀遍天下，唯玉泉山最著，於祀典亦最合。[148]

代表著明清理學綜合了朱熹「憑依專在」的祭享，和文天祥「河岳正氣」之示鑑的看法。後世關帝神蹟所以擅於託夢顯靈，而關廟亦素以靈籤著稱，就得益於二程「祭祀──卜筮──託夢」的理學模式。孟子曾言「吾善養吾浩然之氣」：

> 敢問何謂浩然之氣？曰：難言也。其為氣也，至大至剛；以直養而無害，則塞於天地之間。其為氣也，配義與道；無是，餒矣。是集義所生者，非義襲而取之也。行有不慊於心，則餒矣。我故曰：「告子未嘗知義，以其外之也。」[149]

肯定了人之靈魂終繫於「氣」。朱熹進一步以為，宗法血緣關係不僅適用於社會人生，也通貫於遊魂世界。那些無子無孫的遊魂雖不得血胤後代的歆享，他們的「氣」也不是化為烏有，而是加入浩然日生的大化流行之中。理學是以「綱常」作為預設於天地之間的「天理」的，「浩然日生無窮之氣」既然根植於「理」，亦非宗族血胤之歆享，這樣

148　民國《當陽縣志》卷十六〈藝文〉。
149　《孟子·公孫丑上》。

就把遊魂無歸之「氣」納入了公共概念。這在國破家亡，生民塗炭的時代，對於鼓勵忠勇奮發，殊死抗敵，具有特別的意義。故宋末文天祥著名的〈正氣歌〉小引說：

孟子曰：「吾善養吾浩然之氣。」彼氣有七，吾氣有一，以一敵七，吾何患焉！況浩然者，乃天地之正氣也。

復吟詠道：

天地有正氣，雜然賦流形。下則為河岳，上則為日星。
於人曰浩然，沛乎塞蒼冥。皇路當清夷，含和吐明庭。
時窮節乃見，一一垂丹青。
……
是氣所磅礴，凜烈萬古存。當其貫日月，生死安足論。
地維賴以立，天柱賴以尊。三綱實繫命，道義為之根。

則把「理氣屈伸」的學問之說，化為「綱常節義」的實踐之論。文天祥列舉事例寫到了三國時代蜀漢名相諸葛亮的「或為出師表，鬼神泣壯烈」，顯然有「出師未捷身先死」的自寓之意。但是對於熟聽「說三分」演義體的平民百姓來說，志復炎漢而力戰強敵，身加斧鉞猶大義凜然的關羽形象或許更具代表性。所以在宋金之際濃烈的悲劇氛圍中，關羽才能在無形中被賦予漢民族的精神像徵。用此文意詮釋關羽之「義薄雲天」，故奉祀之「無往弗在」，逐漸成為關廟碑文的流行用語，而「塞乎天地之間」一語，尤為後世關廟碑文所樂於引用。[150]

明清時期理學成為國家學說，「神道設教」也成為國家制度。清初

150　現存最早引用此意者，為蒙古族翰林阿魯威撰寫的元泰定大都〈義勇武安王碑〉（碑原在北京西四北大街雙關帝廟。中國國家圖書館藏，索取號北京 322）。

蒲松齡曾言：

> 佛道中唯觀自在，仙道中唯純陽子，神道中唯伏魔帝。此三聖願力宏大，欲普度三千世界，拔盡一切苦惱，以是故，祥雲寶馬常雜處人間，與人最近。而關聖者，為人捍患御災，靈跡尤著。所以樵夫牧豎，嬰兒婦女，無不知其名，頌其德，奉其祠廟。福則祈之，患難則呼之。何以故？威靈之入於耳者久，功德之入於心者深也。[151]

明確以關羽所以區別於佛道兩教神祇，「與人最近」故也。正緣鬼神之氣需要「聚」，儒家祠廟祭享儀典也是為合宗族之「聚」，關廟香火鼎盛之景象也成為儒學肯定其求雨功能的理由。清末「西學東漸」，何剛德（西元一八五五年至一九三六年）還在《客座偶談》中說：

> 憶出關時，自瀋陽行至吉林，八百里間山嶺多以老爺為名。一日過一老爺嶺，樹木千章，參天蔽日。嶺約里許，車行其中，四面陰森，赫赫然若有英靈之質旁臨上也，心目為之震悚。歸語濤園曰：「我過老爺嶺不止一處，唯此處為最奇，儼若四壁皆關帝也。」濤園素豪放，亦作色曰：「此語摹寫入神。關帝信有靈也。」

這就是將山林蒸騰之氣，直接作為英風靈爽之氣看待的實例。可知「理氣說」始終作為理學關羽崇拜的依據，延續至清末。

---

151 〈關帝廟碑記（代孫咸吉）〉，上海古籍出版社 1986 年《蒲松齡集·聊齋文集》卷二第 43 頁。

第三章
「關公斬蚩尤」傳說

「斬蚩尤」

四十多年前，一個叫《關公戰秦瓊》的相聲曾經風靡一時，其結句謂「你在唐朝我在漢，咱倆打仗為哪般？」「他叫你打你就打，要是不打 —— 他不管飯！」總是能引起一場哄堂大笑。據說這是諷刺軍閥割據時代對時人的藝文活動多有干涉一事，但與本文主旨絕不相干。

其實和現代存留的很多神祇一樣，關羽崇拜也是在宋代重新發端，漸至後世勃興的。看起來「關公斬蚩尤」較「關公戰秦瓊」更為荒誕，但影響卻極為深遠。其真實原由和涉及方面，則頗多有關兩宋之重大問題，實際上的內涵還要深刻廣泛得多。為敘述方便，我們且從「斬蚩尤」談起。[152]

「黃帝戰蚩尤」是關乎遠古時期中原兩大部族戰爭，決定中華民族最初走向的一項歷史大事件。由於當時沒有文字記述，所以長期以口傳形式存在於神話之中。先秦載入各種典籍，已出現多重歧義，以致歷代分證，代有異說。一九八〇年代以後，又有專家根據文化人類學之現代考古學、民俗學等綜合予以考探，意見亦不一致。[153] 理由紛繁不敘。這裡只談宋後記述中經過變異的幾種說法，按照出現時間的先後排列，以見其嬗變之跡。最早的應當是《大宋宣和遺事》元集：

152　蚩尤傳說涉及中華民族的起源問題，評價相當複雜。北京大學段寶林有〈蚩尤考〉（北京《民族文學研究》雜誌 1998 年第 4 期）縷述民族文化學中蚩尤傳說的意義，可以參看。本文僅從宋人和道教觀念的角度論列，並不包含對於蚩尤及其傳說的整體評價。特此聲明。

153　王先勝有長篇論文〈炎黃大戰」的考古學研究〉（http://www.xslx.com/htm/shgc/zgls/2004-03-30-16552.htm）縷述此項研究，部分學者認為「蚩尤大約總是死於臨潼驪山、華縣元君廟一帶或山西解州，而不會是今之河北中部或河北涿鹿」。1987 ～ 1988 年在河南濮陽縣城西南的新民街南的西水坡，發現一處面積五萬平方公尺的遺址，出土的三組蚌殼擺塑的動物圖案尤為重要，第一組以 45 號墓為主，墓的右側為龍，左側為虎，第二組為龍、虎、鹿、蜘蛛，第三組為人騎龍和虎的圖案。這是原始宗教活動的遺留。該遺址屬仰韶文化後崗類型，經測定距今六千年左右。有人甚至明指蚩尤之葬所，就是這座墓地（王大有《中華龍種文化》，中國社會出版社 2000 年，第 87 ～ 88 頁）。

　　崇寧五年，夏，解州有蛟在鹽池作祟，布氣十餘里，人畜在氣中者，輒皆嚼嚙，傷人甚眾。詔命嗣漢三十代天師張繼先治之。不旬日間，蛟祟已平。繼先入見，帝撫勞再三，且問曰：「卿此翦除，是何妖魅？」繼先答曰：「昔軒轅斬蚩尤，後人立祠於池側以祀焉。今其祠宇頓弊，故變為蛟，以妖是境，欲求祀典。臣賴聖威，幸已除滅。」帝曰：「卿用何神？願獲一見，少勞神麻。」繼先曰：「神即當起居聖駕。」忽有二神現於殿庭[154]：一神絳衣金甲，青刀美鬚髯；一神乃介胄之士。繼先指示金甲者曰：「此即蜀將關羽也。」又指介胄者曰：「此乃信上自鳴山神石氏[155]也。」言迄不見。帝遂褒加封贈，仍賜張繼先為視秩大夫，虛靖真人。[156]

154　傳言徽宗朝大內屢有神佛現身，不唯關羽。如蔡絛《鐵圍山叢談》卷五：「宣和歲己亥夏，都邑大水，幾冒入城隅，高至五七丈，久之方得解。時泗州僧伽大士忽見於大內明堂頂雲龍之上，凝立空中，風飄飄然，吹衣為動。旁侍惠岸、木叉又皆在焉。又有白衣巾裹，跪於僧伽前者，若受戒諭狀，莫識何人也。萬眾咸睹，迨夕而沒。白衣者疑為龍神之徒，為僧伽所降伏之意耳。上意甚不樂。」（中華書局1983年，第92頁）但大士旁侍之惠岸、木叉，猶後世關羽旁侍之關平、周倉張本。道教及民間信仰往往依傍釋徒體制，亦慣例也。案絛為蔡京三子，所述當為其父隱惡。類似事件而記敘相反者，如《邵氏聞見後錄》卷三十：「政和戊戌夏六月，京師大雨十日，水暴至，諸壁門皆塞以土，汴流漲溢，宮廟危甚。宰執廬於天漢橋上。一餅師家蚤起，見有蛟螭伏於戶外，每自蔽其面，若羞怖狀，萬人聚觀也。道士林靈素專以左道用事，曰：『妖也。』捶殺之。四郊若江河，不知其從出，識者已知為兵象矣。林靈素專毀佛，泗州普照王塔廟亦廢。當水暴至，遽下詔加普照王六字號，水退復削去，先當制舍人許翰以詞太褒，得罪。」（中華書局1983年，第233頁）則儼然「水漫金山」之景象矣。似為《白蛇傳》故事所本，俟考。

155　明人王鏊《姑蘇志》（《文淵閣四庫全書》本）：「江東神祠，祠在報恩寺西教場內。神姓石名固，秦人也。漢祖六年，灌嬰平定江南，至贛城，神現於某山，告以克捷之期，士卒駭異。凱還，牲酒款謁，立廟贛江之東。至吳，孫氏遷神於吳境祭之，時有鐃歌五章，見《樂府》。今在吳城，頗著靈異。」後稱「江東王」。世所傳「關帝靈籤」原即「江東王籤」，足見兩者淵源。筆者另有著作《〈關帝靈籤〉祖本研究》考證此事，此不枝蔓。

156　《新刊大宋宣和遺事》，上海：中國古典文學出版社，1954年，第15頁。蓋《宣和遺事》為《水滸傳》之祖本之一，不著撰人，一般以為是南宋說書人的集體創作。近世亦有學者以其未能盡避南宋帝王名諱，且對北宋亡國和南宋苟安表明的強烈憤懣感情，以為是由宋入元之遺民所作。無論如何這應該是現存最早的「關公斬蚩尤」傳說。

山東嘉祥縣武開明祠漢磚刻蚩尤像之線描摹本。蚩尤銅頭鐵額，頭戴兜鍪，背後插弓，手腳分別持有戈矛等兵器，或即「五兵」。造型奇特怪異，活像鄰家淘氣男孩，又如好萊塢創作的外星人。采自劉興珍等編《中國漢代的畫像石——山東的武氏祠》，北京外文出版社 1991 年日文版。

請注意「絳衣金甲，青刀美髯」之說。「金甲」是沿襲《獨醒雜志》、《睽車志》等宋人筆記所載關羽為「金甲神人」、「金甲將軍」而來，「絳衣」之說則僅此一見，後世關羽則以「綠袍」為標準服飾。[157] 元人胡琦《解池斬妖考辨》云：

《古記》云：宋大中祥符七年，解州奏解鹽出於池，歲收課利以佐國用。近水減鹽少，虧失常課……侍臣王欽若曰：「蚩尤，邪神也。臣知信州龍虎山張天師者，能使鬼神，若令治之，蚩尤不足慮也。」於是召天師赴闕上，與之論蚩尤事。對曰：「此必無可憂。自古忠烈之士，歿而為神。蜀將軍關某忠而勇，陛下禱而召之，以討蚩尤，必有陰功。」[158]

《三教源流搜神大全》成書於元代戲曲小說創作初興時期[159]，故其增益特多，敘述最詳，不啻「說書」故事，因而最接近神話本色，故文雖較長，仍須引用。其卷三云：

157　《景德傳燈錄》卷二七《天台智顗》敘國清寺修建之前，智顗亦見三神人「皂幘絳衣」託夢，兩者說詞之間有無關聯，頗可考究。

158　張鎮《乾隆解梁關帝志》，第 105 頁。

159　現存《三教源流搜神大全》為清末覆刻本，但混雜有明人之作。首有葉德輝序，略云：「曩閱毛晉汲古閣宋元祕本書目，子部類載有元版畫像《搜神廣記》前後集二本，後得明刻繪圖本《三教源流搜神大全》七卷，即元版《搜神廣記》之異名。唯又增入洪武以下神號及附刻神廟楹聯等，知為坊估所雜竄。然於『聖宋皇元』抬寫多仍其舊，猶可推見元本面目。」故置於元時。

義勇武安王，姓關，名羽，字
雲長，蒲州解良人也。當漢末，與
涿郡張飛佐劉先主起義兵。後於南
陽臥龍岡三謁茅廬，聘諸葛孔明，
宰割山河，三分天下，國號為蜀。
先主命關公為荊州牧，不幸呂蒙設
計，公乃不屈節而亡，追贈大將軍，
葬於玉泉山。土人感其德義，歲時
奉祀焉。宋真宗祥符五年十月十七
日，夜有神人自空而降，奏曰：「臣
乃上天直符使者，玉帝有敕，後八
日有聖祖軒轅降於宮闕。」言訖而
去。帝次日與群臣議之，灑掃宮室，
設祭禮。至日，聖降於延恩殿，帝
拜於前。聖曰：「吾往昔人皇氏也，
其後為軒轅，即汝趙宋之始祖也。

《三教源流搜神大全》義勇武安王像。此書
被收入《萬曆續道藏》。

吾以汝善修國政，撫育下民而來。」言訖，聖升天矣，帝大異之。帝與
群臣議之，聖降之跡山［尚］存，天香未散。群臣賀曰：「陛下聖德所感，
聖祖降於宮闕。」帝詔天下梵宮，並建聖祖寶殿。至祥符七年，解州刺
史表奏云：「鹽池自古生鹽，收辦官課。自去歲以來，鹽池減水，有虧
課程。此係災變，敢不奏聞。」帝遣使持詔至解州城隍廟祈禱焉。使夢
一神告曰：「吾城隍也。鹽之患，乃蚩尤也。往昔蚩尤與軒轅帝爭戰地，
殺蚩尤於此地，鹽池之側至今尚有近跡。近聞朝廷創立聖祖殿，蚩尤大
怒，攻竭鹽池之水。」颯然而覺，得此報應，回奏於帝。

　　帝與群臣議之，王欽若奏道；「地神見報，當設祭一禱之。」帝遣呂夷簡持詔就鹽池禱之。祭畢，是夜夢一神人戎服金甲持劍，怒而言曰：「吾乃蚩尤神也。奉上帝之命來此鹽池，於民有功，於國有益。今朝廷崇以軒轅，立廟於天下，吾乃一世之仇也，此上不平，故竭鹽池水。朝廷若能除毀軒轅之殿，吾令鹽池如故。若不從，竭絕鹽池，五穀不收，又使西戎為邊境之患。」言訖而去。夷簡颯然而覺，其夢中之事回奏於帝。帝亦夢之。王欽若奏曰：「蚩尤乃邪神也。陛下可遣使就信州龍虎山詔張天師，可收服此怪。」帝從之，乃遣使詔天師至闕下。帝曰：「昨因立聖祖軒轅殿，致蚩尤怒，涸絕鹽池之水，即今為患，召卿斷之。」天師奏曰：「臣舉一將最英勇者，蜀關將軍也。臣當召之，可討蚩尤，必其成功。」言訖，師召關將軍至，現形於帝前。帝云：「蚩尤竭絕鹽池之水。」將軍奏曰：「陛下聖命，敢不從之！臣乞會五嶽四瀆，名山大川所有陰兵，盡往解州，討此妖鬼。若臣與蚩尤對戰，必待七日方剿除得。伏願陛下先令解州管內民戶三百里內，盡閉戶不出，三百里外盡示告行人，勿得往來。待七日之期，必成其功，然後開門如往。恐觸犯神鬼，多致死亡。」帝從之。關將軍乃受命而退。遂下詔，解州居民悉知。忽一日，大風陰暗，白晝如夜，烏雲四起，雷奔電走，似有金戈鐵馬之聲，聞空中叫噪。如此五日，方云收霧散，天晴日朗，鹽池水如故，皆關將軍力也。其護國祚民如此。帝嘉其功，遣王欽若齎詔往玉泉山祠下致享，以謝神功。復其新廟，賜廟額曰「義勇」，追封四字王，號曰「武安王」。宋徽宗加封尊號，曰「崇寧至道真君」。

於前因後果交代得最為詳盡。明人王世貞
〈關將軍四祀圖序〉則云：

> 宋政和中解州解池鹽至期而敗，課輒不
> 登。帝召虛靖張真人詢之，曰：此蚩尤神暴也。
> 帝曰：誰能勝之？曰：臣以委直日，關帥可也。
> 尋解州奏：大風霆偃巨木，已而霽，則池水
> 平若如鏡，鹽復課矣。帝召虛靖而勞之，曰：
> 關帥，其可得乎？曰：可。俄而見大身，遂
> 充廷。帝懼，抬一崇寧錢投之，曰：以為信。
> 明當敕拜崇寧真君也。[160]

已刪除蚩尤向軒轅尋釁之說，表現出儒生
的謹慎和簡約。又朱國楨《仿洪小品》（亦名
《湧幢小品》）卷二十「關雲長四則」之三：

> 山西鹽池在解州，雲長所產處也。相傳黃
> 帝執蚩尤於中冀，戮之，肢體身首異處，而
> 名其地曰「解」。其血化為鹵，遂成池。宋
> 崇寧中，池水數潰，張虛靜攝雲長之神治之，
> 池鹽如故。雲長見像於廷，於是加封拓祠。
> 祠最偉，神亦最靈。池長百二十里，闊七里，
> 周垣守之。每大雨，輒能敗鹽。必禱於神而

《三才圖會》「角觗圖」（「書格」提供明萬曆刊本）之「蚩尤戲」。《史記·樂書》：「蚩尤頭有角，與黃帝鬥，以角抵人，今冀州為蚩尤戲。」梁《述異記》載：「秦漢間說，蚩尤氏耳鬢如劍朝，頭有角。與軒轅鬥，以角抵人，人不能向。今冀州有樂，名『蚩尤戲』，其民兩兩三三，頭戴牛角而相抵。」故亦稱「角牴」。最初流行於北方農村，帶有紀念蚩尤氏的意義。漢代民間出現了「蚩尤戲」發展而成競技活動，由兩個人在公開場合表演，已經具有後來摔跤的基本特色和特定文化內涵。晉代伊始，角牴又出現了另一名稱──「相撲」，沿唐宋元明清之民族融合，演進成為今天之「中國式摔跤」。

160　萬曆《承天府志》卷十四〈藝文〉，《日本藏罕見中國方志叢刊》影本第258～259頁。按王世貞（1526～1590）字元美，號鳳洲，又號弇州山人。太倉人，嘉靖進士。南京刑部尚書。為官清正，不附權貴。精於吏治，樂獎後進，衣食寒士，時人推重為「後七子」之冠，獨領文壇二十年。《明史》稱為「才最高，地望最顯，聲華意氣，籠蓋海內」。史著豐富，主要著作有《弇州山人四部稿》、《續稿》、《弇山堂別集》、《明名臣琬琰錄》等。

止、蚩尤以其血為萬世利，而雲長周旋，永此利源，同於煮海。奇矣奇矣。[161]

明刊《歷代神仙通鑑》卷一九：

宋元祐中，哲宗召三十代天師張繼先（除澥池之害）。逾頃，雷。電晝晦。帝問：「卿向用何將？還可見否？」曰：「臣所役者，關羽也。」即握劍召於殿左，羽隨見。帝驚，擲崇寧錢與之，曰：「以封汝。」（祀為崇寧真君）。（徽宗時）宮中有祟。見一道士碧蓮冠，紫鶴氅，手持水晶如意，前揖曰：「奉上帝命，來除此祟。」良久，一金甲丈夫捉祟，擘而啖之。帝問金甲者何人，道士曰：「所封崇寧真君關羽也。」

清初陳夢雷編著《古今圖書集成·神異典》第三十八卷引《關聖帝君聖蹟圖志》：

《關聖帝君聖蹟圖志》：古記云：宋大中祥符七年解州奏，解鹽出於池，歲收課利，以佐國用。近水減鹽少，虧失常課。此是災異，不可不察。奏入，上遣使往視，還報曰：臣見一老父，自稱城隍神，令臣奏云：為鹽池之患者，蚩尤也。忽不見。上怪而疑之，顧問左右，皆以災害之生有神主之為言。上乃詔近臣呂夷簡至解池致祭。事訖之夕，夷簡夢神人戎衣，怒言曰：吾，蚩尤也。上帝命我主此鹽池，今者天子立軒轅祠，軒轅，吾讎也。我為此不平，故絕池水爾。若急毀之則已，不然禍無窮矣。夷簡還白其事，侍臣王欽若曰：蚩尤，邪神也。臣知信州龍虎山張天師者，能使役鬼神。若令治之，蚩尤不足慮也。於是招天師赴

關，上與之論蚩尤事，對曰：此必無可憂。自古忠臣烈士之歿而為神，蜀將軍關某忠而勇，陛下禱而招之，以討蚩尤，必有陰助。上問：今何神也？對曰：廟食荊門之玉泉。上從其言，天師乃即禁中書符焚之。移時，一美髯人摄甲佩劍，浮空而下，拜於殿廷。天師宣諭上旨曰：蚩尤為妖如此，今天子欲命將軍為民除害，何如？答曰：臣敢不奉詔。容臣會嶽瀆陰兵至彼，併力為陛下掃蕩之。俄失所在。上與天師肅然起敬，左右從官悉見悉聞，莫不讚嘆。忽一日黑雲起於池上，大風暴至，雷電晦暝，居人震恐，但聞空中金戈鐵馬之聲。久之雲霧收斂，天日晴朗，池水如故，周匝百里。守臣王忠具表以聞，上大悅，遂使致祭。仍命有司修葺廟宇。歲時奉祀。《廣見錄》[162]云：第三十代天師張繼先，宋崇寧中應召平解池之祟，凡四詔赴闕，賜號虛靜先生，視秩中散大夫。按李燾《通鑑長編》曰：崇寧四年六月丙子，御紫宸殿。以修復鹽池，百官入賀。解池為水浸壞八年，至是創開四千四百餘畦，積成鹽實故也。以此考之，《廣見錄》所載年份不差，虛靜之召，當在四年之前，蓋崇寧盡五年也。世傳虛靜平鹽池之祟，以為得神之助，斬池中蛟也。由是帝有崇寧真君之號。

錢曾《讀書敏求記》則指出龍虎宗實為此說的幕後有力推動者，云：

《漢天師世家》一卷中稱三十代天師諱繼先者，宋崇寧二年投符解州鹽池，磔蛟死水裔。上問：「用何將？」隨召關某見於殿左。上驚，擲崇寧錢與之，曰：「以此封汝。」世因祀為「崇寧真君」。此當是關帝受封之始。」

162　元初俞琰曾編成《通玄廣見錄》一百卷，疑即此書。按俞琰（1258～1314）字玉吾，號全陽子，又號林屋山人、石澗道人，吳郡（今江蘇蘇州）人。自少勤學，雜覽博知，後從父訓習舉業，宋亡誓不為官，隱居著述，以詞賦見長，尤好鼓琴作樂。精於內丹煉養，並以儒學《易》理論述丹道理論，糅合儒道二家之學。丹道繼承南宗傳統，主張清修，曾廣集漢唐以來丹道歌訣，又撰作《易外別傳》闡述邵雍「先天易」之祕理。還著有《周易集說》、《讀易舉要》、《周易參同契發揮》等。

綜合起來，我們得到的說法有這樣的出入：

傳述者	時間	由來	關係者	法師	神蹟	封祀
《宣和遺事》	崇寧五年	蚩尤變蛟在鹽池作祟，布氣十餘里	石固同時出現	張繼先	二神現於殿庭，言迄不見	
胡琦	大中祥符七年	水減鹽少，虧失常課	王欽若	龍虎山張天師	禱而召之，以討蚩尤	
《搜神大全》	真宗祥符七年	以蚩尤與軒轅之仇	王欽若呂夷簡	信州龍虎山天師	現形於帝前	義勇武安王
王世貞	徽宗政和中	蚩尤神暴		虛靜真人	大身克廷	崇寧真君
朱國禎	徽宗崇寧中	池水數潰		張虛靜	見像於廷	
《歷代神仙通鑑》	哲宗元祐中			張繼先	握劍召於殿左	崇寧真君
《歷代聖蹟圖志》	徽宗崇寧年間	軒轅黃帝設廟，蚩尤報復	呂夷簡王欽若	張繼先	擐甲佩劍，浮空而下	崇寧真君
錢曾	徽宗崇寧二年			張繼先	召於殿左	崇寧真君

以上記載所由不一，年代起因也頗有出入。本文就從梳理這些差異開始。

首先是事件發生的可能時間。既然所有的記載中「斬蚩尤」一事，都肇於解池鹽災，自不妨以鹽災作為考察時間的參照。李庭〈解州鹽池重修二王神廟記〉[163] 記敘稍詳：

163　《寓庵集》卷七（《山右石刻叢編》卷二十七）。按李庭（1194～1277），華州奉先（今陝西蒲城）人。金末避兵豫陝交界之山中，後居平陽（今山西臨汾），辟官。

宋兩池置官八，而州有榷鹽院，守二領之，使民入粟塞下，與鈔以
給，鹽一歲之出，無慮四十萬席。其利既博，而法益密矣。元符元年，
霖潦彌月，溝澮皆盈，壞官亭、鹽室不可勝記。講臣義士，使駟旁午，
睥睨惶駭，莫知所以拯之之術。崇寧四年春，遣耀州觀察使王仲千發丁
夫回山谷之泛濫，完堤防之缺，周池之土，作護寶堤百餘里，又於堤之
內起外堰以殺水勢。外患既彌，客水浸涸，是歲鹽寶初成……初年課才
十二，次年倍之，越三年遂底成績。

稍後馬端臨《文獻通考》卷十六〈徵榷三〉曰：

初，解梁之東有大澤，綿互百餘里，歲得億萬計。自元符元年霖潦
池壞，至是乃議修復。……徽宗崇寧元年，解州賈考、南北團池，修治
畦眼，拍磨布種，通得鹽百七十八萬二千七百餘斤。州具以聞。……四
年池成，凡開二千四百餘畦，百官皆賀其役，內侍王仲千實董之。

據此，則知解池霖潦而影響鹽課應從宋哲宗元符元年（西元一〇
九八年）始，經過修治，崇寧四年「六月，丙子，御紫宸殿，以修復解
池，百官入賀。解池為水浸壞八年，至是始開四千四百餘畦。」[164]

上述「關羽斬蚩尤」傳說涉及年代之解鹽產量見下表[165]：

時間	年產量	
至道二年（996）	373,545（小）席	43,517（千斤）
大中祥符九年（1016）	387,220（小）席	45,111（千斤）
元祐元年（1086）	366,970（大）席	80,733（千斤）
元符元年至三年（1098～1100）	基本停產	
崇寧元年（1102）	1,530（小）席	1,782（千斤）

164　《續資治通鑑》卷八十九〈宋紀八十九〉。

165　本表據郭正忠《宋代鹽業經濟史》（北京：人民出版社，1990年7月版）第631～632頁表格數字。

時間	年產量	
崇寧四年（1105）	基本恢復生產	
政和元年（1111）	693,831（大）席	152,642（千斤）

由此表所示，則大中祥符、元祐年間解池本無事，何須自擾之？關羽「降妖賜封」一事即使屬實，也只有在元符、崇寧兩個關鍵年代才有可能發生。

與上述一些記敘不同，鹽災發生的真實原因，亦非「減水」或者「竭絕鹽池之水」造成的，恰恰相反，是由於多雨以至「霖潦池壞」所致。沈括曾以中央大吏身分，親往解池考察過，並在《夢溪筆談》卷三〈辨證〉裡總結過這次鹽災。他認為：

解州鹽澤，方百二十里。久雨，四山之水悉注其中，未嘗溢，大旱未嘗涸。鹵色正赤，在版泉之下，俚俗謂之「蚩尤血」。唯中間一泉乃是甘泉，得此水然後可以聚。又其北有堯梢水，亦謂之巫鹹河。大鹵之水不得甘泉和之，不能成鹽，唯巫鹹水入，則鹽不復結，故人謂之「無鹹河」，為鹽澤之患，築大堤以防之，甚於備寇盜。原其理，蓋巫鹹為濁水，入鹵中則汙澱鹵脈，鹽遂不成，非有他異也。

其中「蚩尤血」一語尤其值得注意。案宋人羅泌《路史·後紀四·蚩尤傳》曰：「（黃帝）傳戰執尤於中冀而誅之，爰謂之『解』。」[166] 即解州得名之由來。樂史撰《太平寰宇記》卷四六「安邑」條則言：「蚩尤城在縣南一十八里。」這證實北宋觀念中解池與蚩尤的連繫，為「關公斬蚩尤」的神話傳說提供了民俗方面的依據。今解州鹽池畔仍保留有蚩尤村的地名，亦當為這個神話傳說的遺留。為易於理解當年解州鹽池

---

166 文淵閣四庫全書《路史》卷十三，第 22～23 頁。

究竟發生了什麼災害，不妨再引用今人的敘述：

> 這次宋代鹽業史上最為嚴重的解池事故，發生於元符元年（1098）秋季。這次事故的性質，是「鹽池為水沖注」，即鹽池區西南側兩條河渠的堤堰決裂，特別是涑水河與姚暹渠匯合處的小樊家堰被決，淡水侵灌鹽池所致。小樊家堰附近，星羅棋布著許多小型的鹽池，分屬於河中府與解州，涑水河、姚暹渠兩處堤岸及樊家堰「緣鹽池周圍闊遠」，其護堰任務，本由兩縣縣尉分段負責，派人巡視。這年九、十月間，恰值秋霖淫潦。護堰人員疏失。倚鹽為生的「樊家堰小池等處人戶」，又乘機取鹵私煎，「盜決南岸，使水入池」，這樣，便招致一場空前的災禍。[167]

可知災緣人為，弭禍亦係人力所致，非干神功。

前述記敘中所以屢屢提及王欽若，是因為他是北宋最著名的「道士宰相」。《宋史·王欽若傳》記載了他出生時，有祖父預言，裴度刺字等異事，並謂其「及貴，遂好神仙之事，常用道家科儀建壇場以禮神」。「欽若自以深達道教，多所見明，領校道書，凡增六百餘卷」。實際上他還是宋真宗「降天書符瑞」、「托祖」和確立「神道設教」文化政策的關鍵人物。[168] 王欽若是江西新喻人，與龍虎山頗有鄉誼，三十一代天師張正隨，就是他引薦給趙桓的。有人認為張正隨被召賜是走了同鄉關係的後門，《歷代通鑑綱目輯覽》：「於大中祥符八年（《續通考》作『九年』）書賜信州道士張正隨，號『真靜先生』」。分注：

167　《宋代鹽業經濟史》據《宋會要·食貨志》二十四之三二、三三總結，第960頁。

168　參李燾《資治通鑑長編》景德四年（1007）十一月條，不知為何《宋史·王欽若傳》不載，卻屢及王之貪贓枉法，並將宋仁宗評價他「久在政府，觀其素為，真奸邪也」和王曾以他「奸邪險偽」錄入文內。《宋史》成於元末，故元時正一派猶樂於傳述王欽若和張天師與「關公斬蚩尤」之關係，但元以後的故事傳聞就再也不提王有推薦之功了。有趣的是，後世《關帝靈籤》五十六籤為「王樞密奸險」，其辭言：「心頭理屈強詞遮，直欲欺官行路斜。一旦醜形臨月鏡，身投惠網莫咨嗟。」顯然是凶讖。於此可見「關公斬蚩尤」傳說過程的淘汰過程。

初，漢張魯子自漢中徙居信州龍虎山，世以鬼道惑眾，正隨其後也。至是召赴闕賜號。王欽若為奏立授籙院及上清觀，蠲其田租。按欽若，新喻人。以「天書」提倡符籙，故庇其鄉人而為之奏乞。[169]

有趣的是，在「黃帝戰蚩尤」的最初傳說中，黃帝系統正是用「旱魃」對付蚩尤系統的「水害」，才取得勝利的，或者是洪荒時代以神怪相爭形式治除水患的另類表述。《山海經·大荒北經》：「蚩尤請風伯雨師縱大風雨，黃帝乃令下天女曰魃，雨止，遂殺蚩尤。」這與當時解池排水固堤之繕修工程也有一分相似。但宋人敘此故事，已有明顯變化。真宗時代的《雲笈七籤》卷一百〈軒轅本紀〉云：

> 蚩尤率魑魅魍魎，請風伯雨師，從天大風而來，命應龍蓄水以攻黃帝。黃帝請風伯雨師及天下女禖，以止雨於東荒之地，北隅諸山，黎土羌兵，驅應龍以處南極，殺蚩尤與夸父。不得復上，故其下旱，所居皆不雨。蚩尤乃敗於顧（阪）泉，遂殺之於中冀。

此時的「風伯雨師」和「應龍」都成了人人得用的工具，而非屬下同盟。元人年久睽隔，僅知關羽主祈雨，遂妄度解池之災為天旱減水所致，也是神話傳說傍依附麗於史實的常態，不必深究。

明代脈望館抄校本《古今雜劇》有無名氏雜劇《關雲長大破蚩尤》[170]，謂：宋（仁宗）時，蚩尤神作祟，使解州鹽池乾涸，朝廷命寇準請張天師來京詢問，方知其故。天師教呂蒙正之姪呂夷簡至玉泉山訪玉泉長老，請玉泉土地關聖。關「奉玉帝敕令」，並「啟天庭親上表，因

---

169 參平步青《安越堂外集·天師考》。
170 莊一拂《古典戲曲存目匯考》，上海：上海古籍出版社，1981年版，中編「雜劇四」，第675頁。《元明闕名作品》記敘此劇為「《今樂考證》著錄。脈望館鈔校本，《孤本元明雜劇》本據脈望館本影印。《也是園書目》、《曲錄》並見到錄，題目作『解州地鹽池作亂』，簡名作《大破蚩尤》。」

此上差神兵命天曹」，去打敗了蚩尤。范仲淹奉命為關公在解州立廟。驅邪院主宣玉帝旨，封關公為「武安王神威義勇」，「再封為破蚩尤崇寧真君」。揆諸史實，此劇尤為不經。饒宗頤曾辨析云：「查范氏歿於紹聖時，編劇的人不管年代先後，隨便調兵遣將，是有問題的。」[171] 但也正因不拘史實，此劇才顯示出金元之際民間傳說和民俗信仰的鮮明特徵來。

「關帝斬蚩尤」後世不但在解州一帶演為雜劇，進入民間祭賽，而且成為山西一道特殊的節俗景觀。元大德元年（西元一二九七年）芮城縣〈芮王廟記〉已有明確的戲曲演出記載，其言：

夫民者神之主也，神本依人而行，果能祭之如在，何而不靈？可以占年而祈穀，可以請雨而祈晴，可以禳災而禱嗣，此皆神之所司也。民和而歲豐，神降之以景福，如影響之應形聲，諄諄乎毫釐之不差。若夫仗劍現宋帝之宮，霖雨退西狄之寇，活焦枯之稼而殿重興，救張弟之厄而露臺建。此自石碣具存，不復贅云。[172]（著重號為筆者所加）

這裡首先把祭祀中戲劇活動「酬神娛人」的功能交代清楚。至於演出劇目，馮俊傑《考述》聲言失考，只說：「至於其中隱含的『仗劍現宋帝之宮，霖雨退西狄之寇』，『活焦枯之稼』及『救張弟之厄』等神靈故事，今已無從知曉。」是一憾焉。綜前所述，這裡所說的「仗劍現宋帝之宮」，應該就是《關雲長大破蚩尤》。

在一九八五年發現的山西潞城抄本《迎神賽社禮節傳簿四十曲宮調》（又名《周樂星圖本正傳四十曲宮調》，簡稱「潞城本」）第四部分〈樂舞啞隊戲排場單二十五個〉中，還有一份《關大王破蚩尤》的劇目。據其「角色排場單」提示，角色包含以下諸位：

171　〈山西解縣・關聖與鹽〉，載上海文藝出版社 1996 年 7 月版《澄心論萃》。
172　馮俊傑《山西戲曲碑刻輯考》，第 76 ～ 77 頁。

三帝、真宗駕頭、寇準、金紫園、歸使臣、城皇［隍］、土地、千里眼、順耳風［風耳］、急腳鬼、宰相王欽［若］、張天師、鬼怪（八個）、炳靈公、風伯、雨師、雷公、電母、四揭地［諦］神、關公、關平、周倉、五嶽陰兵、降蚩尤。上，散。[173]

則與脈望館雜劇所載劇目的人物構成顯然不同，不但時代由宋仁宗提前到宋真宗，以王欽若代替了范仲淹、呂夷簡，而且增加了東嶽神炳靈公的形象，更接近於正一派道教散播之關羽顯聖傳說。後文再表。

墨遺萍《蒲劇小史》曾以為鑼鼓雜劇「是宋代『村落百戲』之一，起於宋真宗請『關羽斬蚩尤』的神怪故事。」調查者則言：

據賽戲藝人講，此劇為賽戲之祖戲……臨猗縣民間有一種普遍流傳的說法，認為鐃鼓雜戲是唐德宗朝馬燧營建龍巖寺時首創，因而也叫龍巖戲，並認為從那時起每逢龍巖廟會必演該劇。而運城及解州一帶則盛傳鐃鼓雜戲興於北宋真宗朝，《關公破蚩尤》為它的開天祖戲。[174]

「興於北宋真宗朝」的說法，山西戲劇史研究者每常引用，其實只是依據戲文人物內容斷言，經不起推敲。如果與《大宋宣和遺事》所載合觀，更像是金元之際的故事。後世山西之《關公破蚩尤》已成為特殊節俗，隨手舉例，即有康熙五十八年（西元一七一九年）《汾陽縣志》：

一日，簮皂角葉，禳瘟。童男女以紅花子作總配之。

173　山西師範大學戲曲文物研究所《中華戲曲》雜誌第三輯（1987年出版）第108頁。該刊為萬曆二年抄本《迎神賽社禮節傳簿四十曲宮調》資料及研究專輯，承小友秦嶺回鄉尋覓持贈，謹致謝意。該篇注釋者亦言：「『金紫園、歸使臣』費解，存疑。」我疑心是因宋遼澶淵之盟後，兩國互派使節引發出來的故事。拙著《超凡入聖——宋代儒學與關公崇拜》之〈神道設教〉一節曾探及此事與宋代關公崇拜風習之關係，可以參看。

174　任光偉《賽戲、鐃鼓雜戲初探》，同上，第206，207頁。我以為民間這種說法當依據民間賽戲而來。賽戲以解州立廟時代為宋真宗朝，故屬之；雜劇寫為宋仁宗朝，則另有依據，當依傍狄青征儂智高事而來。另文再論。

光緒七年（1881）《翼城縣志》：

歲時民俗：初一日，相傳為關壯繆侯破蚩尤之日，人多於門旁插皂角葉，而黏印牛於門扉，如艾虎。

民國九年（1920）《虞鄉縣志》：

歲時民俗：一日，人人頭戴柱錢，插皂角葉。俗傳宋時蚩尤作祟，鹽池水涸。關帝率神兵討之，令神兵各戴皂葉，以為標記。蚩尤亦令妖兵頭戴槐葉，意圖混亂。及至日午，槐葉盡乾，卒為所破。池水如初。

民國十八年（1929）《翼城縣志》：

初一日，相傳為關壯繆侯破蚩尤之日，人多於門旁插皂角葉，而黏印牛於門楣，或以色布作三角式，用線串之，間以枯蒜梗，令小兒佩帶，殆皆避瘟之意歟？

酬神娛人，其此之謂。只是「顯聖」之日期，何以異口同聲地定為「四月一日」，尚待考證。民國《安邑縣志》嘗概乎言之：

蚩尤城：在鹽池東南二里許。《黃帝經》敘黃帝殺蚩尤，其血化為鹵，今之解池是也。《通志》載小顓者，蚩尤所居，注蚩尤城，今名從善村，本即古解城也。地之所以名「解」，以蚩尤體解得名。古因蚩尤血化為渤澥，澥殆即解池乎？《皇覽》亦言帝殺蚩尤，身體異處，故別葬之。按《書》云蚩尤唯始作亂而略。史載參盧命蚩尤守小顓。參盧為炎帝之後。榆罔，《漢書》亦謂之參盧。考古者謂蚩尤亦冒炎帝之稱，故古史有黃帝戰炎帝之記載，實即征蚩尤故事。血化為鹵，自是神話。至宋祥符間，又有因鹽水涸，由天師請關公平蚩尤神話。相傳寧濟廟俗名圪塔廟，為關公駐兵處，從善村為蚩尤駐兵處。又云因蚩尤幻變，所

部陰兵與關公所部者相同，無以為別，關公乃命陰兵佩皂角葉。蚩尤誤認為槐葉。兩兵相交，至日午槐葉曲捲，皂葉直舒，乃殲絕服槐葉陰兵。蚩尤神滅，鹽池復舊，此事出於道書，識者疑之。但至今四月初一日人家門首尚插皂角葉，蚩尤村仍插槐葉，且村中人不立關廟，立則有禍焉。蚩尤之改從善，乃由新神話而來，並無談黃帝神話者矣。[175]

這已是鄉人具備近代神話傳說學常識的解釋了，值得注意。但亦有不確之處，下文分解。

按《宣和遺事》所談，蚩尤之亂曾「布氣十餘里，人畜在氣中」，本於《雲笈七籤·軒轅本紀》所敘「帝未克敵，蚩尤作百里大霧，彌三日，帝之軍人皆迷惑。乃令風后法斗機，作指南車」的傳說。蚩尤能興大水，所以被視為「水獸」。而蠥蛟本為水害，「水涸」則蛟現，「誅蛟」傳說自然是附麗解池被水之災。

但「蠥蛟」何以一變而為「蚩尤」，亦有可說者。唐人蘇鶚《蘇氏演義》卷上云：「蚩者，海獸也。漢武帝作柏梁殿，有上疏曰：『蚩尾，水之精，能辟火災，可置之堂殿。』今人多作『鴟』字，見其吻如鴟鳶，遂呼之為『鴟尾』。」即今見古建築屋脊之大嘴鳥形獸也。但宋人黃朝英《靖康緗素記》（《叢書集成》本）卷一「蚩尾」條則云：「『蚩尾』既是水獸，作『蚩尤』字可也。蚩尤銅頭鐵額，牛角牛耳，獸之形也。」可證宋徽宗時代人們觀念中之蚩尤形象。

解池不過河東一隅，它的興廢為何引出偌大風波，以至後人附會不已，使「關羽斬蚩尤」的神話喧騰千載呢？此正關涉北宋「物質文明」和「精神文明」方面的兩個絕大問題。下文續談。

175　民國《安邑縣志》卷十二〈古蹟記〉。運城市地方志編纂委員會整理，1991 年出版，第 208 頁。

「天書降神」與「蚩尤作亂」

　　至於解鹽之於「精神文明」，則攸關宋廷的信仰支柱，也即「內則升中告成之事舉」。《禮記・禮器》云：「是故因天事天，因地事地，因名山，升中於天。」前引兩則元人記載，都以關羽受封事繫於大中祥符七年，這正是鬧得沸沸揚揚的宋真宗「降天書」事後，又相繼舉行泰山、華山封禪大典，並且親祀汾陰之后土廟之後。

　　宋真宗是歷史上著名的崇道之君。他聽信道士之言，以「天書降世」為名，改元「大中祥符」之事，是道教歷史上一件驚天動地的大事。羅貫中原著，晚明馮夢龍增補的《三遂平妖傳》中已有描述，以其與本文主旨關係不大，故不論。但前引《三教源流搜神大全》就獨具隻眼，把黃帝與蚩尤爭鬥的一筆陳年老帳與「關羽斬蚩尤」之事相互牽連，因此不能不述宋帝室託名「軒轅之後」的一段史實。

　　史載，大中祥符五年（西元一〇一二年）十月，真宗曾稱他夢見了景德中所睹「神人」，「神人」傳玉璽之命云：

> 先令汝祖趙某授汝天書，將見汝，如唐朝恭奉玄元皇帝。……翌日夜，復夢神人傳天尊言：「吾坐西，當斜設六位。」即於延恩殿設道場候迎。五鼓後天尊至，冠服如元始天尊像。六人秉圭，其中四人仙衣，二人通天冠，絳紗袍。真宗再拜於階下。天尊與六人皆就座。真宗再拜於西階。命設榻，召真宗坐，令飲碧玉湯。天尊語：「吾，人皇九子中一人也。是趙之始祖。再降，乃軒轅黃帝，凡世所知少典之子，非也。母感電，夢天人，生於壽丘，後唐時七月一日下降，總治下方，主趙氏之族，今已百年。皇帝既善為撫育蒼生，無怠前志。」[176]

176　李燾《續資治通鑑長編》卷七十九。

山西運城解州關帝廟端門右側圖

　　戊午日，宣稱「九天司命上卿保生天尊」降於延恩殿，於是趙桓正式宣稱，宋室為「軒轅黃帝之後」。《宋史‧王欽若傳》還說：欽若任景靈使時曾「閱《道藏》，得趙氏神仙事蹟四十人，繪於廊廡。」

　　道教為真宗托祖，本踵唐時故智。陳寅恪曾指出：「老子亦為唐皇室所攀認之祖宗。且受大聖祖高上大道金闕玄元天皇大帝之尊號，廟號太清宮。」開元二十九年（西元七四一年）閏四月，道士就成功地讓李隆基相信，他夢見的「玄元皇帝」曾降靈樓觀。杜光庭也曾為前蜀後主王衍托祖王子晉，尊其為「聖祖至道玉宸皇帝」，[177] 可知王欽若亦不過司法慣技。而趙恆篤信道教，也樂於「托祖」，並欣然為其所托先祖聖君〈軒轅本紀〉制序。[178]

177　參《十國春秋》卷三十七〈前蜀‧後主本紀〉。
178　張君房襄輯《雲笈七籤》卷一百。《資治通鑑》卷二一四「開元二十九年」胡三省註明言：「有宋

宋人樂史《太平寰宇記》卷四十六云：

解州：解州解郡，今理解縣。本蒲州解縣，唐天授二年析虞鄉所置也。即夏桀鳴條之野，蚩尤之封域。有鹽池之利。……蚩尤城在縣南一十八里，《管子》記曰：「雍狐之山出金，蚩尤受之，以為劍戟。」《史記》曰：「黃帝與蚩尤戰於涿鹿之野。」按《皇覽‧塚墓記》曰：「蚩尤塚在東平郡壽張縣，墳高七丈，常十月祀之。塚上有赤氣，如一疋紅練，人謂之蚩尤旗。其肩髀塚在山陽郡巨野縣，與身異處，故別葬之。」《孔子三朝記》云：「蚩尤，庶人之貪者，而有喜怒，故惡名歸之。」其城今摧毀。[179]

這一大堆引述，無非證明了宋人觀念中的蚩尤形象。我們當記得，傳說中蚩尤所以在解池作亂，理由之一便是「往昔蚩尤與軒轅帝爭戰，殺蚩尤於此地鹽池之側，至今尚有近跡。近聞朝廷創立聖祖殿，蚩尤大怒，攻竭鹽池之水。」這應當是道教造此傳說的一個邏輯起點。蓋緣「天書封禪」的道教背景，不過是抬出遠古的軒轅黃帝作為趙宋皇室的祖系；又在國脈根本的解鹽所在，進一步導演出黃帝和老對手蚩尤再次對抗，則可證明充當靈媒之道士神力，較唐人更上層樓矣。[180]

按解州池鹽被視為靈異之產是很有歷史的。《世本》、《帝王世紀》等典籍都有「堯都平陽（今屬臨汾），舜都蒲阪（今屬永濟），禹都安邑（今屬夏縣）」的記述，都圍繞解池建都，信非偶然。我猜想很可能

大中祥符之事，皆唐明皇教之也。」

179　《太平寰宇記》卷 46，第 18、22 頁。文淵閣本四庫全書本。

180　道士所述老子李耳之時代年紀與史家迥異，這是很正常的。杜光庭在系統性地神化老子及《道德經》方面做過極大努力，著有《道德真經廣聖義》50 卷，專列「釋老君事蹟，氏族，降生年代」。其謂「老君生於無始，起於無因，為萬道之先，元氣之祖。」「自億劫之初至混沌之始，歷羲媧之十八氏，三紀，五十八統，一百八十九代，代為國師。」「黃帝時，老君號廣成子，居崆峒山。黃帝詣之，為說《道戒經》，教以理身之道。黃帝修之，白日昇天。」載《正統道藏》第 24 冊。「黃帝見廣成子」事，原載《莊子‧外篇‧在宥第十一》。

就是依靠解鹽這種上古時期最重要的民生策略物資建立起來的政權。換
句話說，上古時期只要控制了解池，就能控制中原。先秦古籍《尸子》
關於〈南風歌〉記述說：

> 舜作五弦之琴，以歌南風，其詩曰：「南風之薰兮，可以解吾民之
> 慍兮！南風之時兮，可以阜吾民之財兮！」是舜歌也。[181]

就是歌詠促使解鹽結晶之「南風」，能為當地百姓帶來豐足富裕
的。酈道元《水經注》對解鹽產生的描述是：「紫色澄淳，渾而不流；
水出石鹽，自然印成。朝取夕復，終無減損。」《集古錄跋尾》卷八〈唐
鹽宗神祠記〉引解州人張席對歐陽脩所說：「夏月，『鹽南風』來，池
面紫色，須臾凝結如雪。土人謂之『漫生鹽』。」呂祖謙也說：「必南
風起，此鹽遂熟。風一夜起，水一夜結成鹽。……如南風不起，則課利
遂失。」[182] 所以有論者認為：「早在四千多年前，解池附近這種神祕的
『鹽南風』，已經引起人們的注意。它不僅因帶來鹽利而備受崇祀，而
且，也成為詩歌和音樂創作的重要題材。」[183]

吳曾《能改齋漫錄》以《左傳》立論，辨析解鹽所以獨稱為「鹽」
且與眾不同之故，曰：

> 《左氏傳》成公六年，晉人謀去故絳，諸大夫皆曰：「必居郇瑕氏
> 之地，沃壤而近鹽。」杜預注曰：「郇瑕，古國名。河東解縣有郇城。
> 鹽，鹽也，猗氏縣鹽池是。」孔穎達《正義》曰：「《說文》云：鹽，
> 河東鹽池，字從鹽。」然則鹽是鹽之名，鹽雖是鹽，唯此池之鹽，獨名
> 鹽，余鹽不名鹽也。陸德明《釋音》云：「音古，鹽也。」予按古今文

---

181 《尸子》的作者是尸佼，據稱是商鞅之師。《史記》、《漢書》均有記載。
182 《歷代制度詳說》卷五〈鹽法詳說〉。
183 《宋代鹽業經濟史》第 41 頁。

士用鹽字，無鹽、鹽之別。雖〈魏都賦〉「墨井鹽池，玄滋素液」，政用鹽池事。亦作鹽字。又何耶？《管子》「書」「地」數篇曰：「楚有汝漢之金，齊有渠展之鹽，燕有遼東之煮」。亦只作鹽字。《漢書》亦然。當俟博識者。杜子美〈鹽井〉詩云：「鹵中草木白，青煮官鹽煙。」杜田〈補遺〉曰：「許慎《說文》云：鹵，鹽池也。東方謂之斥，西方謂之鹵。」又〈漢宣帝紀〉：「帝嘗困於蓮勺鹵中。」注：「如淳曰：蓮勺縣有鹽池，縱橫十餘里，其鄉人名鹵中。師古曰：今在櫟陽縣東。」予按《呂氏春秋》稱魏文侯時，吳起為鄴令，引漳水以灌田。民歌之曰：「決漳水分灌鄴旁，終古斥鹵生稻粱。」然則鹽薄之地，名為斥鹵。故〈禹貢〉云：海濱廣斥。《左傳》表淳鹵，是也。淳鹵地薄，收穫常少，故表云：輕其賦稅。予以是知如鹽如鹹字，皆從鹵也。故鹽亦作鹽。其說庶幾是乎？

　　唐人眼中，解州池鹽是「陰陽調和，神鬼驅造，不勞人而擅其利。與夫鑿泉、煮海不相為謀」。[184] 柳宗元〈晉問〉則有：「猗氏之鹽，晉寶之大也。人之賴之，與穀同化。化若神造，非人力之功也。」[185] 宋人則說「海鹽、井鹽全資於人，解池之鹽全資於天，而人不與」。[186] 人們把鹽池、風谷視為某種神靈，因此早已立祠祭祀。唐代劉宇〈河東鹽池靈慶公神祠碑陰記〉[187] 曰：

　　天作淵極，神將宅焉。神者何？靈化之真宰也。夫神之俶落，實曰鹽宗。閭閻禱之，不在祀典。先皇朝有元老韓公滉之總邦賦，以大咸之功康濟是博，上以供宗廟之費，下以代田野之租，升聞於天，請加禮秩。

184　錢義方〈鹽宗神祠記〉，載歐陽脩《集古錄跋尾》卷八。《全唐文》未收。

185　董誥編《全唐文》卷五八六。

186　呂祖謙《歷代制度詳說》卷五〈鹽法詳說〉。

187　《全唐文》卷六百二十。劉宇，不詳其人。《全唐文》題注「宇，貞元中官侍御史。」

帝曰：可。於是冊為靈慶公，俎豆之數，視於淮、濟；享竭之期，載在王府。故及東都留守禮部尚書崔公縱，頃知河中院，以神之舊宮僻在幽阻，既崇其禮，宜敞厥居，是用遷置於斯，乃飭殿堂開像設，面淵淪之積水，跨邐迤之重岡，陰陰森森，容衛畢備，立卒走壁，儼然如生。雖水府靈居，未之若也。今職方郎中兼侍御史馮公興，纂其是職，推置信讓，無小無大，報之以德。頃以天久不雨，慮失其歲，職方於是齋心累辰，親執牲帛，將至誠之德，告靈化之源。嘗不朝而雨斯足，如是者數四。是則人有德於神，神亦有德於人，德交歸焉。政是用長，宜其建石表異，徵文紀靈，是以有太常博士崔君之頌也。逮夫石自他山而至，文自奉常而來，知解縣池詹事府司直陸位，事以道自集，商以仁自來；知安邑池大理評事韋縱，財以清自豐，吏以明自肅。此二公者，以為職方之精意，可達於鬼神，如之何不奉矣，乃相與就其磨礱，覆以棟宇，自朔及望，揭焉而舉。〈洪範〉曰「潤下作鹹」，夫敘贊靈慶公陰潛之功，亦所以表聖皇澤及於萬姓者也。恐其頌或有闕，乃命山客重紀於背陰。貞元十三年（西元七九七年）七月二日記。[188]

按「俎豆之數，視於淮、濟」，則可推知鹽池神在唐時之地位。據《史記·封禪書》：

及秦並天下，令祠官所常奉天地名山大川鬼神可得而序也。於是自崤以東，名山五，大川祠二。水曰濟、曰淮。

這是秦皇時淮、濟已入國家祀典之證據。《漢書·郊祀志下》：「淮於平氏，濟於臨邑界中，皆使者持節至。」是則淮、濟祀典已成定製。由此知唐大曆八年（西元七七三年）、十一年（西元七七六年）代宗相

188　此碑至今猶立於山西運城市鹽湖區博物館院內，筆者曾經目驗。

繼賜號「寶應靈慶池」，「薦於清廟，編之史冊」，並非無據。[189] 他們
也各有人格化的神，《三教源流搜神大全》卷二：「淮瀆，唐裴說也。
唐始封二字公，宋加四字公，聖朝加封四字王，號『長源廣濟王』。」
「濟瀆，楚伍大夫也。唐始封二字公，宋加封四字公，聖朝加封四字
王，號『清源漢濟王』。」[190] 但解州鹽池本有之神祇並沒有像通常那樣
被人格化，關羽在宋代受封「義勇武安王」似乎也寓有兼任解州池鹽之
人格神的含意。

　　另外還有深一層的原因在。許地山《道教史》[191] 謂：「秦漢所封有
八神：天主、地主、兵主、陰主、陽主、月主、日主、四時主，除天主
及兵主外，都是山東底山。天主祠天齊，天齊是天底肚臍。兵主祠蚩
尤。」《史記·天官書》云：「蚩尤之旗，類彗而後曲，象旗，見者王者
征伐四方。」《太平御覽》卷七九引《龍魚河圖》：「（蚩尤）造立兵仗、
刀、戟、大弩。」《路史·後紀四》引《世本》：「蚩尤作五兵：戈、矛、
戟、酋矛、夷矛。」[192]《雲笈七籤》卷一百引唐人王瓘〈軒轅本紀〉：
「蚩尤始作鎧甲兜鍪，時人不識，謂是銅頭鐵額。」「於葛盧山發金作
冶，製為鎧甲及劍，造立兵仗、刀戟、大弩等，威震天下。」在道教之
前身方士觀念中，蚩尤即以「兵神」著稱，如說其主兵災之象，亦不過
分。這個風習一直延續到宋，《宋史·禮志二十四·軍禮》：「軍前大旗
曰『牙』，師出必祭，謂之『禡牙』。後魏出師，又建纛頭旗上。太宗

189　《唐會要》卷二十八〈祥瑞〉。
190　明人于慎行對唐代封池鹽神事進行了猛烈抨擊。參《穀山筆麈》卷十七。這是對韓滉虛稱祥瑞不
　　滿。看來以解池生鹽侔作符瑞，原本朝廷重臣慣技，宋人也不過「法古」而已。
191　《道教史》，華東師範大學出版社《二十世紀國學叢書》版，1996年12月。按陳寅恪對許地山的
　　宗教研究評價極高，嘗言：「讀許地山先生所著佛、道二教論文，關於教義本體俱有精深之評
　　述，心服之餘，彌用自愧。遂捐棄故技，不敢復談此事矣。」（參《金明館叢稿二編·論許地山先
　　生宗教史之學》）
192　文淵閣四庫全書本《路史》卷十三，第21頁。

征河東，出京前一日，遣右贊善大夫潘慎修出郊，用少牢一，祭蚩尤、禡牙。」可知直至宋代，蚩尤猶有「兵主」的名分。

案《後漢書・虞詡傳》引諺云：「關西出將，關東出相。」解池所在為（潼）關之東，雖然素以人傑聞，但認真挑選起來，卻也並非易事。倘以堯舜禹或后稷、風后[193]降世，名目未免太大，但無論河東裴氏（宰相世家，即裴松之家族）或柳氏（解州柳宗元家族）的人物[194]，還是猗頓、伍員，儘是文臣謀士，不足以抗禦蚩尤之凶猛蠻霸。「三箭定天山」的唐代名將薛仁貴固然也可列入傳說，卻遠在河津，尚有距離。按《三國志・關羽傳》：「羽，河東解良人。」權衡之下，搬演之神當然是素以「威猛雄壯」，且又生於「解良」之古鹽池畔的關羽最為合適。何況他曾經是武成廟之從祀，後來在狄青征儂智高時還有率領陰兵萬里救助鄉人的神功恩德。[195] 無論於國家祀典，還是嶽瀆崇拜，都理應為國出力。在其故里建廟，也是順理成章的事。

按宋代河中府之府治，即在今山西運城市蒲州鎮，距解池僅有百里之遙。真宗年間此地發生「禪瑞」，《文獻通考・物異二》：

---

193 風后故里在今山西運城市解州鎮東門社東村，有「風后故里碑」及「風神廟」。按風后亦傳說中黃帝戰蚩尤的能臣，《雲笈七籤》卷一百〈軒轅本紀〉：黃帝戰蚩尤不勝，「思念賢哲以輔佐，將征不義。乃夢見大風吹天下塵垢，又夢一人執千鈞之弩，驅羊數萬群。覺而思曰：夢號令，鈞政者也；垢去土，解化清者也，天下當有姓風名后者。夫千鈞之弩，冀力能遠者也；驅羊萬群，是牧人為善者也，豈有姓名名牧者乎？帝作此二夢及前數夢龍神之驗，即作夢之書。令依二夢求其人，得風后於海隅，得力牧於大澤。即舉風后以理民，初為侍中，後登為相，力牧以為將。此將相之始也。」《太平御覽》卷十五引《志林》：「黃帝與蚩尤戰於涿鹿之野。蚩尤作大霧彌三日，軍人皆惑。黃帝乃令風后法斗機，作指南車以別四方，遂擒蚩尤。」這都是宋人心目中的風后形象。黃河古渡口風陵渡是解池西南芮城縣連接秦晉之著名要衝，傳說風后陵墓在焉，即以得名。

194 河東柳氏除了「獅吼」典故之外，人才亦代有所出。趙璘《因話錄》卷三〈商部下〉言：「元和中，柳柳州書，後生多師效，就中尤長於章草，為時所寶。湖湘以南，童稚悉學其書，頗有能者。長慶已來，柳尚書公權，又以博聞強識工書，不離近侍。柳氏言書者，近世有此二人。尚書與族孫璟，開成中，同在翰林，時稱『大柳舍人』、『小柳舍人』。自祖父郎中芳以來，奕世以文學居清列。」

195 詳參山西沁縣石刻博物館收藏之元豐三年（1080）〈威勝軍新建蜀蕩寇將［軍漢壽亭］關侯廟記〉，載馮俊傑編著《山西戲曲碑刻輯考》。後文再表。

　　三年八月，解州鹽池，紫泉場水，次二年里許，不種自生，其味特嘉。命屯田員外郎何敏中往祭池廟。八月東池水自成鹽，僅半池，潔白成塊，晶瑩異常。祀汾陰經度制置使陳堯叟繼獻，凡四千七百斤，分賜近臣及諸軍列校。

　　《文獻通考‧郊社十六》：

　　四年，親祀汾陰后土，還至河中，親謁奠河瀆廟，親謁華陰西嶽廟，群臣陪位廟垣，內外列黃麾仗，遣官分奠廟內諸神。

　　宋真宗最寶愛的「祥瑞」，與最喜歡的「親祀」次第相連。雖然沒有記載說明在祀汾陰后土廟（今屬山西運城市萬榮縣）的途中他是否親臨過解池，祭奠過鹽廟，但是廣結善緣，推恩及遠，澤被關羽，也是可能的。

　　對於解州關廟的創始時間，早期記敘似有缺失。據《古今圖書集成‧神異典》卷三七：「宋真宗大中祥符□年飭修關聖廟。」《解州志》記敘亦謂：「關聖廟在城西門外，宋真宗大中祥符年間敕修。」唯韓文〈正德修廟記〉確言「距解城址西百餘步，舊有關王祠，乃宋祥符甲寅敕建，元祐壬申重修。」[196] 可知其缺失年份，應為「七」字。換言之，解州關廟的初創年代應為大中祥符七年甲寅（西元一〇一四年）。這一年也是西夏兵圍攻宋環州而不能下，宋將折可適破其歸師之時，也許就是戍守西夏邊關的北宋將士，開始奉關羽為「擎天得勝關將軍」的由來。此年鄭咸之碑已言「侯之名聞天下後世，雖老農稚子，皆能道之。然謂侯英武善戰，為萬人敵耳。」[197] 結合沁縣元豐三年（西元一〇八〇

196　《乾隆解梁關帝志》卷之三，第 205 頁。按韓文，山西洪洞人，自稱宋宰相韓琦之後。為明弘治、正德年間戶部尚書。《明史》列傳第七十四有傳。
197　《乾隆解梁關帝志》卷之三，第 167 頁。

年）關廟碑記敘述關羽曾率陰兵救助鄉人的故事，或者可以為北宋「說三分」的流行狀況作一腳注，另文再論。順便一說，趙恆也是在大中祥符七年，加號黑殺神為「翊聖保德真君」，復於元祐七年壬申（西元一〇九二年）重修廟宇的。

關羽的國家廟祀一向設立在其葬所當陽，唐代廟宇及詠詩俱在當陽。所以這次建廟，固然是宋真宗「神道設教」的政治設計所然，但也意味著關羽崇拜開始由楚地向中原，由南方向北方，由巫風淫祀向嶽瀆崇拜的轉移。影響深遠，後話不提。山西向有解州關廟「始建於陳隋」的說法，[198] 實際上是在挪移佛教關於當陽建廟傳說，並不確切。

直至明清，解州鹽池尤為財賦重地。此後為池神加爵進封者不絕於史。[199] 至今解池畔猶存有鹽池神廟，其中包括關王殿。現存解州鹽池廟之明代嘉靖十四年（西元一五三五年）〈河東運司重修鹽池神廟記〉就明確記載了「舊有鹽池神廟，其為殿三，其妥神五。中殿神二，曰東西鹽池之神；左殿神二，曰條山風洞之神；右殿神一，曰忠義武安王之神。」並且歷數了之所以在此敬祀關羽的原因，最後總結道：

《禮》有之曰：「君子生而敦行，能表正鄉俗者，歿而祀之社，謂之鄉先生。」禮也若王（按指關羽）者，固所謂以死勤事者也，又明神也，又鄉先生也，歿而祭之社，以興後學，以護國富民，不亦善邪！[200]

198　如〈關公崇拜與關公文化〉就有「解州關帝廟始建於隋代，宋明兩朝盛極一時」的說法（http://www.tydao.com/sxren/minjiang/guanyu.htm）；又當地旅遊介紹〈武廟之祖關帝廟〉亦言「據有關碑刻記載，遠在陳隋之際，解州關帝廟已經修建」。

199　據解池鹽神廟碑記，宋徽宗並沒有疏忽詔封解州、安邑兩池神。崇寧四年仍應耀州觀察使王仲千之請，封為「資寶公」和「惠康公」，而關羽受封「忠惠公」，正堪比鄰。大觀二年（1108）兩池神晉爵為王，並分別專祠奉祀，則加封關羽「武安王」矣。這也許證明，最終關羽並沒有被局限為解池一隅的人格神。

200　《山西戲曲碑刻輯考》，第 210 頁。

　　其實別的原因都是後世興起的，唯有「鄉先生」之說，可以證實關羽以鄉人身分為鹽池保護神的真實緣由。

　　可知儒臣本知其為「夫子不語」之怪幻，特礙於「神道設教」，故不予置辯也。

　　今人郭正忠還介紹說：

　　唐代的解池，大部分時期隸屬於河東道蒲州。肅宗乾元三年（西元七六〇年），蒲州改為河中府。[201] 而河中府的安邑縣，一度曾隸於河南道陝州。[202] 宋朝的鹽池，則隸於陝西路解州的解縣和安邑縣。此時，把解鹽籠統叫做「河東鹽」的稱謂，已被淘汰。人們多用「陝西顆鹽」來指解鹽。如果有誰說起河東鹽，反而多指并州的「土鹽」了。[203]

　　了解歷史上「河東池鹽」與「陝西顆鹽」的稱謂變遷，有助於避免許多誤會。稱解鹽為「陝西顆鹽」，一方面意味著歷史上晉、陝之間的密切關係，另一方面，也表明今日之山西省，曾包括歷史上陝西路的一部分。換句話說，宋代所謂陝西商民，或西秦商民，原曾包括晉南商民在內。這種概念和涵義，對宋以後的民俗仍有影響。[204]

　　這對於我們理解後世遍布全國，並以關羽為供奉主神的「山陝會館」的形成，尤有幫助。

201　原注：《舊唐書》卷十〈肅宗紀〉。
202　原注：《元和郡縣圖志》卷六〈河南道‧陝州〉。
203　原注：《涑水記聞》卷十五，參《宋史‧食貨志》。
204　郭正忠《宋代鹽業經濟史》第 39 頁。人民出版社 1990 年 7 月第一版。

鹽業與宋代財政

先說物質文明。如眾周知，食鹽是人類及其畜養不可或缺的生活品，而鹽稅自西漢鹽鐵會議定為官方專賣品以來，即是國家最重要的財賦來源之一。唐代安史之亂後，由於中央政權直接控制的區域大幅度縮水，淮鹽、浙鹽、川鹽都成為唐政權賦稅的主要來源，更不必提近在咫尺，與長安、洛陽呈三角形的解鹽了。白居易《白氏長慶集》卷四六〈策林〉第貳三目〈議鹽法之弊〉論鹽商之幸云：

> 臣又見自關以東，上農大賈，易其資產，入為鹽商。率皆多藏私財，別營稗販。少出官利，唯求隸名。居無徵徭，行無榷稅。身則庇於鹽籍，利盡入於私室。此乃下有耗於農桑，上無益於管榷，明矣。蓋山海之饒，鹽鐵之利，利歸於人，政之上也；利歸於國，政之次也。若上既不歸於人，次又不歸於國，使幸人奸黨，得以自資。此乃政之疵、國之蠹也。今若刬革弊法，沙汰奸商，使下無僥倖之人，上無折毫之計，斯又去弊興利之一端也。

又白氏《新樂府·鹽商婦》：

> 婿作鹽商十五年，不屬州縣屬天子。
> 每年鹽利入官時，少入官家多入私。
> 官家利薄私家厚，鹽鐵尚書遠不知。

陳寅恪認為：「然此等腐儒之議論，於唐代自安史亂後國計之仰給於鹽稅者，殊為不達事情也。」復引《新唐書》卷五四〈食貨志〉云：「（劉）晏之始至也，鹽利才四十萬緡。至大曆末，六百餘萬緡。天下之賦，鹽利居半。宮闈服御、軍餉、百官祿俸，皆仰給焉。」[205]

205　《元白詩箋證稿》第五章〈新樂府·鹽商婦〉，上海古籍出版社，1979 年版，第 270～271 頁。

　　鹽利中又以解鹽為最甚。柳宗元曾言它的經銷範圍是：「西出秦、隴，南過樊、鄧，北極燕、代，東逾周、宋。」[206] 傳統的政治中心長安、洛陽及新興的汴梁地區都被囊括無遺。五代後唐同光二年（西元九二四年）二月，有詔宣稱：「會計之重，咸醎居先。矧彼兩池，實有豐利。」後周顯德元年（西元九五四年）十二月世宗甚至下詔，令「曹、宋已西十餘州，盡食顆鹽」。[207]

　　宋代以來，鹽利的地位有增無減，談論鹽利在國家賦稅中的比重時，宋人因時代不同而有三說：一是「當租稅三分之一」，二是「計天下每歲所收鹽利，當租賦二分之一」，第三種說法謂占國用「十之八九」。[208] 至於鹽利之豐，宋人甚至議論說，僅泰州「一州之數，過唐舉天下之數也。」南宋學者呂祖謙評論宋代鹽利時，有「唯海鹽與解池之鹽，最資國用」之語，而其他議論如「榷鹽之利，國用所資」、「國家經費之大，籍於鹽利者居多」[209] 等亦充斥史書。南宋更甚，以至有「南渡立國，專仰鹽鈔」的說法。不過已無干解鹽，可不論。

　　解鹽向有「顆鹽」之稱，南朝道士陶弘景甚至認為河東池鹽最佳於醫用。由於技術的提高，至遲在宋代已有「今解州、安邑兩地所種鹽，最為精好」[210] 的聲譽。以至有學者感慨地說：「中國歷史上以鹽鈔立國者，此其例也。」[211] 宋代不僅全盤承襲了唐代「宮闈服御、軍餉、百官

206　〈晉問〉，收入《全唐文》卷五百八十六。

207　《舊五代史・食貨志》，中華書局校點本。

208　第一說見《輿地紀勝》卷四十，亦見《太平寰宇記》卷一百三十。第二說出《太平寰宇記》卷一百三十。第三說見《要錄》卷一百四十五。

209　呂說參《歷代制度詳說》卷五「鹽法」，後說分別見《宋會要・食貨》三十二之二十五及《要錄》卷九九。

210　宋刊《重修政和經史類備用本草》卷四〈玉石部〉。

211　事實上，解鹽問題在宋代財政史上已成專學，戴裔煊、錢公博、河上光一、河原由郎及郭正忠等學者之研究成果已卓然可觀。本文只是利用了這些成果。此段感慨參郭正忠《宋代鹽業經濟史》第702頁。

祿俸，皆仰給焉」的作法，而且擴大到「國家坑冶、鑄錢、糴糧、和買、榷貨收購、匯兌、金銀及紙幣流通等本錢，以及地方官司開支，基層公人雜費擔任各個方面，無不隨處可見鹽錢的效用。」身為河東人氏的司馬光《涑水記聞》卷四曾言：

> 王景曰：晉鹽之利，唐氏以來可以半天下之賦。神功以此法令嚴峻，民不敢私煮煉，官鹽大售。真廟以降，益緩刑罰，寬聚斂，私鹽多，官利日耗。章獻時，景為選人，始建通商之策，大臣陳堯咨等多謂不變。章獻力欲行之，廷謂大臣曰：「聞外間多苦惡鹽，信否？」對曰：「唯御膳及宮中鹽善耳，外間皆是土鹽。」章獻曰：「不然。御膳亦多土鹽，不可食。欲為通商，則何如？」大臣皆以為：「必如是，縣官所耗，失利甚多。」章獻曰：「雖棄數千萬亦可，耗之何害？」大臣乃不復敢言。於是命盛度與三司詳定，卒行其法。詔下，蒲、解之民皆作感聖恩齋。慶曆初，范傑復建議：「官自運鹽，於諸州賣之。」八年，范祥又請「令民入錢於邊，給鈔請鹽。」朝廷從之，擢祥為陝西提刑。[212]

解鹽在北宋的銷區，則如司馬光所說，「舊制：河南、河北、曹、濮以西，秦、鳳以東，皆食解鹽。」[213] 事實上，它的銷售區域還包括了河東的晉、絳、慈、隰四州和今之安徽的宿、亳等州。我們知道，這一帶正是當時中國的腹心地區。鹽利同時還是大多軍備和軍費開支中的來源，如「陝西抗禦西夏的『邊防財用』，多取自解池鈔鹽錢，『可助邊費十之八』。」[214] 其於國計民生之影響，自然可想而知。

且說北宋諸帝積蓄資財，有若慳吝之人窖藏聚錢。趙匡胤初平荊

212　司馬光《涑水記聞》，中華書局 1989 年校點本，第 72 ～ 73 頁。
213　《涑水記聞》卷十五，第 302 ～ 303 頁。
214　參《宋代鹽業經濟史》第六章〈鹽產和鹽利〉第二節第二條〈鹽利在社會經濟生活中的作用〉，及第三條〈鹽利與軍需〉。

湖、成都，即儲所獲金帛置於內庫，號為「封樁錢」。又以燕雲十六州
沒於契丹，未能收復為憾，所以另儲財資以待異日之用，故有他準備以
「縑帛二百萬（一說三百萬）易敵人（一）首（級）」之說。以後歷代
帝皇均在府庫中儲藏國用之餘財。《宋史·食貨志》記敘了自元豐初，
仁宗曾自制詩以名庫，曰：「五季失圖（一本作『國』），獫狁孔熾。藝
祖造邦，思有懲艾。爰設內府，基以募士。曾孫保之，敢忘厥志。」「一
字一庫以號之，凡三十二號。後積餘羨贏為二十庫，又揭詩曰：『每虔
夕惕心，妄意遵遺業。顧余不武姿，何日成戎捷。』」這個故事也道盡
了歷代宋帝積財儲物以穩定政權、護疆保土的良苦用心。

但是宋代的財政支出也有前代不可比擬的苦惱。它繼承的是五代十
國的半壁江山，然後是澶淵之盟以後執行「以金帛換和平」的策略，
帶來龐大的納幣輸款，又得應對西夏的戰備開支，因此引起了持續的
財政緊張。《宋史·食貨志》云：「傳至真宗，內則升中告成之事舉，
外則和戎安邊之事滋，由是食貨之議，日盛一日。」[215]「仁宗之世，契
丹增幣，夏國增賜，養兵西陲，費累百萬」。以至「仁宗、英宗一遇災
變，則避朝變服，損膳撤樂，恐懼修省，見於顏色；惻怛哀矜，形於詔
旨。」神宗初即位，就以「當今理財最為急務。養兵備邊，府庫不可不
豐」為由，下詔令群臣建言。[216] 其實這是理解宋史關鍵的一環：這種外
強壓境，「危若累卵」的局勢經不起任何閃失。所以著眼於外敵者，希
圖透過王安石來變法以圖強，即所謂「蓋因天下之力，以生天下之財，
取天下之財，以供天下之費」。而司馬光等著眼於內患者，卻生怕變法
引起的社會動盪會激起民變，把本來就脆弱的局面搞壞了。這裡的爭論

215　《宋史·食貨志》上一「農田」。
216　《宋史·食貨志》上六「役法下·振恤」。又參《續資治通鑑·宋紀六六》。

焦點，都是官僚集團之間操作性和實踐性極強的具體問題，使用政治手段對待持不同意見的政敵也毫不容情。非如唐時形而上的「三教論衡」那樣在進行意識形態方面的清議，後世史家亦不宜以「改革派」或「保守派」簡單概括。而「新」「舊」兩黨吵吵嚷嚷，一直到徽、欽二帝「北狩」，趙構「泥馬渡江」，爭論才重打鑼鼓，另選話題。而王安石及其「新黨」黨羽蔡京者流，雖約金滅遼，卻不料「前門拒狼，後門迎虎」，亦被責以罪臣，從此背上了「靖康之恥」，造成北宋覆亡的歷史包袱，而為後世理學所痛詬。南宋之主戰、主和兩派也在爭吵不休，結果又重演了北宋覆沒的一幕，後話不表。

宋朝曾特設專「置三司條例司（財政部）」的財稅機構，不斷擘劃稅源，改進財務，開源節流，反映著兩宋君臣為增收節支，殫精竭慮的不懈努力。也使我們聯想到，宋人之所以在科技發明上留下了輝煌的篇章，說不定也有這種有形而沉重的財政壓力一份功勞，如戰後德國然。黃仁宇曾認為，北宋的朝代特徵與傳統體制已發生了相當大的變化。這主要體現在：

第一，趙宋王朝之為一個朝代國家，在中國歷史上最富於競爭性，因此其行政效率非常重要。第二，其收入以銀絹和緡錢作基礎，也就是其經理倚賴於民間經濟比較前進而靈活的部門，而把人力及食糧當作次要。第三，其稅收底帳根據五代十國間的數目，比一般的稅率更高，同時政府大規模開礦鑄錢，更使其數目無法固定，也違反上述簡單均一的原則。

因此斷言：

綜合這些條件，我們也可以說，中國在西元十一世紀已經在某些方面感受到需要現代化的壓力。[217]

---

217 《赫遜河畔談中國歷史・王安石變法》，北京：三聯書店 1992 年北京初版。

　　《宋史‧食貨志》達二十萬字，在二十四史中篇秩最多，而有關鹽業鹽政鹽法及其沿革變遷又是其中最詳細的。鑑於解鹽在國家賦稅中無可爭議的地位，自宋代開國以來，圍繞解鹽的「全面榷禁」還是「局部通商」，以及「鹽引」和「鹽鈔」的變遷、回收以及貶值問題，已經幾起風波。不僅使北宋臣僚中的「菁英」盡皆捲入爭論，連包拯、沈括都曾以中央大吏的身分親至解州調查，更成為王安石與司馬光兩「黨」之爭的焦點之一。[218] 因而解州池鹽獲災，而且是重大災害，當然會驚動朝廷，成為大事了。而佞通道教之北宋諸帝，如真宗、哲宗、徽宗等都會有所舉動，也是意料中事。

　　宋代的財政政策是矛盾的。在撙節日常用度的同時，宋帝又毫不吝惜把大筆錢財花到信仰上，即所謂「內則升中告成之事舉」。《宋史‧食貨志》言：「至道末，天下總入緡錢二千二百二十四萬五千八百。三歲一親祀郊丘，計緡錢常五百餘萬」，已占國家財政的將近四分之一。而「景德郊祀七百餘萬，東封八百餘萬，祀汾陰、上寶冊又增二十萬」，[219] 則較乃父更進層樓。宋徽宗是一個篤信「豐亨豫大」經濟學說，期望改革後效果能立竿見影的君主。他的時代在財政上有一個「大躍進」，僅由上表解鹽產量來看，比太宗、真宗時期就增加了將近四倍，比仁宗時期也增長了大約一倍。

　　《宋史‧食貨志》下一〈會計〉言：「及蔡京為相，增修財利之政，

218　詳參《宋代鹽業經濟史》第八章〈宋代解鹽政策與體制的歷史變遷〉。值得一提的是，蘇軾和沈括也被捲入這場紛爭中來。司馬光曾公開指責沈氏阿附王安石，支持張景溫擴大解鹽官賣區，而蘇軾因御史謝景溫彈劾他捲入販賣私鹽，雖查無實據，仍外放杭州通判。在浙江他目睹新黨鹽法給百姓帶來的災難，非常痛苦，以至「每執筆斷鹽犯者，未嘗不流涕」。（《蘇文忠公集》卷四十八〈上韓丞相論災傷手實書〉）沈括奉旨察訪兩浙鹽政，與老同事蘇軾相會，「求手錄近詩一通」。蘇軾口無遮攔，把對新黨鹽法發牢騷的詩抄錄給沈。沈回京後「簽帖以進」，並告發蘇軾「詞皆訕懟」，以至王銍《默記》認為，「其後李定、舒亶論軾詩，置獄，實本於此云。」主要罪證之一，即是蘇軾〈山村〉詩中「豈是聞韶解忘味？邇來三月食無鹽」之類對新鹽法的抱怨。
219　《宋史‧食貨志》下一「會計」。

務以侈靡惑人主，動以《周官》『唯王不會』為說。每及前朝惜財省費者，必以為陋。至於土木營造，率欲度前規而侈後觀。元豐改官制，在京官司供應之數，皆並為職錢，視嘉祐、治平時賦祿優矣。京更增供給、食料等錢，於是宰執皆然。」其實，「蔡京消費經濟學」的理論和實踐，包括貨幣供應、官吏福利、通膨應對、消費刺激等等，都是極有興味的值得反思的問題。如與黃仁宇「前現代」觀點合觀，尤其富於挑戰性。可惜鮮見當今力主「消費經濟學」者道及。

又《宋史·蔡京傳》云：「時承平既久，帑庚盈溢，京倡為『豐亨豫大』之說。」案《易·豐》：「豐亨。王假之。」又《豫》：「聖人以順動，則刑罰清而民服，豫之時義大矣哉。」本謂富饒安樂的太平景象。徽宗初蔡京以此誇示國家財賦寬裕，主張皇帝當享「天下之奉」。[220] 臣僚有敢倡言節儉者，輒揚言「事苟當於理，多言不足畏」，拒絕任何勸諫。結果大事靡費，「視官爵財物如糞土，累朝所儲掃地矣。」最會花錢的也是這對君臣。他們不僅把列祖列宗對道教的尊崇提升到無以復加的地步，同時又親自規劃和參與設計了中國歷史上一些有名的建築大舉措。如造宮觀、花石綱、修艮岳等等，所費已然不貲，也花光了歷代的結餘，所謂「累朝所儲掃地矣」。自蔡京以後，「豐亨豫大」多指好大喜功，奢侈揮霍。如李善長等〈進《元史》表〉還延伸到元代的奢靡：

---

220 民國時有逕以蔡京之「豐亨豫大」為「財神」的說法。《破除迷信全書》（李乾忱著，美以美教會全國書報部 1929 年版）卷一〇：「關於財神的歷史，據說是起於宋朝的奸相蔡京……他似乎專門敗壞，所以倡導『豐亨豫大』的奢侈法，以取徽宗歡心。廣興土木，耗費國幣，當時民間都羨慕他的富有。傳說他是富神降生，他的生日又是正月初五日，所以民間也以正月初五日祭祀他為財神，以便發財……蔡京被貶於廣東南海島儋縣，未到貶所，死於路上。子孫二十三人都分攤遠地以後，世俗就以為他的名字不甚體面，因此就打算另換一個財神。可巧當時宋朝的國姓是趙，並且『玄』字也帶著『鼠』字的一份，這才瞎取一個『趙玄壇』的名字，當作財神敬拜。」此本於西方宗教觀念之批判。所云無稽，聊助談興云爾。

「豐亨豫大」之言，一倡於天曆之世；離析渙奔之禍，馴致於至正之朝。徒玩細娛，浸忘遠慮。權奸矇蔽於外，嬖倖蠱惑於中。周綱遽致於陵遲，漢網實因於疏闊。

這是總結強悍如蒙元何以重蹈覆轍之論。作為一種歷史經驗，至今不失其意義。

案「唯王不會（ㄎㄨㄞˋ，會計）」一語本見《周禮·天官·塚宰》上「膳夫」條：

歲終則會。唯王及后、世子之膳不會。

也僅僅是對王室主要成員的伙食帳務不作年度性例行審計檢查，以示尊重而已。同時「不會」的範圍還有庖人、酒正、外府（掌管做服裝的織物）、司裘（掌管王之裘服及祀天之服者）這類掌管個人消費物品的部門，而規定「歲終會之」的則有大府（掌管九貢九賦九功者）、司會（掌國之官府、郊野、縣都之百物財用者）、職內（掌邦之賦入者）、職外（掌邦之賦出者）、職幣（斂官府、都鄙與凡用邦財者之幣者）、掌皮（掌管皮革斂集保藏及製作者）、典絲（掌管絲織品及保藏製作者）、典枲（掌管麻織品及保藏製作者）。可見即使對待王室，稍具商品價值物品的供應也是有制度性限制的。蔡京則無限制地擴大了皇室經濟的內容和外延。

葉紹翁《四朝聞見錄》乙集「宣政宮燭」條載有一則故事，頗可管窺一斑：

宣、政盛時，宮中以河陽花蠟燭無香為恨，遂用龍涎、沉腦屑灌蠟燭，列兩行，數百枝，焰明而香濬，鈞天之所無也。建炎、紹興久不能進此。唯太后旋鑾沙漠，復值稱壽。上極天下之養，故用宣、政故事，

然僅列十數炬。太后陽若不聞。上至，奉卮，白太后以「燭頗愜聖意
否？」太后謂上曰：「你爹爹每夜常設數百枝，諸人閤分亦然。」上因
太后起更衣，微謂憲聖曰：「如何比得爹爹富貴！」[221]

　　徽宗一朝「有錢就花，沒錢也花」的作法。實為歷代君主少見。陸
游是以史才自許的，他在《老學庵筆記》卷二敘述這段「揮霍」情況
時說：

　　崇寧間初興學校，州郡建學，聚學糧，日不暇給。士人入辟雍皆給
券，一日不可緩，緩則謂之害學政，議罰不少貸。已而置居養院、安濟
坊、漏澤園，所費尤大。朝廷課以為殿最，往往竭州郡之力，僅能枝梧。
諺曰：「不養健兒，卻養乞兒。不管活人，只管死屍。」蓋軍糧乏，民
力窮，皆不問，若安濟等有不及，則被罪也。其後少緩，而神霄宮事起，
土木之功尤盛。群道士無賴，官吏無敢少忤其意。月給幣帛硃砂、沉香
乳香之類，不可數計，隨欲隨給。又久之，而北取燕薊，調發非常，動
以軍期為言。盜賊大起，馴至喪亂，而天下州郡又皆添差，歸明官一州
至百餘員，通判、鈐轄多者至十餘員云。[222]

221　中華書局 1989 年排印本，第 83 頁。案宋朝內廷蠟燭華靡，所貽口實甚多，然亦有自。歐陽脩《歸
　　田錄》云：「鄧州蠟燭名著天下，雖京師不能造，相傳是寇萊公燭法。」趙令時《侯鯖錄》：「東
　　坡云：『諸葛氏筆，譬如內庫法酒、北苑茶，他處縱有嘉者，難得彷彿。』余續之曰：『上閣衙
　　香、儀鸞司彩燭、京師婦人梳妝與腳，天下所不及！』公大笑。」

222　陸游《老學庵筆記》卷二（中華書局，1979 年版），第 27 頁。又《夷堅志》丁集卷四談到崇寧初
　　年，御前倡優作場演三教論衡，譏諷當時濫施學校、孤老、安濟、漏澤等「社會福利」而累及百
　　姓時，云：「僧抵掌曰：『二子腐生常談，不足聽。吾之所學，生老病死苦，日五化。藏經奧典，
　　非汝等所得聞。當以現世佛菩薩法理之妙，為汝陳之。盍以次問我？』曰：『敢問生？』曰：『內
　　自太學辟雍，外至下州偏縣，凡秀才讀書者，盡為三舍生。華屋美饌，月書季考，三歲大比，脫
　　白掛綠，上可以為卿相。國家之於生者如此。』曰：『敢問老？』曰：『老而孤獨貧困，必淪溝
　　壑。今所在立孤老院，養之終身。國家之於老者如此。』曰：『敢問病？』曰：『不幸而有疾，家
　　貧不能拯療，於是有安濟坊。使之存處，差醫付藥，責以十全之效。其於病也如此。』曰：『敢問
　　死？』曰：『死者人所不免，唯貧民無所歸，則擇空隙地為漏澤園。無以斂則與之棺，使得埋葬，
　　春秋享祀，恩及泉壤。其於死也如此。』曰：『敢問苦？』其人瞑目不應，陽若惻悚然。促之再
　　三，乃蹙額答曰：『只是百姓一般受無量苦。』徽宗為惻然長思，弗以為罪。」可與陸遊記敘參看。

又卷九：

政和神霄玉清萬壽宮，初止改天寧萬壽觀為之，後別改宮觀一所，不用天寧。若州城無宮觀，即改僧寺。俄又不用宮觀，止改僧寺。初通撥賜產千畝，已而豪奪無涯。西京以崇德院為宮，據其產一萬三千畝。賃舍錢、園利錢一在其外。三泉縣以不隸州，特置。已而凡縣皆改一僧寺為神霄下院，駸駸日張，至宣和末方已。

接著就是與金相約攻遼，費用尤鉅。「宣和用兵燕、雲，厚賦天下緡錢，督責甚峻。民無貧富，皆被其害。」[223]

所有這些花費的來源，首先就得靠鹽，尤其是解鹽。趙佶手下還真有兩個特別善於發鹽財的親信：一個是奉命修復解池，卻慣於偷工減料的內侍王仲千。馬端臨《文獻通考》卷十六〈徵榷三〉：

仲千以額課數溢為功，然議者或謂解池灌水盈尺，暴以烈日，鼓以南風，須臾成鹽，其利則博。苟欲溢額，不俟風日之便，厚灌以水。積水而成，味苦，不適口。

結果毀了解鹽。另一位是長袖善舞，擅長以製造通貨膨脹來聚斂錢財的權臣蔡京。馬端臨又說：

崇寧間，蔡京始變鹽法，俾商人先輸錢，請鈔赴鹽郡授鹽，欲囊括四方之錢，盡入中都，以進羨要寵。鈔法遂廢，商賈不通，邊儲失備，東南鹽禁加密，犯法被罪者。民間食鹽，雜以灰土。解池天產美利，與糞壤俱積矣。

　　結果也壞了解鹽。因為提高數量往往就會犧牲品質，「物美價廉」的圓滿目標，在實踐過程中卻很難實現。其實，北宋中期的江鄰幾就指出過：「解池鹽歲課愈多而不精。耆老云：每南風起，鹽結，須以耙翻轉令風吹，則堅實。今任其自熟，其畦下者率虛軟。」所以，解鹽之災其實也是「託言天災，實為人禍」。

　　這樣的泡沫經濟倒也延續了幾年，於是就捉襟見肘，窮相畢露了。宣和七年（西元一一二五年）十二月，徽宗不得不下了一道〈罪己詔〉，承認「賦斂竭生民之財，戍役困軍伍之力。多作無益，侈靡成風。利源酤榷已盡，而謀利者尚肆誅求，諸軍衣糧不時，而冗食者坐享富貴。災異謫見而朕不悟，眾庶怨懟而朕不知。追唯已愆，悔之何及！」其實他不後悔也不行，因為此刻金兵已節節南下了。金人入汴梁的最初目的，就是根據徽宗君臣的誇耀向宋廷索要財富，標出的明碼實價是「黃金一千萬錠，白銀二千萬錠，帛一千萬匹」。結果搶空宋宮，刮盡汴梁，也僅得到了「黃金三百萬錠，銀八百萬錠」。[224]俗云「慢藏誨盜」，但誇富賣弄，尤易「誨盜」。至於北宋覆亡之起因，究竟是在於「農民起義」，還是「財政崩潰」，盤根錯節，複雜糾葛。該是研究

224　參《續資治通鑑・宋紀九十七》。金國史料亦言第一次率金兵圍汴梁時，就聲言「京城破在頃刻，所以斂兵者，徒以少帝故。所以存趙氏宗社，恩莫大焉。今欲議和，需犒師之物金五百萬兩，銀五千萬兩，牛馬萬頭，表緞百萬疋。」（文淵閣四庫全書《欽定重訂大金國志》卷四，第2～3頁）金人第二次攻破汴京時價碼翻了一番，「索金一千萬錠，銀二千萬錠，縑帛如銀之數。自御馬而下在京共七千疋皆歸於我。」（《大金國志》卷五，第21頁）《大金弔伐錄》載金主在「併入御筆誓書」的《事目》中提出的條件是「金五百萬兩，銀五千萬兩，雜色表緞一百萬疋，裏絹一百萬疋，馬牛騾各一萬頭，駝一千頭。」（第32頁）欽宗忙不迭一口答應：「盡據城中所有，內自宮禁係官司，與士民宮觀寺院等處，已行根刷。慮或不足，須至稍寬期限，更於河北州縣及外路州軍起發送去。」（第34頁）不是虛意敷衍，就是意度能夠「根刷」得到，破財免災。不料「累日下令於民間根刷金銀，告諭之法不問奴婢親戚，隱藏之罪至於籍沒家貲，專命大臣諭以禍福，分遣庶僚廣行敛取」，可謂專政手段用到極處，結果才湊集了「金共五十一萬七千餘兩，銀共一千四百三十萬二千餘兩。雖未足六停之數，而實已竭盡公私之藏。」（〈遣李梲持寶貨物折充金銀書〉，第46頁）破城以後甚至有金將率騎兵七百餘入宮索金，一人一金，「時左藏庫金帛已竭，乃於宮中索得金釵釧鈿等共八百餘兩與之，不謝而去。」（《南渡錄》卷一，第189頁）

兩宋政治和財政之專家費力去縷述爭論的事，按下不表。

這證明徽宗封賜關羽，自有特別實惠的考慮：一是解鹽事關國庫，萬不能掉以輕心；二則是因為解池附近既然已有關廟祭祀，索性多磕一頭。「寧可信其有，不可信其無」本為奉神之慣常心態，何況徽宗這樣頑冥不化的佞崇者呢？順勢加封，錦上添花，也是理所當然的了。

解鹽與國家財政

鑑於「關公斬蚩尤」的說法並非北宋鄉人傳說，而是來自宋末元初的記述，從傳說學角度看來，更多帶有對解州池鹽對國家財政重要性的「想像」作用。因此對金元明清財政中解鹽作用也須扼要清理，俾以見出這個傳說所以流傳甚久的緣由。

曾敏行（西元一一一八年至一一七五年）《獨醒雜志》卷八言：

李若水（西元一○九三年至一一二七年）為大名府元城，尉日，有村民持書一封。公得書讀竟，即火之。詰其人「何所來？」對曰：「夜夢金甲將軍告某曰：『汝來日詣縣西，逢著鐵冠道士，索取關大王書，下與李縣尉。』既而如夢中所見，不敢隱。」公以其事涉詭怪，遂縱其人弗治。因作絕句記之，曰：「金甲將軍傳好夢，鐵冠道士寄新書。我與雲長隔異代，翻疑此事大荒虛。」公初以書付火之時，母妻子弟驚訝求觀，弗獲，獨見其末曰「靖康禍，有端公卒踐之」之語。其後二聖北狩，公抗節金營，將死而口不絕罵，則知天生忠義，為神物已預知在先也。

這裡出現「關大王託夢李若水」的故事，當然有激勵忠烈之意。但其背景卻不單純。靖康元年（西元一一二六年）十一月金人渡河，向宋欽宗索要「兩河」（河北、河東兩道），提出劃黃河而治時，李若水曾

擔任過「河東大金軍前告和副使」。[225] 在這些文書交涉中，李若水充當
了不同意交割河東的角色。事實上在後來的換文裡，宋廷提供的交割河
東道諸州名目中，仍然明確地拒絕列入解州所在的河中府，而在金人清
單裡，則針鋒相對地列明了該地。最終宋廷拗不過金人強索，從此解池
源源不絕的鹽業收入只能成為南渡君臣的「夢中財富」了。

金朝同樣把解鹽作為國家財政的基石。《金史》卷四十九〈食貨志
四〉言：

> 鹽。金制，榷貨之目有十，曰酒、曲、茶、醋、香、礬、丹、錫、
> 鐵，而鹽為稱首。

鹽使司官階為正五品。在占領解池後，解鹽「鈔引則與陝西轉運司
同鬻，其輸粟於陝西軍營者，許以公牒易鈔引。」其行銷區域為「河東
南北路、陝西東及河南南京府、陝、鄭、唐、鄧、嵩、汝諸州」。正是
中原與南宋對峙的前沿各地，也自然會延續北宋的關公崇拜。因解鹽引
起的關公崇拜和經濟利益，也相應擴大到這些地區。「關羽崇拜」能於
「正其誼」外也「謀其利」，「明其道」時亦「計其功」，對當時當地
百姓來說有著特別實惠的意義。

宣宗興定四年（西元一二二〇年）面臨宋、蒙古及西夏兵夾襲，還
曾「以河中西岸解鹽舊所易粟麥萬七千石充關東之用。尋命解鹽不得通
陝西，以北方有警，河禁方急也」。可見金人猶如宋人，亦對解州池鹽
倚重甚深。今存解州常平村關羽祖廟傳為關羽母親投井處金代瘞塔，上
嵌金大定十七年（西元一一七七年）銘碑，文曰：

---

225 參佚名《大金弔伐錄》，收入上海書店影印神州國光社 1951 年版《中國內亂外禍歷史叢書》之
《避戎夜話》）卷三「文獻資料」〈李若水狀〉、〈宋主書（告和，願割河北三鎮）〉。

　　關聖於靈帝光和二年己未，憤以嫉邪，殺豪伯而奔。聖父母顯忠，遂赴舍井而身歿。至中平元年甲子，裡人為帝有扶漢興劉之舉，遂建塔井上。

　　還有一方記載「祖塔」修建經過的碑文〈漢關大王祖宅塔記〉，亦云：

　　義勇武安王世祖解人，興於漢靈帝中平元年甲子，輔蜀先主，佐漢立功。伏以大王勇略，天資英謀神授，盡忠義於先主不避艱難，棄富貴於曹公豈圖爵祿？當時志氣，曾分主上之憂；今日威靈，猶賜生民之福。今者本莊社人王興將一千五十四年前祖塔重修加完葺，伏願神靈降佑，一境之中，萬事清吉，風調雨順，國泰民安。開為紀略，記大王威德之萬一。深負惶恐。大金大定十七年丁酉三月十五日，張開謹言。[226]

　　末署「直下封村柳園社王興立石」，頗疑此「下封村」即為今日常平村（里）之舊名，亦是後世傳說中關羽之籍里「下馮村」。清人梁章鉅所記民間傳說「指關為姓」中曾說關羽原姓「馮氏」，也應當緣此而來。可知不僅托祖，連關羽祖宅祖廟的問題，早在金代就已經擺在了日程之上。其延續關羽崇拜風習，亦當為後世喧騰一時的「關公斬蚩尤」的傳說增添色彩。元雜劇有「關羽斬蚩尤」的劇目，源於祭賽的山西運城地區的鑼鼓雜劇，至今仍有該劇，據認為本屬宋代村落百戲之一。[227]

　　蒙古軍於窩闊臺汗三年（宋紹定四年，金正大八年，西元一二三一年）占領河東後，首先加強了對鹽池的控制，藉以擔負龐大的軍費

226　《山右石刻叢編》二十一卷，第 153～158 頁。並記言：石高一尺三寸五分，十四行，每行十七字。末題一行，行二十三字，均正書。塔在解州東二十里。胡聘之按：今《解州志》：「漢關聖先塋在州東十八里石盤溝，三面條峰，前臨鹹海，深藏秀雄，為誕聖靈區。墓麓有關聖祖塋墓道碑。又里許，有常平村古廟，相傳為關氏祖宅。有塔屹立。金大定十七年里人王興重修，有碑記文，寥寥數語，辭意近俗。追敘原起處。」

227　墨遺萍《蒲劇小史》，油印本。

開支。為了加大池鹽的生產規模及徵收鹽課的方便，五年後（西元一二三六年）以鹽運使姚行簡繪圖獻議，開始「芟莽夷榛」，特別設立河東都轉運鹽使司，並於解池北岸之潞村續建新城，今日之「運城」即由此得名。[228]

元廷重商，鹽池寶產即為其牟利之要。故蒙哥汗於西元一二五三年征蜀時，已把解鹽當作一池籌措軍費的聚寶盆：

> 癸丑歲，今上皇帝方經略川蜀，規措軍儲用度。……嘗聞天下名山大川，有能產財用者，考之祭法，宜在祀典。況茲寶池，歲出億萬計，所以佐國用，備邊儲，通贓賈之貨，省飛挽之勞。誠公家之外府也，財用之產，孰逾於此？[229]

關於鹽業財政對於元代社會的影響，陳高華曾作出過這樣的猜想：

> 世祖晚年（至元二十六至三十年間），全國鹽產為一百七十餘萬引，此時鹽價為每引中統鈔一錠，鹽課收入應為一百七十餘萬錠。至元二十九年，「天下所入二百九十七萬八千三百五錠」。以此計算，鹽課占「天下所入」百分之五十六至五十七左右（原注：我認為所謂「天下所入」並非全部財政收入，而是財政收入中的錢鈔部分，不包括實物）[230]

元代前期解鹽在鹽政中佔有最大份額，至元乙酉（西元一二八五年）王利用〈復立解州鹽司碑〉言：

228　延祐時更潞村名為「聖惠鎮」，漸築池神廟、學宮、譙樓和隸役處所。至正十六年（1356）那海德俊任鹽運使時始築城，以形制略似，名「鳳凰城」，後因鹽運司所在而名「運城」。

229　〈解鹽司新修鹽池神廟碑〉，《山右石刻叢編》卷二十七。

230　〈元代鹽政及其社會影響〉，輯入南京大學歷史系元史研究室編《元史論集》，人民出版社 1984 年 11 月出版，第 307 頁。

　　我大元經始之用，仰於有司，或租或庸，或徵或調，收鹽鐵之算，
程榷酤之利，而鹽為諸賦之首，解之鹽又諸醝之首也。[231]

　　而續後〈鹽池神廟記〉則言：

　　凡舟車之運。徧梁、雍、陝、洛，河東、河內之境，數千里皆食其
利會。其歲之入以緡計者二千萬。[232]

　　如此「天生之財」，唯有敬神以答靈貺，何況處於元代的社會宗
教大環境中。於是元廷不斷修葺鹽池神廟。早在蒙哥汗三年（西元
一二五三年）李德輝即奉旨在原靈慶祠廢墟上重建神祠，並賜廟號曰
「弘濟」。此後陸續加封王號，擴大祠宇，代有增飾。關羽神祠亦赫然
其間，成為繼鹽池自然景觀之後河東又一人文景觀，今為運城鹽業博物
館所在地。日人妹尾彥達認為：

　　皇慶二年（西元一三一三年）池神廟新建時，還沒有池神廟內關羽
祠廟之記錄，而明嘉靖十四年（西元一五三五年）重修時，關羽祠廟已
經存在鹽池神殿西邊。池神廟內關羽祠廟的建築年代不明。但如上述，
在關羽信仰普及的元代末期，可能已經建築完成，並可推測以祀東西兩
池神的鹽池神為中殿，以祀中條神及鹽風神（風洞神）的神殿為東殿，
以祀關羽神殿為西殿之三殿制已經成立。[233]

　　如此說成立，則關公繼宋金之後，再次成為解池保護神。

　　另一值得注意之點，則是漢傳佛教在當陽玉泉寺崇奉關羽的同時，道
教尤其是正一派卻依舊掌管著解州關廟的祀奉。王緯〈泰定修廟記〉云：

231　四庫本《山西通志》卷一百九十六。

232　四庫本《山西通志》卷二四〇。

233　參〈河東鹽池的池神廟與鹽專賣制度〉，載《第二屆國際唐代學術會議論文集》，臺灣文津出版社
　　　1993 年出版。

聖朝至元三年，宗師應靖真人姜善信[234]奉世祖旨，護持本朝。凡廟之恆產悉主之，俾修其廟。姜公兩建道院於廟左，即今崇寧宮。

大德七年地震廟壞，[235]提點崇寧宮張志安撤而新之。嘗行部至解，躬謁於廟，遍觀厥成。……志安，應靖之孫。[236]皇慶元年又奉仁宗旨。護持之初，志安與其眾勞心勤力，言於州，州董其役，仍率僚佐屬縣，皆割俸以助，百工獻藝。[237]

可知解州關廟仍由正一派道士主持，但元末似乎失去了控制。陳獻〈至正飾廟記〉言：

王解人也，生為漢名將，歿為解土神。廟在治城之西，壯麗魁於寰宇。郡人有蔡榮者，睹其神廟頹圮，乃作而新之，至今三十餘載。其子玉，念先志之未就，復施材傭工以噴飾之。郡文學薛彝偕玉丐文。予謂：「一王之勳業，《漢史》所書，其英風義氣，使人慕為善之福，懼為惡之禍，誠有助於風化。」[238]

---

234 姜善信，趙城（今屬山西臨汾市）人。年十九，自稱太公望之後。師從華山道士靳貞常，修行有成，能推知未來事，聲名知於江湖。忽必烈「在潛邸時召問，事多驗。及即位，三見徵聘，奏對多所裨益。」後善信募建龍門建極宮，世祖敕賜額碑，並手書殿閣額圖。亦奉世祖命修築平陽堯陵。至元十一年卒，年八十七。李盤有〈敕賜靖應真人道行碑〉，輯入《山右石刻叢編》卷二十七。

235 2003 年 3 月在山西臨汾市永和縣發現的一塊元代碑記言：「平陽一路傷死人口：戌時地震，平陽一路人口死傷一十七萬六千三百六十五口，五萬四千六百五十戶，大德七年八月初六日戌時地動，鐵羅村李善。」(http://www.people.com.cn/GB/wenyu/68/20030311/941504.html) 著名的洪洞縣廣勝寺前佛殿即毀於這次地震。

236 「應靖之孫」當指張志安，為張道陵法裔。按宋徽宗大觀二年封張道陵為「正一靖應真君」，宋理宗嘉熙三年封三天扶教輔元大法師靖應真君，元成宗元貞元年（1295）加封正一沖元神化靜應顯佑真君。

237 《解梁關帝志》卷三〈藝文上〉。又王緯另有〈重修鹽池廟碑記〉，輯入四庫本《山西通志》卷一百九十六〈藝文〉。其中談到延祐年間鹽池神廟重葺，「命翰林臣緯，恭承明詔」云云。或即其人。文中也提到「役夫萬餘，畚鍤雲集，曾不逾旬，袤如山積。舟車之運數千里，皆食其利。其歲之入以緡計者二千萬。」

238 同注 [69]。

　　元代中期隨著漕運通暢，淮鹽比重大為提升。一項統計說，鹽賦占當時國家總收入的百分之八十。而淮鹽賦稅收入又占全國鹽課稅總收入的三分之一到三分之二。關羽崇拜因之迅速延伸到淮上。馮子振〈廣陵修廟碑記〉寫得大氣磅礴：

　　大丈夫忠憤不酬於尺寸，而廟食滂沛於九州島；功名不留於須史，而義烈感慨於千古。長河之北，大江之南，陋之而偏州，迂之而僻縣，杗然數十家之聚，輒集金券地，畫土伐木，寧鶉衣百結，不敢虛丹艧於雲長之祀事；寧蝸涎一角，不敢乏牲酒於雲長之歆宮。矧大邦劇邑，人物充斥之鄉乎！

　　四百年赤帝之璽，睅睍於僥倖一旦之奸凶。劉表無意於中原，劉虞殞命於幽朔，卯金刀之冑，僅懸其一縷之緒於樓桑大耳之衰宗。雲長奮起河東，與玄德遇，自爾周旋艱險，投澗抵隙，未嘗不身親其間。識者謂斬顏良於白馬之圍，不如破孟德於赤壁之門；爭魯肅於益陽之瀨，不如降于禁於襄陽之功。功勳垂成，腋下為厄，有志之士，蓋深悲之。

　　嗚呼，劉玄德輾轉於公孫，羈縻於呂布，棲遲於袁紹，進無容足之地，退無寄跡之鄉。四方響應之初，乍合乍散，乍奔乍離，殆不知其幾矣。而雲長不肯輒去，去輒復返，所謂「主在與在，主亡與亡」者也。

　　人間梗梗橛橛之夫，後雲長千數百載，所以願為之執鞭，不慕王之剪敵萬人，不慕王之雄視百代，不慕王之塊土聚三分之漢鼎，不慕王能赤手擎一面之荊州。其拳拳向雲長之心，特以其當賊操九州之地已有其七之時，支吾扶植，技窮力竭，而不忍背棄流離顛沛之玄德耳。彼張翼德亦猶是也。英魂凜凜，雖死猶生矣。[239]

239　廟在揚州舊城三元巷，碑為天曆二年（1329）立，輯入汪鋆《十二硯齋金石過眼錄》卷十八，亦載《解梁關帝志》卷三〈藝文上〉。按馮子振（1251～1348）字海粟，自號怪怪道人，湘鄉（今湖南省雙峰）人。自幼「博治經史，於書無所不讀」。大德二年（1298）四十七歲登進士第，人稱「大器晚成」。召為集賢院學士、侍制，以「輪番值日，以備顧問」；繼授承侍郎，連任保寧、彰德節

其中「主在與在，主亡與亡」，頗能代表蒙古戰將馳騁歐亞，效忠於上的境況。而「長河之北，大江之南，陋之而偏州，迂之而僻縣，枵然數十家之聚，輒集金券地，畫土伐木，寧鶉衣百結，不敢虛丹腹於雲長之祀事；寧蝸涎一角，不敢乏牲酒於雲長之歆宮」，尤能體現關羽廟祀普及城鄉之情景。

明代初年「禁海」，因此對於解鹽的依賴一度遠勝元朝。不但在解池周圍高築三道禁牆，而且派遣北京錦衣衛所直接管轄，儼然「中央特區」。晚明「通海」後政策放寬，東南海鹽開採日多，但是解池神廟之供奉卻絲毫不敢懈怠。清承明制，延續了這種祭祀。解鹽在中央財政所占比例雖然大幅下降，但此時關公崇拜早已超越鹽利及解池一隅，擴大成為國家主祀，無處不在，無地不靈的神祇了。另文再述。

度使。晚年歸里著述。史載揚州〈漢壽亭祠碑記〉由蘇昌齡起句，馮子振脫草，趙孟頫書寫，譽為「三絕」，或即此篇。

第四章

道教復興與關公崇拜

道教復興

　　據《新唐書》卷十五〈禮樂五〉，建中三年（西元七八二年）置武成廟時，關羽已是從祀之一。《宋史》卷一百五〈禮八〉載：宋初復建廟，亦有孫臏、關羽等，並「詔孫臏等各置守塚三戶……其有開毀者，皆具棺椁、朝服以葬，掩次日致祭，長史奉行其事。」則其當陽葬地原應有護墓舊廬及塚戶，唯因後來趙匡胤以「取功業始終無瑕者」一度被黜。[240] 張商英敘述的「有陳氏子，忽作公語」云云，即是以陳氏子為靈媒，傳達關羽之神意。只是玉泉道場本為佛教寺院，何以也有傳語「降神」之靈跡？當是踵繼道教法術而致。但傳說中徽宗召張天師事，亦非空穴來風。據《續資治通鑑》卷八十九〈宋紀八十九〉載：

　　崇寧四年五月，壬子，賜信州龍虎山道士張繼元號虛靜先生，漢張道陵三十代孫也。張氏自是相襲為山主，傳授法籙者，即度為道士。

　　這個日子實際上正在六月解池修復，大張賀典之前。但兩事踵接，關係到道教與關羽崇拜之始，頗有辨析的必要。張繼元，後文作張繼先。

　　說來道教自漢末黃巾「太平道」及張魯「五斗米教」政教合一組織之初始，就以「致太平」為號召，故對政治參與有特別的關懷。近人傅藏園（增湘）〈《漢天師世家》跋〉云：

　　（張）魯據地自王，以鬼道教民。然其旨主誠信不欺，作義舍以止行人，治道路以除罪過，禁酒禁殺，皆因其俗而施政，為民夷所便樂，其後封完府庫，歸命魏祖。五子封侯，保土安民。

240　此次黜降孫臏、廉頗、關羽、張飛等二十二將事，亦有可說者。以與本文關係不大，擬於另文〈宋代理學與關羽崇拜〉論及。

　　實際上從漢末以來，道士的身影一直活躍在中國政治舞臺上。他們或者以讖語緯言製造政權輿論，或者以祈禳齋醮為國家趨利避害，或者以駁難論衡撼動人主視聽[241]，或者以奇學絕藝影響曆法樂律。自分為丹鉛、符籙兩大派後，亦各以其長服務宮廷。晚唐五代道教一方面出現了閭丘方遠（？至西元九〇二年）選錄《太平經鈔》，羅隱（西元八三三年至九〇九年）撰著《太平兩同書》，總結歷史經驗，探尋長治久安之術；另一方面又有杜光庭（西元八五〇年至九三三年）參酌儒家倫理，全面修訂道教的齋醮科儀，符籙派也一直躍躍欲試，希望一展身手。現在，這個時代終於到來。

　　宋代是收拾殘唐五代之混亂局面後開創的一統江山，也是道教大發展及系統化之關鍵朝代。關於宋代開國君主與道教之關係，一直有許多傳說。比如釋文瑩在《湘山野錄》中，就說趙匡胤兄弟未發跡前曾與一自稱「混沌」或「真無」的道士遊於關河，三人每劇飲至醉。御極後不再見，下詔於草澤遍訪之。又說趙氏兄弟與趙普遊長安，遇陳摶共飲。[242] 甚至有趙氏母為逃避戰亂挑兄弟於籃，適為陳摶所見，吟詩「莫道當今無天子，都將天子上擔挑」的說法。[243]《水滸傳》開卷亦云：

　　那時西嶽華山有個陳摶處士，是個道高有德之人，善辨風雲氣色。一日騎驢下山，向那華陰道中，正行之間，聽得路上客人傳說：「如今東京柴世宗讓位與趙檢點登基。」那陳摶先生聽得，心中歡喜，以手加

241　筆者另有〈三教論衡與唐代俗講〉辨析這個問題，載《周紹良先生欣開九秩紀念文集》，北京：中華書局 1997 年 5 月。有興趣者不妨參看。

242　參魏泰《東軒筆記》（中華書局校點本，1983 年 10 月）卷之一及宋乾道間人委心子《新編分門古今類事》第二卷〈帝王運兆門下〉「陳摶睨趙」條。注謂「出《朝野雜錄》」。可見時人津津樂道。又追本溯源，「降神」之說來自《春秋》「莊公三十二年」的一段著名的記載「有神降於莘」，杜預《春秋經傳集解》（上海古籍出版社校點本，1986 年 7 月版）注此，曰「有神聲以接人」。趙光義之「降神」即是「神聲以接人」，非如關羽在趙估面前突現其形，「大身克庭」。

243　《古謠諺》引《神仙傳》，見《宋人軼事彙編》卷一。

額，在驢背上大笑，擷下驢來。人問其故，那先生道：「天下從此定矣。」

這些記敘雖不能證實，但從《宋史・太祖紀》中周世宗在世時已有「點檢作天子」的讖語和陳橋驛兵變時「軍中知星者揚言『日下復有一日，黑光摩蕩者久之』」的記載看來，傳說之辭決非空穴來風。

案北宋諸帝俱崇道，尤以太宗[244]、真宗、徽宗三帝為甚，使道教發展自唐五代以來更上層樓。李燾記敘著名的「斧聲燭影」之謎時，就已經出現了一位道士的身影：

初，有神降於盩厔縣民張守真[245]家，自言「我，天之尊神，號『黑殺將軍』，玉帝之輔也。」守真每齋戒祈請，神女降室中，風肅然，聲若嬰兒，獨守真能曉之。所言禍福多驗，守真遂為道士。上（按即太祖）不豫，驛召守真闕下。壬子（按指開寶九年，即西元九七六年）命內侍王繼恩就建隆觀設黃籙醮，令守真降神。神言：「天上宮闕已成，玉鑰（鎖）開。晉王有仁心。」言訖不復降。（此據《國史・符瑞志》，稍增以楊億《談苑》。《談苑》又云：「太祖聞守真言，以為妖，將加誅，會晏駕。」恐不然也。今不取）上聞其言，即夜召晉王，屬以後事。左右皆不得聞，但見燭影下晉王時或離席，若有遜避之狀。既而上引斧戮地，大聲謂晉王曰：「好為之。」（此據吳僧釋文瑩所為《湘山野錄》，

244　趙光義本人似乎也修成「半仙之體」。《湘山野錄》卷中：「太宗善望氣。一歲春晚，幸金明，回蹕至州北合歡拱聖營，雨大下。時有司供擬，無雨仗，因駐蹕轅門以避之，謂左右曰：『此營地他日當出節度使二人。』蓋二夏昆仲守恩、守贇在營，方屮。後侍真廟於藩邸，當龍飛，二公俱崇高。後守恩為節度使，守贇知樞密院事，終於宣徽南、北院使。」（中華書局，1984 年，第 32 頁）無論事之有無，這種說法都代表宋人對趙光義神祕能力的說詞。

245　李燾曾懷疑當初與趙匡胤兄弟同遊「關河」的道士「混沌」就是張守真，參《續資治通鑑長編》卷十七辨析蔡惇〈直筆〉載「太祖召陳摶入朝，宣問壽數」事。（北京：中華書局，1985 年，三冊，卷十七，第 379 頁）雖然於史無據，但張以一「黑殺神」代言，而能侍奉宋初三代皇帝，干預宮廷政治幾達三十五年，既主持國家齋醮祈禳，又參與廢立征戰之大計。以「神道設教」而言，其影響力當不在名相趙普「半部論語」之下，事實上連趙普亦常向張守真請益。惜乎熱門宋史，尚未見到此事之專題研究。

正史、實錄並無之）[246]

咸平二年（西元九九九年）立於盩厔縣終南山上清太平宮之〈聖宋傳應大法師行狀碑〉，為張守真徒子徒孫誦其德所立，也是有關當事人最接近於事件發生年代的文獻。其中記錄此事過程亦最值得注意：

開寶□年，太祖皇帝□□□□□□□□□馳驛臣目□，是年十月三日赴命，越十日，□□東都，趨文陛。天子被□，百辟劇敕。法師對揚，神氣自若。左右為之動容。上詢遇真君神異事，法師具對，□□□□□□□□□□謂法師曰：真君降言，有類此乎？對曰：若陛下不之信，棄臣市，可驗。無目人聲，媟嬻上聖。帝然之曰：果正直之□。即日詔憩建隆觀。十九日，太祖上仙，二十一日，太宗皇帝嗣統，命法師瓊林苑醮謝上帝，結壇施法，至誠幽贊。潛通穹昊，真君降曰：大宋宗社□永時。太宗伺午夜祕殿，底誠稽首，再捧謝曰：仰賴上真，福浸生靈。誓當修奉。禮畢，□□師西歸。[247]

這裡面談到了趙匡胤召見張守真時，承認確實曾因「真君降言」發生過言語衝突，可惜恰巧這一段關鍵文字漶漫，不能得情實，頗疑其語為「媟嬻上聖」的謠言，而由張守真以「棄市」賭咒自誓的情形看來，當時衝突的性質必定是十分嚴重的，肯定不止「天上宮闕已成，玉鏁開。晉王有仁心」這樣幾句。最重要的是趙匡胤死於此後六天，其間還發生過什麼事情？趙光義在不在場？卻又諱莫如深，令人生疑。但是

246　《續資治通鑑長編》卷十七，第 377 ～ 380 頁。又畢沅《續資治通鑑》此條亦引有幾條不同記敘，並有所辨析，可以參看。以其無關本文大旨，不贅。另釋文瑩《續湘山野錄》（中華書局，1984年，第 74 頁）、邵博《邵氏聞見後錄》卷一亦有相似記載，（中華書局，1983 年，第 2 頁）可知這種說法在宋代士人中頗為流行。

247　輯入王昶《金石萃編》卷一百三十四〈宋十二〉，北京：中國書店影印本，第四冊。又蘇軾〈出府記〉言：「（嘉祐王寅二月）十七日寒食，自盩厔東南行二十餘里，朝謁太平宮二聖御容。此宮乃太宗皇帝時，有神降於道士張守真，以告受命之符，所為立也。神封翊聖將軍，有殿。」可知其時猶廟貌莊嚴。

可以肯定的是，趙光義登基之後置宸幾萬事於不顧，首先就搞「午夜祕殿」，禱謝真君，並立誓修奉，也有乖常情。[248] 難怪後人每生疑竇了。

至於這樁千古懸案的真相為何，歷史學家已經追究多年，考慮到此碑立碑時間實較元末《宋史》修成，甚至南宋李燾之著還要早上百年，且碑版之莊重公開，又非文人私記所可比擬，可補史書之缺失。但畢竟與本題關聯不大，姑放在一邊，只說與本題有關的「降神」。

從結果上看，成於北宋的道教典籍《雲笈七籤》卷一零三〈翊聖保德真君傳〉[249] 中分明記載著許多情事，證實「降神」在趙光義時代仍然在繼續並且影響極大。例如趙光義嗣位後，尋召張守真於瓊林苑為周天大醮，作延祚保生壇。醮罷，神降言托內臣王繼恩轉致君王，日：

建隆元年奉帝言：「乘龍下降衛人君。掃除妖孽猶閒事，縱橫整頓立乾坤。國祚已興長安泰，兆民樂業保天真。八方效貢來稽首，萬靈震伏自稱臣。親王祝壽須焚禱，遞相虔潔向君親。吾有捷疾一百萬，諸位靈官萬該（一作『陔』）人。若行忠孝吾加福，若行悖逆必誅身。賞罰行之既平等，天無氛穢地無塵。愛民治國勝前代，萬年基業永長新。」太宗覽之，稽首稱謝曰：「家國之幸！宗廟之幸！虔荷上聖賜以（一作「此」）格言。」

此後，在太平興國初、六年、七年及至至道初年，張守真屢奏黑殺神降臨之言。因此趙光義於太平興國六年（西元九八一年）敕封太平宮黑殺神為「翊聖將軍」。

248　《金石萃編》卷一百二十五輯有太平興國五年（980）徐鉉撰碑〈上清太平宮碑〉和端拱元年（988）王化基撰文〈上清太平宮鐘記〉則是更早的有關「真君降神」的文獻，有興趣的讀者亦可參考。以其枝蔓不贅。需要說明的是，這口大鐘本為樓觀道所有，太平興國五年三月奉敕移於太平上清宮。也是道教教派勢力消長的一個小插曲。

249　《正統道藏》第五十四冊。

可知兩則記敘中之「降神」，實則關乎宋代國祚，而最初臨降之神翊聖保德真君，無疑為北宋護國之神。[250]

《四庫全書總目‧子部‧道家類存目》謂王欽若〈翊聖保德傳〉言：

> 翊聖真君降蠱屋民張守真家，太祖、太宗皆崇信之。蓋自張魯之教有三官，天、地之外，獨有水官，而木、金、火、土不與，故道家都尊玄武。此所謂「翊聖真君」，即玄武也。

四庫館臣雖稱飽學宿儒，但此言不確。按高承《事物紀原》卷二引宋初楊億《談苑》，謂「翊聖號黑煞將軍，與真武、天蓬等列為天之大將。」又據《建炎以來朝野雜記》卷二述，趙構在靖康間入質於金，將上馬，有小婢招兒獨稱見有四金甲神人護衛，構母顯仁後寧信其有，言：「我事四聖香火甚謹，必其陰助。及陷虜中，每夕夜深必拜四十拜。」紹興十四年敕命於京城建「四聖延祥觀」，「奉天蓬、天猷、真武、翊聖四將」。可知「翊聖」和「真武」本來在兩宋並世而立，各自稱尊。只是趙構無嗣，太宗一系之近支親屬又被金人掠到漠北，故不得不傳位於長房（即趙匡胤後裔）趙昚（即宋孝宗）。趙昚則因帝系遷移，另建祠廟以奉真武為帝室護佑神，所以真武漸顯，而翊聖漸隱，遂誤以兩神為前後承襲耳。此為另話，後文再談。

250　不知何故，這位「翊聖」雖然君臨天下，卻偏偏懼怕「散仙」劉海蟾。何薳《春渚紀聞》（中華書局校點本）卷三《雜記‧翊聖敬劉海蟾》條：「真廟朝有天神下降，憑鳳翔民張守真為傳靈語，因以『翊聖』封之。（筆者案：張守真逝於真宗登基以前，此不確）度守真為道士，使掌香火，大建祠宇奉之。自廟百里間，有食牛肉及著牛皮履革過者，必加殃咎，至有立死者。一日，有人苧袍青巾，曳牛革大履，直至廟庭，進升堂宇，慢言周視而出。守真即焚香啟神曰：『此人悖傲如此，而神不即殛之，有疑觀聽。』神乃降靈曰：『汝識此人否？實新得道劉海蟾也。諸天以今漸入末運，向道者少，上帝急於度人，每一人得道，九天皆賀。此人既已受度，未肯便就天職，折旋塵中，尋人而度。是其所得，非列仙之癯者。我尚不敢正視之，況敢罪之也。』」諺云：「店大欺客，客大欺店」，或者「一物降一物，鹵水點豆腐」，神仙亦然，可知所謂「翊聖」者在仙班之品秩並不算高。又「諸天以今漸入末運」句，豈非《春秋》所謂「將亡，神又降之，觀其惡也」乎？

在〈聖宋傳應大法師行狀碑〉中，曾言：

法師於古終南縣私第仿構北帝宮，塑真君聖像。自是□遠，從□者□奔走求□，日聞神異，故時人呼法師為「通靈先生張黑殺」。

既然普通居民能造出「黑煞神」來，宋代道教其他派別也利用接近皇室的優勢，開始加緊造神。而影響後世比「黑煞神」更大的神祇，正是真武。

真武本名「玄武」，本為龜蛇之像。《楚辭·遠遊》：「召玄武而奔屬。」王逸注謂：「玄武，北方神名。」洪興祖補注言：「玄武謂龜蛇，位在北方，故曰『玄』；身有鱗甲，故曰『武』。」《史記·天官書》：「北宮玄武，虛、危。」《正義》：「南斗六星，牽牛六星，並北宮玄武之宿。」意謂星象。同時又是方位象徵。《雲麓漫鈔》卷九：

朱雀、玄武、青龍、白虎，為四方之神，祥符間避聖諱，始改玄武為真武，玄冥為真冥，玄枵為真枵，玄戈為真戈。

可見當時之真武，亦非無上神靈。天禧二年（西元一○一八年）閏四月，奏稱皇城拱聖營西南真武祠側出「靈泉」，病者飲之多癒。真宗即命於其地建祥源觀。《續資治通鑑》卷三十四：「祥源觀成，觀宇凡六百一十三區。」卷五十五：至和元年（西元一○五四年），「新修醴泉觀成，即祥源觀也。」已經呈現躍升態勢。《朱子語類》則云：「所謂『翊聖』，乃今所謂『曉子』者。真宗時有此神降，故遂封為真君。」

明洪武時（西元一三六八年至一三九八年）方孝孺為寧海（今浙江寧海市）關王廟所作碑記中，就有「炎光中滅寰宇分，奸雄巨猾胥噉吞。穢腥上聞帝為顰，大統重畀高皇孫。飭令神人下天閽，虬髯虎眉

面赤璊。寶刀白馬提三軍，驅斬群盜如孤豚」[251] 等語，顯然承襲《真武經》中真武降神的說法。只是關公後來居上，在晚明開始全面超越真武，清代則基本替代了真武的神功，也是儒家默認的，以歷史人物榜樣代替虛幻神靈設教的主張最終占了上風的緣故。我們再看《三教源流搜神大全》或者《關聖帝君聖蹟圖志》有關關羽封神的說法，就會發現與此有幾分相似之處，不過改成了宋真宗下詔，王欽若舉薦，張繼先發符。而關羽招領五嶽四瀆及陰兵，前往會戰的情形，亦依稀再現。

明成祖時崇奉真武尤盛，蓋緣朱棣以燕王藩邸，南下爭位，亦須假憑神意。這一次替他出主意的，卻是一名和尚道衍（姚廣孝），可知真武崇拜已經融會佛道。傅應麟《明書》卷一百六十〈姚廣孝傳〉言，朱棣決意發兵「清君側」時，曾問計於廣孝，對曰：

> 「未也，俟吾助者至。」曰：「助者何人？」曰：「吾師。」又數日，入曰：「可矣。」……祭纛。見披髮而旌旗蔽天，太宗（朱棣）顧之曰：「何神？」曰：「向所言吾師，玄武神也。」於是太宗仿其像。

這當然是託言，真實原因是真武神方位屬北，正類於毘沙門天王。後來嘉靖入主，改以南方赤帝為佑，真武崇拜才逐漸為關羽所替代。後話不提。

又朱棣大軍攻下南京後，建文帝的去向成為歷史疑案。他如順江而下，則可能達於海外；若溯流而上，則可能沿長江，轉漢水，直達武當。故朱棣即位伊始，便一面於永樂三年（西元一四〇五年）開始，七次派遣親信太監鄭和下西洋，沿途細細尋訪，並向海外公開宣示明廷易主；另一方面又以姚廣孝「望氣」所言，於永樂十年（西元一四一二

251　四庫本《遜志齋集》卷二十二。

年）派親信太監及隆平侯張信等為首領，發兵丁民夫二十餘萬，以三十年時間從容修建武當山真武宮觀，以自己的保護神鎮壓其地「王氣」。[252] 使崇奉真武的香火臻於極盛，並從當時全真道之說，以關羽為真武麾下四大元帥之一。

其實「降神」之說，五代已盛。[253] 鄧子琴《中國風俗史》第五章〈唐末五代風俗〉第四節〈民俗信仰中之壞風習〉中，曾列「神怪之談」為其一。其中縷述後唐明宗、李專美、馬裔孫、司馬詡、張泌、袁象先、朱友謙（即李繼麟）、張承業、史匡翰、趙瑩、張籛諸傳所載有關降神之事件，其中五十九〈袁象先傳〉言：

> 會淮寇大至，圍迫（宿）州城，象先殫力御備。時援兵未至，頗懷憂沮。一日登北城，憩其樓堞之上，恍然若寢。夢人告曰：「我，陳播也。嘗板築是城。舊第猶在，今為抗軍舍，可為我立廟，即助公陰兵。」象先納之。翌日淮寇急攻其壘，梯幢角進。是日州城幾陷。頃之有大風雨，居民望見城上有甲兵無算，寇不敢進，實時退去。象先方信神鬼之助，乃為之立祠，至今里人禱祝不輟。

又八十九〈趙瑩傳〉：

> 瑩監修金天神祠。功既集，忽夢神召於前亭，待以優禮，謂瑩曰：「公富有前程，所宜自愛。」因遺一劍一笏，以前官謁之，一見如舊相

---

252 筆者 1996 年尋訪武當時，發現真武宮等系列建築工藝不凡，當地文物專家告知係出大內工匠之手，且與北京紫禁城同時興建。原因為何，卻言人人殊，莫衷一是。回京後因查閱有關載記，作此假說，姑置於此。待有餘裕，再為詳論。

253 釋文瑩《玉壺清話》卷十：「虔州妖賊張遇賢，循州縣小吏也。縣村有神降於民，與人交語，不見其形，言禍福輒中，民競依之。遇賢因置香桉於神，神謂眾曰：『張遇賢是第十八尊羅漢，可留福我。』遇賢親聞之，遂留其家，奉事甚謹。」（北京：中華書局，1984 年版第 105～106 頁）則「降神」一事亦淵源有自。按張遇賢係五代後晉天福七年（942）於南漢循州（治所在今廣東龍川西）率眾起事者。唯奉神者從五代之「羅漢」，一變而為宋初之「道士」，反映著釋、道兩家勢力的消長。又奉神之人多為張姓，是否與五斗米之遺教有關，待考。

識，即奏署管記。

託言「降神」現形以壯軍威，本踵佛教密宗奉毘沙門天王之故技，筆者已於前文述之。而借助「靈媒」傳言，卻分明是道教從原始巫術「靈媒」中想出來的新點子。北宋皇帝崇道之初，道教系統本處於混亂之時，故張守真以平民之身居然能託言通神，干涉朝政。而真宗時的「汀州黥卒」王捷也「自言於南康遇道人，姓趙氏，授以小鐶神劍，蓋司命真君也」，景德四年（西元一○○七年）五月，「真君降中鄭家之正堂，是為『聖祖』」，亦能參與真宗朝天書降神諸事，「而祥瑞之事起矣。」[254]

託言降神以翊護君主的事情，實際上在宋仁宗時代又發生過一次。他曾「加號『上仙隱影唐將軍』曰『道化真君』，『上靈飛形胡將軍』曰『護正真君』，『直使飛真周將軍』曰『定志真君』……於在京宮觀營建殿宇。先是，上不豫，夢三神人自言其姓號，若在左右翊衛之，既寤而疾稍平……特表異之。」[255] 則徽宗因關羽降神護佑而表封「真君」，亦承祖制。

「斬蚩尤」一事除雜劇外，後世《正統道藏》記載的一個故事，所述亦較詳細。據《道法會元‧地祇馘魔關元帥祕法》[256] 載，關羽為北極紫微大帝之主將，稱為「雷部斬邪使，興風撥雲上將，馘魔大將，護國都統軍，平章政事，崇寧真君關元帥」。《道法會元》稱讚關羽「英烈威靈，在生忠勇，死後為神，忠貫日月，德合乾坤」，並且曾「誅砍妖

254　畢沅《續資治通鑑》卷二六。此事在王辟之《澠水燕談錄》卷六、李燾《續資治通鑑長編》卷七一中均有敘述。王捷亦傳達「聖祖」靈命之人，官至左神武軍大將軍。

255　《續資治通鑑長編》卷一九八。

256　《道法會元》為道教道法之大型彙編，共計二百六十八卷。其序作於元代至正丙申（1356），並提及三十九代天師張嗣成，當成於元末。

魔」。例證即是崇寧年間，三十代張天師奉詔往鹽池除孽蛟時，在東嶽廟行香，看到廊廟的關羽神像，問左右此是何神？弟子回答是漢將關羽，乃忠義之神。張天師便遣關羽誅蛟。實時風雲四起，雷電交加，關羽即斬蛟於鹽池上。張天師奏明徽宗，徽宗命召見。關羽現形於殿下，拽大刀執蛟首於前，不退。徽宗擲崇寧錢，封之為「崇寧真君」。天師責之非禮，罰下酆都五百年。

　　宋元之際產生了大量新的道教經籍，對同一神祇出身記敘，有著明顯差異。此項記載中值得注意的，是關羽原為「北極紫微大帝之主將」和「東嶽廟廊廟」神將兩點。案漢代《重修緯書集成》卷六《河圖始開圖》：「黃帝名軒轅，北神也，以雷精起。」（請留意「雷精」之說，詳後）「黃帝名軒，北黃神之精。」同卷《河圖帝覽嬉》：「其中一星，主壽夭。」道教諸神譜系的架構是逐漸形成的，故後起之說較為繁複。《古今圖書集成・神異典》卷一四引《北斗本命經》則以北極星為北七星之「長兄」之一，稱北極紫微大帝（另一為「天皇大帝」），「掌握浮圖紀綱元化，為眾星之主領也。」同卷《老子中經》：「北星也，天之侯王也，主制萬二千神，持人命簿。」故向有「北斗注死」之說，恰與東嶽大帝「主人生死」相近。錢鍾書《管錐編・史記會注考證・封禪書》中，曾參酌前說，探及東漢以來「以泰山為治鬼之所，死者魂魄所依」觀念的由來，可資參考。[257] 而正一派張天師系亦以「治精治鬼」，在道教中獨樹一幟。以此視之，「北極」、「東嶽」兩說，實言關羽乃「治鬼」之神，所以能代表軒轅黃帝去懲治已死妖魅蚩尤之作亂。所謂「罰下酆都」云云，不過得其所哉而已。

　　又《雲笈七籤》亦曾提及關羽：

257　《管錐編》第一冊，第 288～291 頁。

　　吳韜者，汴州開封人也，家富。為魏大將軍，領兵三萬，泝江入
蜀。至戎州，值蜀將關羽總師五萬拒之，與韜水陸大戰。韜素好道，常
持《黃帝陰符經》。是日陣敗，告天曰：「吾聞持《陰符》者，危急之
日，有陰靈助之，喪敗如此，願賜救護。」言訖，有二白衣謂韜曰：「汝
自入峽，縱意殺人，幽魂咨怨，致此亡敗。」韜曰：「危既如此，何以
免之？」二神人曰：「汝速為冤魂告天發願，請修黃籙大齋，拔贖亡者，
如此當免失利。」韜如其言，即為發願。關羽亦已收軍，韜收合敗卒，
直至夷陵屯集。乃修黃籙道場三日，前二神人復見，謂之曰：「冤魂並
已托生諸方，汝亦沾此余福，神兵密衛，必得大勝，慎勿殺人。夫天地
生萬物，一草一葉，尚欲其生長成遂，況人命至重，上應星辰，豈可非
理致殺，恣汝胸襟也！古今名將，不及三世者，為其心計陰謀，殺人利
己。雖立功為國，亦須道在其間，善分逆順，不枉物命，使功過顯明，
即必征伐有功，神明佑助。今蜀不久坐見敗亡矣。」旬月，關羽兵至，
收夷陵。交兵之次，風雷震擊，大雨忽至，羽兵潰散，韜開門納降，得
蜀兵三千，擒其裨將，關羽領兵卻回。自茲蜀亦削弱矣。[258]

　　按戎州為今四川宜賓，漢初沿襲舊稱為僰道，漢武帝建元六年（西元
前一三五年）改為犍為郡，昭帝始元元年（西元前八六年）郡治由今貴州
省遵義市西遷至於此，梁武帝大同十年（西元前五四四年）平定川南一帶
夷僚，為示「鎮撫戎夷」，始將僰道城改稱戎州。但是歷史上關羽從未入
蜀，此故事當後世道教託言所為。此刻關羽顯然還不是道教雷神，否則也
不會「風雷震擊，大雨忽至，羽兵潰散」，反而該趁勝進軍了。

　　而《道法會元》卷二六〇〈酆都朗靈關元帥祕法〉，則逕稱關羽為
張虛靜部下神將，封號「酆都朗靈馘魔關元帥」，手下副將則是「清源

258　《雲笈七籤》卷一百二十〈靈驗部〉四〈吳韜修黃籙齋卻兵驗〉。

真君趙昱」，另有韋錫等飛天八將。實際上，五十代天師張國祥還親自
校有《太上大聖朗靈上將護國妙經》，輯入《續道藏》。這些都是「張
氏世濟其說」的例證。至於正一道派與「關羽斬蚩尤」的關聯，下文
單表。

據《宋會要》禮二〇之六、七，宋神宗曾規定「諸神祠無爵號者
賜廟額，已賜額者加封爵」，爵分侯、公和王三等，女神封號分夫人和
妃兩等，神仙封號分真人和真君兩等。又《文獻通考‧物異考三》「水
災」作者注引：

> 《詳定九域圖志》所言，郡邑祠廟多出流俗，一時建置，初非有功
> 烈於民者。請申敕禮官纂修祀典，頒之天下，以仿先王之命。祀與《圖
> 志》，實相表裡。從之。尋令禮部太常寺修祀典，已賜爵及曾封爵者為
> 一等，功德顯著無封額者為一等。若民俗所建祠，無功德為一等。各系
> 上尚書省，參詳可否。若兩處廟號不同者，取一高爵為定。從之。[259]

可知宋代奉行「神道設教」以後，對於祠廟封賜政策就很寬泛。尤
其是徽宗朝佞道，濫封也達於極致。關羽祠廟初得封賜，並無特別因
由，不像進入南宋以後帶有抵禦外侮之精神象徵的意味。《宋會要輯稿
考校》禮二〇（上）「諸廟祠（上）」即列有「諸葛武侯祠、蜀漢壽寧
［亭］侯祠、蜀將張飛祠、關平祠」等。《宋會要》禮二〇之二九復載：

259　《九域圖志》是北宋官修的地理志圖。大中祥符六年王曾奉命參照唐代《十道圖》修成《祥符九域
　　圖》，以供朝廷確定賦役。熙寧八年由於上次編《九域圖》「歷年茲多，事有因革」，「壤地之有
　　離合，戶版之有耗登，名號之有升降」，朝廷下令重新編纂《九域圖》，以知制誥王存負責其事。
　　元豐三年書成，因只有文字而沒有地圖，改名為《元豐九域志》。其後又經陸續修訂，於元豐元
　　年正式刊布，稱為《元豐九域志》。自政和元年起朝廷又組織編纂《九域圖志》，當時設立的負責
　　編纂的機構稱「詳定九域圖志所」，參與編纂者稱「提舉詳定九域圖志」。《文獻通考》卷一一所
　　提及的政和三年《詳定九域圖志》，顯然就是此次朝廷組織編纂的地理總志。

一在當陽縣。哲宗紹聖二年五月賜額「顯烈」；徽宗崇寧元年二月封忠惠公；大觀二年進封武安王。一在東隅仇香寺。羽字雲長，世傳有此寺即有此祠，邑民疫癘必禱，寺僧以給食。

有關北宋封賜關羽的經過，《古今圖書集成·神異典》卷三七曾列出過一個清單：

宋真宗大中祥符□年飭修關聖廟。按《宋史·真宗本紀》不載。按《解州志》「關聖廟在城西門外，宋真宗大中祥符年間敕修。」

哲宗紹聖三年賜玉泉祠額曰顯烈王。按《宋史·哲宗本紀》不載。按《關聖帝君聖蹟圖志》云云。

徽宗崇寧元年追封忠惠公。

大觀二年加封武安王。

按以上《宋史·徽宗本紀》不載。李燾《續資治通鑑長編》：「宣和五年正月乙卯，禮部奏請侯封。敕封義勇武安王，令從祀武成王廟。」

倒是從儒家角度把由賜額到封王的經過敘述得很詳盡，但明言多出於後世軼史，惜其未言前文敘及仁宗賜額旌封之號，只有大觀年間的封賜於史有據。

其實徽宗對於關羽的賜封，也算不得特別優渥。除了上述三國諸將外，他濫封之其他神祇往往還高過關羽。陸游《入蜀記》載甘興霸廟祠事，尤能說明問題。記云：

（乾道六年八月）十三日，至富池昭勇廟。以壺酒特豕，謁昭毅武惠遺愛顯靈王神。神，吳大帝時折衝將軍甘興霸也。興霸嘗為西陵太守，故廟食於此。開寶中既平江南，增江淮祠封爵，始封褒國公，宣和中進爵為王。建炎中大盜張遇號「一窩蜂」，擁兵過廟下，相率卜珓，一珓

騰空中不下，一玦躍出戶外，群盜惶恐引去，未幾遂敗。大將劉光世以聞，復詔加封。岳飛為宣撫使，大葺祠宇，江上神祠皆不及也。門起大樓曰「卷雪」，有釘洲正對廟，故廟雖俯大江而可泊舟。釘洲者，以銳下得名。神妃封順佑夫人，神二子封紹威、紹靈侯，神女封柔懿夫人，皆有像，而後殿復有王與妃像偶坐。祭享之盛，以夜繼日，廟祝歲輸官錢千二百緡，則神之靈可知也。舟人云：「若精虔致禱，則神能分風以應往來之舟。」廡下有關雲長像。雲長不應祀於興霸之廟者。豈各忠所事，神靈共食，皆可以無愧耶？[260]

　　岳飛葺祠，封賜甘寧一門老少安座殿堂受享祭奠，而關羽猶獨立廡下，彷彿司閽之門衛然。連陸游都覺得奇怪，更不用說後世習見關岳同堂而祀的信善了。於此一端，即可覘知關羽即使封王，但在宋代還沒有形成全民共識的崇拜。

正一派崛起

　　關羽崇拜的持續推動力，主要來自道教與茅山派處於激烈競爭中之正一派。但於宋初政治影響極大的道士張守真究為何門何派，似無人追究。任繼愈主編一卷本《中國道教史》言：

　　張守真本是一個搞些扶乩之類宗教迷信的人，他可能利用扶乩降神之機會編造一些玉皇派輔臣降世輔佐宋朝的神話，以討好宋室。[261]

260　《陸游集》，中華書局 1976 年版第五冊《渭南文集》卷四十六，第 2436 ～ 2437 頁。劉克莊〈靈著祠〉詠：「甘寧關羽至今傳，名將為神自古然。生不封侯三萬戶，死猶廟食數千年。」亦為是祠。案甘寧少為遊俠，出身荊州渠帥，先依劉表，再投黃祖，終歸孫權。在益陽他曾率「銳士五千」與荊州關羽的三萬兵力隔江對峙，又以濡須口「百騎斫曹營」的勇猛彪悍而名著三國史。（參《三國志》寧傳）這些都與宋朝南渡諸將的情形頗有相似處，恐怕也是南宋武人更喜愛他的地方。此廟明初猶存，據王圻《續文獻通考》卷之一百十〈雜祀〉：「昭勇廟在興國州東六十里富池口，祀吳將軍甘寧，本朝改號『吳將軍甘公之神』，春秋祀之。」

261　《中國道教史》，上海人民出版社 1990 年出版，第 465 頁。又此處所言「玉皇派輔臣降世輔佐宋

　　卿希泰主編四卷本《中國道教史》亦未言及於此。而且兩書都忽略了前述〈聖宋傳應大法師行狀碑〉中所言：

　　法師姓張氏，諱守真，字悟元。後漢三正一扶教大法師，乃丞相留侯六代孫。法師即子房之遠裔真嗣蔓延。不常厥居，今為盩厔人。

　　公然以張良之後，張陵嫡裔，正一派真傳自居。所謂「留侯之後」，或者為其熱衷政事，「料事如神」作藉口，後世龍虎宗亦不過踵其故技耳。至於「斬蚩尤」事之有無，元人胡琦已辨之日：

　　琦謂解池神怪之說，參諸前史，止稱八年有水，君臣以修復而稱賀，無召天師平祟之文，而兩出於傳記小說。一見於祥符時，一見於崇寧時。二天師之力，居多想多，張氏世濟其說也。[262]

　　「世濟其說」的「張氏」，正是指龍虎山正一派嗣漢天師府的張家，即徽宗「命弭解州鹽池怪」者。事實上俞琰《廣見錄》所言「三十代天師張繼先宋崇寧中應召平解池之祟，凡四詔赴闕」，並未入《宋史》及北宋其他筆記史料。「關羽斬蚩尤」卻載於《正統道藏》中的〈張天師世家〉卷一，甚至列入《中國道教史》附錄的〈中國道教大事記〉，可知後世戲劇小說特其通俗之工具耳。[263]

　　按三十代張天師即是《水滸傳》第一回「張天師祈禳瘟疫，洪太尉誤走妖魔」中描述的那位「頭綰兩枚丫髻，身穿一領青衣；腰間絛結草來編，腳下芒鞋麻間隔。明眸皓齒，飄飄並不染塵埃；綠鬢朱顏，耿耿

朝」云云，也是想當然耳，「玉皇」的概念是宋真宗時才提出來的，詳後文。

262　《乾隆解梁關帝志》卷之二〈解池斬妖考辨〉，第106頁。

263　《正統道藏》第五十七冊。又卿希泰主編《中國道教史》第二卷，第1105頁。四川人民出版社1992年7月初版。王國維《宋元戲曲史》敘宋元曲目，在「宋官本雜劇」中列《風花雪月爨》，「金院本」作《風花雪月》，「元雜劇」題《張天師斷風花雪月》（《錄鬼簿》題作《張天師夜斷辰月鉤》），這恐怕是早期張天師傳說即藉戲劇流行的又一明證。

全然無俗態」，「道行非常，清高自在，倦惹凡塵。能駕霧興雲，蹤跡不定」的張繼先（元）。只要看梁山群雄須盡從龍虎山上清宮石碣下放出，即可知道在《水滸傳》成書過程中正一派地位之顯赫了。

據《正統道藏》第三十冊《玄品錄》卷五〈道品〉的記敘，張繼先為人「淵默寡言，清癯白皙」。他九歲襲教，徽宗以來曾四次被召，賜號「虛靜先生」，視秩中散大夫，並賜昆玉所刻「陽平治都功印」，為張天師府世代保存。因此有關他的傳說也特別的多而引人注目。《中國道教史》稱他為「北宋張天師中最顯名於世者」。[264]

照說黃帝自作宋帝之祖，蚩尤也自搗其亂，龍虎宗的正一派何以硬要出頭，為黃帝來管這樁閒事呢？原來真宗在大中祥符五年（西元一〇一二年）十月向群臣說，曾夢見天尊向他傳言道：

> 吾，人皇九人中一人也，是趙之始祖。再降，乃軒轅皇帝。凡世所知少典之子，非也。母感電夢天人，生於壽丘。後唐時，奉玉帝命，七月一日下降，總治下方，主趙氏之族，今已百年。皇帝善為撫育蒼生，無怠前志。[265]

明言軒轅皇帝（黃帝）即趙宋王室之先祖。這在民族學上另有意義，筆者將專文探及。按漢時道教初興，已籠統託言「黃老」，以黃帝、老子為道宗，以對抗佛教。東漢末年特有「黃老道」，即太平道、天師道之由自。[266] 道教各派所奉至尊本有不同，如寇謙之創立的天師道及樓觀道都以「太上老君」為尊，而稍後陶弘景創立的上清派茅山宗

264　見《中國道教史》第二卷第 647 頁。

265　《宋史·禮志七（吉禮七）》。按《史記·五帝本紀》：「黃帝者，少典之子，姓公孫，名曰軒轅。」趙恆借「降神」駁斥《史記》之說，顯然踵繼李唐托祖老子李耳之術，而欲超勝之，故將帝系直接三皇五帝，達於至極。

266　可參牟鍾鑑〈道教的孕育與誕生〉，任繼愈《中國道教史》第一章，第 7～8 頁。

卻以「元始天尊」為首。[267] 宋廷崇道，所奉非一，但《雲笈七籤》首以〈軒轅本紀〉列於〈元始天王紀〉、〈太上道君紀〉和〈上清高聖太上玉晨大道君紀〉之前，由編排秩序覘知，宋真宗的確是將黃帝崇拜置於諸尊之上。又《宋史·真宗本紀三》云：「（大中祥符七年）六月乙卯，禁文字斥用黃帝名號故事。」也是將黃帝「名號故事」作為皇家專利看待的。

而正一派所以附會黃帝，也另有夙因。除了《續道藏》正一部〈漢天師世家〉記載張道陵曾得黃帝《鼎書》外，還有一個大關係。《事物紀原》卷七：

元魏世祖時，賜寇謙之「天師」之號。後漢張道陵亦有「天師」之稱，蓋自《列子》言黃帝之稱牧馬童子曰「天師」始也。

這些說法也許是後來附會之言。按《莊子·外篇》之〈雜篇·徐無鬼第二十四〉云：

黃帝將見大隗乎具茨之山，方明為御，昌寓驂乘，張若、諧朋前馬，昆閽、滑稽後車。至於襄城之野，七聖皆迷，無所問塗。適遇牧馬童子，問塗焉，曰：「若知具茨之山乎？」曰：「然。」「若知大隗之所存乎？」曰：「然。」黃帝曰：「異哉小童！非徒知具茨之山，又知大隗之所存。請問為天下。」小童曰：「夫為天下者，亦若此而已矣，又奚事焉！予少而自遊於六合之內，予適有瞀病，有長者教予曰：『若乘日之車而遊於襄城之野。』今予病少痊，予又且復遊於六合之外。夫為天下亦若此

267　樓觀道本來是托尹喜為祖師的，即《莊子·天下》與老聃並列，嘆為「古之博大真人哉」之關尹，後又附會為《史記·老子列傳》中「老子修道德，其學以自隱無名為務。居周久之，見周之衰，乃遂去。至關，關令尹喜曰：『子將隱矣，強為我著書。』於是老子乃著書上下篇，言道德之意五千餘言而去，莫知其所終」之關令尹喜。此當為「三教論衡」激發所致。該派中的道士尹文操、李玄山、顏無偦、傅承說等即是導演高宗、玄宗看見或夢見老子降臨，並為李唐扶祖以「崇本」、「尊祖」的核心人物，可參卿希泰《中國道教史》第二冊，第142～145頁。

而已。予又奚事焉！」黃帝曰：「夫為天下者，則誠非吾子之事，雖然，請問為天下。」小童辭。黃帝又問。小童曰：「夫為天下者，亦奚以異乎牧馬者哉！亦去其害馬者而已矣！」黃帝再拜稽首，稱「天師」而退。[268]

請看這位「牧馬童子」與《水滸傳》描述的「牧牛天師」，像也不像？洪太尉因虎咆蛇盤驚嚇之迷路，也正等同於黃帝一行的「七聖皆迷，無所問塗」，《莊子・徐無鬼》或即《水滸傳》第一回「尋道」故事之原型。

莊子本為道家重要思想家，隋朝即詔以《莊子》為道教主要經典之一。天寶元年（西元七四二年）二月，唐玄宗正式頒詔「莊子號南華真人」，「改《莊子》為《南華真經》」。[269] 崇玄館大學士陳希烈即上〈請以《南華真經》宣付史館奏〉，「望宣付史館，以昭靈應。」[270] 可知莊子已入道教仙班。按寇謙之興天師道以來，道士雖屢以「天師」自稱，[271] 但畢竟此處所說「天師」才是最早見於文獻經典之稱呼，又切合了正一派自宋代復出後以張繼先開始「天師」排輩並謀求世襲名號的需要。引述《莊子》，自然應念及前緣，理當代黃帝出手。

關羽率陰兵在嶺南為國卻敵的傳說早已風行三晉之外，請其回鄉建功，也應該說「師出有名」。孫馮翼輯《皇覽・塚墓記》：「傳言黃帝與蚩尤戰於涿鹿之野，黃帝殺之，身體異處，故別葬之。」則解池之得名

---

268 陳鼓應《莊子今注今譯》（北京：中華書局 1983 年 5 月），認為此節故事的主旨是「發揮老子『無事』『無為』的思想。『無事』即不生事，不攪擾從事，這就是道家勿擾民的思想。」（第 624 頁）

269 《隋書》，又《舊唐書・禮儀志》。

270 《全唐文》卷三四五。據《舊唐書・張說傳》附〈陳希烈傳〉，陳為宋州人，以講《老》《莊》得進，專用神仙符瑞取媚於上，後得權相李林甫引進，天寶四年以門下侍郎、崇玄館大學士任相。

271 參唐人李沖昭《南嶽小錄》載「李天師」、「薛天師」、「王天師」、「傅天師」等登仙成道事。可知隋唐以來，道士成名都樂於自稱「天師」，但謀求世襲者唯「張天師」一家。

本於此傳說。而蚩尤後世亦被祀為神。《史記‧高祖本紀》敘劉邦起兵時「祀黃帝，祭蚩尤於沛庭」。又《述異記》謂：「漢武時，太原有蚩尤神畫見……其俗遂為立祠。」加上沈括當時實地調查得知的「俚俗謂之『蚩尤血』」的說法，則無論官方如何報告，將解池鹽災委之於蚩尤作怪，在崇信道教至於極點的宋帝那裡都是可以交代得過去的說法。

又案張天師一系與鹽利素有淵源，《太平寰宇記》卷八十五：

陵井監：按《圖經》，漢時有山神，號「十二神女」，為道人張道陵指陵上開鹽井，煎火為鹽，歷代因之。

「關羽斬蚩尤」事，亦為後世〈張天師世家〉所錄。所以「世濟其說」之故，亦有可以道及者。近人傅藏園（增湘）〈《漢天師世家》跋〉云：

此書見《續道藏》正一部，著錄為四卷。此明萬曆甲午本，為五十代孫國祥所輯刻。余嘗通觀前後，而知其教之行於世，歷長久而不衰者，蓋非無故也。自道陵造作《道書》，以召號徒眾，其孫魯繼之，雄據巴漢，垂三十年，觀編中所紀，道陵得黃帝《鼎書》，受玄君《經籙》，及誅蛇伏虎青城山破鬼城數事，所侈為靈奇者，固妖妄不足信，然鑿井煮鹽，蜀人食其利至今。且其為教不外於旌善懲惡，而飾以鬼神報應之說，誘以丹籙升舉之靈，聳動愚氓，以堅其信念。所謂「神道設教」，救季人心迷昧，得此亦足救刑政之窮也。

又言：

繼先（三十代）以鹽池靖妖之功，賜號「虛靖先生」，頻得覲見，禮數優隆。

據《中國道教史》，龍虎宗張天師一系的正式復出，始於大中祥符八年（西元一○一五年）宋真宗召見信州道士張乾曜。天聖八年（西元一○三○年）宋仁宗再次召請張乾曜，賜號「澄素先生」，並令世襲其號，蠲其租課。[272] 值得注意的是，或許因為張守真傳人失寵於政壇，在王欽若〈翊聖保德真君傳〉中，已言黑煞神把龍虎宗一系的世代得道，子孫不絕，應及後世，作為告誡張守真後代的榜樣了：

清代《新編目連救母勸善戲文》插圖。表現「仗劍」張天師與「持刀」關羽之間實際關係的戲曲小說插圖不多，此即其中之一。另一持鞭黑臉多髯之神將，似應為玄壇趙公明。選自呂勝中編《中國民間木刻版畫》，湖南美術出版社 1990 年 6 月。

　　張守真子元濟，常齋戒詣宮。真君降言曰：汝父守真遭逢於吾，故令子孫受福。汝豈不聞信州龍虎山張道陵，至今子孫不絕，亦逢於上聖，得道之後，應及後世。汝亦於吾有緣，直須在家孝於父母，食祿忠於帝王，立身揚名，豈非好事！又誨之曰：無事莫街行，勤學必立名。揚名在天下，道蔭有長生。又曰：為過自家知，善惡日相隨。分明違天道，問汝阿誰痴？

272　《中國道教史》第二卷第 579、596 頁。又傅增湘〈《漢天師世家》跋〉：「宋自真宗以來，崇尚玄學，襲教之後，多召赴闕廷，寵襲道號，如二十四代以下正隨賜號『真靜先生』，乾曜（二十五代）『澄素先生』，嗣宗（二十六代）『虛白先生』，敦復（二十七代）『葆光先生』。至徽宗晚年崇道滅僧，徐神翁、林靈素之徒日進，天師後衛，尤蒙寵遇，繼先（三十代）以鹽池靖妖之功，賜號『虛靖先生』。」此即張氏世系之始。張天師的封號及特權問題，南宋時似乎已有不同說法。陸游《老學庵筆記》卷五辨正道：「信州龍虎山漢天師張道陵後世，襲『虛靜』先生號，蠲賦役，自二十五世孫乾曜始，時天聖八年也。今黃冠輩謂始於三十二代，非也。又獨謂三十二代為張虛靖，亦非也。」（中華書局校點本，1979 年，卷五，第 70 頁）筆者 2002 年 5 月曾參觀龍虎山上清宮嗣漢天師府，元明舊建已在 1980 年代被夷平，是一大憾焉。新起一片鋼筋水泥，金碧輝煌。大門楹聯云：「麒麟殿上神仙客，龍虎山中宰相家」。祖師殿除第一代張道陵外還供奉著張虛靖，可知其在正一派中依舊地位崇高。

　　有鑑於翊聖保德真君在宋代皇室的特殊地位，這番言辭無疑證實著龍虎宗正一派地位的提升。可見前引幾種傳說無論加諸真宗朝還是仁宗朝，都是依附張氏與宋室的關係而設，並非毫無根據。而關羽「鹽池靖妖」之說亦祖述張氏之先「誅蛇伏虎青城山破鬼城」之故智，復承接太宗「黑煞神」及真宗「降神托祖」軒轅黃帝之說成為北宋張氏龍虎宗正一派復興時期靈異之跡最著者。南渡以後，茅山地處宋金對峙的最前沿，影響漸弱，龍虎山正一派勢力由此坐大。不但歷代嗣天師均得到皇帝的「先生」賜號，自三十五代張可大於宋理宗嘉熙三年（西元一二三九年）命「提舉三山符籙兼御前諸宮觀教門公事」，主領臨安龍翔宮，從此開始正式成為統領江南諸派道教的首領。

　　入元則更上層樓，《元史·釋老傳》載忽必烈曾於至元十三、十四、十八、二十五年（西元一二七六年至一二八八年）間四次召見張宗演，均命主領江南道教，制文且稱「嗣漢三十六代天師」，並在京城「創崇真萬壽宮，敕弟子張留孫主之」，作為奉旨朝觀的暫駐地。

　　不料這位「駐京辦事處主任」張留孫後來卻利用接近天咫的優勢，又受到北派全真教的刺激，羅致天下英才，很快就發展出一支龍虎宗別系──「玄教」來，其聲威氣勢都遠遠超過僻居山隅的本宗祖庭。袁桷《清容居士集》卷三四〈有元開府儀同三司上卿玄教大宗師張公家傳〉云：

　　世祖嘗親祠幄殿，皇太子侍。忽風雨暴至，眾駭懼，留孫禱之，乃止。又嘗次日月山，昭睿順聖皇后得疾危甚，亟召留孫請禱……若有神人獻夢於後，遂愈……上大喜，命為上卿，鑄寶劍，鏤其文曰：大元賜張上卿。敕兩都各建崇真宮，朝夕從駕。

　　從此「寵遇日隆，比於親臣」，「朝廷有大謀議，必見諮詢。」[273]
折衝機樞，襄贊政要，身歷五帝，掌教四十四年。至元十五年（西元
一二七八年）「賜號玄教宗師，授道教都提點，管領江北淮東淮西荊襄
道教事」，並欽賜寶劍玉印。延祐二年（西元一三一五年）又「領集賢
院，領諸路道教事」，儼然執掌全國道教之牛耳，並在北京與全真教分
庭抗禮。今北京朝外東嶽廟即玄教所建，其規模建制絲毫不亞於全真教
之白雲觀。

　　玄教事頗繁雜，與本文主旨相關者有三點值得注意：第一點是正一
派正是透過與玄教的分中有合，分而又合，從而在元代取得道教的最高
支配地位的。由於朱元璋只承認嗣漢天師府，玄教消亡，全真教亦後繼
無人，明初道教權勢遂盡歸於龍虎山。第二點是玄教主要靠政治起家，
其營運重點也在控制國家的各級道教管理部門，形同官衙，而於道教經
義科儀卻絕少建樹，仍須仰賴正一經典，故龍虎宗教義亦得借其炎勢而
流播於北方。第三點是玄教傳人中頗多精於儒術和理學之輩，因而加速
了儒道的相互理解和結合。尤其是理學大師陸九淵家鄉之象山毗鄰龍虎
山，他的著述講學亦對正一派產生過影響。如玄教第二代大宗師吳全節
曾在至順二年（西元一三三一年）向元文宗「進宋儒陸文安公九淵《語
錄》。世罕知陸氏之學，是以進之」。第四代大宗師張德隆則索性稱其
六世祖，「嘗與里人共構精舍於所居之西，延陸文安公講道其中，俾子
弟受學焉。」[274]

　　進入元代後，關羽崇拜開始納入國家祀典，關羽的戲曲小說和宗教
故事也開始了廣為傳揚，原因固然非一。就道教而言，則「降神靖妖」

273　吳澄〈張公道行碑〉，《吳文正集》卷六四。又虞集〈張宗師墓誌銘〉，《道園學古集》卷五〇。

274　虞集〈河圖仙壇之碑〉，《道園學古集》卷二五。又黃溍〈玄靜庵記〉，《黃金華文集》卷一五。

之神功，既因道教正一派之勢張而彰揚，亦緣正一派之榮耀而擴散。[275]

道教《太上大聖朗靈上將護國妙經》，已開始假托關帝說咒傳經了，由於這是較早出現為關公托封的經文，故全文照錄：

爾時，興國太平天尊義勇武安王漢壽亭侯關大元帥敕封崇寧真君，聖父聰明正直忠翊仁聖明王，聖母助順明素元君，神子聖孫，參謀大將，麾下左右，統兵分兵之神，伏兵降兵之神，藏兵收兵之神，布陣擺陣之神，團陣走陣之神，水陣火陣之神，八方八煞四方四勇天丁，掣電轟雷，騰雲致雨，鳴鑼擊鼓，發號施令，將軍合司文武公卿，玉泉山得道仙真。吾授玉帝敕命，三界都總管雷火瘟部冥府酆都御史，提典三界鬼神。吾登壇示知爾眾：日在天中，心在人中。日在天中普照萬方；心在人中不容一私。寧為忠臣而不用，毋邪媚以欺君；寧為孝子而不伸，毋忿戾以慰親。無論綱常倫理，無論日用細微，皆當省身寡過，不可利己損人。一念從正，景星慶雲；一念從邪，屬氣妖氛。善惡明如觀火，禍福應若持衡。凡我含生，總盟此心。吾司雷部霹靂，奏疏速上天庭，晝察陽元功過，夜判冥夜鬼神。若人傳寫千本，勝看一藏真經，吾遣天丁擁護，自然百福來臻。即說咒曰：

大聖戡魔糾察三界鬼神刑憲都提轄使，三界採探捕鬼使者，元始一氣七階降龍伏虎大將軍，崇寧真君，雷霆行符伐惡招討大使，三十六雷總管，酆都行臺御史，提典三界鬼神刑獄公事大典者，提督刑案神霄大力天丁，三界都總兵馬招兵大使，統天御地誅神殺鬼大元帥。

275　這裡面還有一重有待釐清的史實。《乾隆解梁關帝志》卷三王緯〈泰定修廟記〉云：「廟歲久不治，又大德七年（1303）地震廟壞，提點崇寧宮張志安撤而新之……今志安走京師求文」云云，又言「志安，應靖之孫，皇慶元年（1312）又奉仁宗旨，護持之初志安與其眾勞心協力言於州，州董其役，仍率僚佐屬縣皆割俸以助，百工獻藝。」（山西人民出版社，1992年，卷三，第179～180頁）則元代關廟之修葺，張志安出力多矣，唯不知其是否與正一派有關。

《正統道藏》三十四冊收錄之《太上大聖朗靈上將護國妙經》影本。這代表了元代末年道教為關公托封的徽號。

爾時與會文武聖眾，聞是經說，莫不踴躍，讚嘆稱善。若人虔心諷誦，上至帝王，下及民庶，即得星辰順度，社稷安寧，人物康阜，災厄蠲除。凡有請祈，悉應其感，一切人天，均霑利益，信受奉行，作禮而退。[276]

顯然踵繼佛教有關「玉泉山得道」傳說，不過宣示信眾「義勇武安王漢壽亭侯關大元帥」係受玉帝敕命，為「三界都總管雷火瘟部冥府酆都御史」，「吾司雷部霹靂」，亦兼有懲惡之使命。而「寧為忠臣」，「寧為孝子」，「無論綱常倫理，無論日用細微，皆當省身寡過，不可利己損人。一念從正，景星慶雲；一念從邪，屬氣妖氛」，則兼雜理學及道教之說。

明嘉靖隆慶時浙人田藝蘅《留青日札》說：

雷，天地之義氣也。故春分而發，秋分而收，晝而作，夜而息。今則方春而震隆冬而轟，無分於晝夜而霹靂，此殆之其所暴然而辟焉。（重點號為筆者所加）

276　末署「大明萬曆三十五年歲次丁未上元吉旦，正一嗣教凝誠志道闡玄弘教大真人，掌天下道教張國祥奉旨校梓。」載《道藏》第三十四冊第 746 ～ 747 頁（文物出版社、上海書店、天津古籍出版社 1988 年聯合出版影印本）。顯然承襲著北宋《元始天尊說真武經》，只是誇大職銜有餘，而敘述故事不足。《道藏提要》曾斷「此經蓋出於北宋末或南宋初」，恐其未必如是之早。

雷為「天地之義氣」的說法比較新鮮。田堅執認為的理由是：

王充有〈雷虛篇〉，以雷之擊人為偶然，辯之甚詳。此或未盡天道
之妙。天無妄災，雷無虛擊。今歷觀遠近，所擊死者，雖未必皆元惡之
人，而不善者實居多矣。[277]

或者正是關羽何以由「義神」兼為「雷神」的儒家解釋。但是嘉靖
時成書的《三界伏魔關聖帝君忠孝忠義真經》則逕稱關羽為「三界伏魔
大帝」，並提高其神權，在〈關聖帝君寶誥〉中自稱為：

太上神威，英文雄武，精忠大義，高潔清廉，協運皇圖，德崇演
正。掌儒釋道教之權，管天地人才之柄。上司三十六天星辰雲漢，下轄
七十二地土壘幽酆。秉注生功德延壽丹書，執定死罪過奪命黑籍。考察
諸佛諸神，監製群仙群職。高證妙果，無量度人。至靈至聖，至上至尊。
伏魔大帝，關聖帝君。大悲大願，大聖大仁。貞元顯應光昭翊漢靈佑天
尊。[278]（重點號為作者所加）

已經成為道教中統管三界十方、神仙人鬼的超級神祇了。從此關公
即置身道教神譜之外，自成一格。

另康熙中《百城煙水》描述蘇州著名的圓妙觀，先縷述其晉、唐、
宋時屢毀屢建的興廢過程，元代元貞元年（西元一二九五年）羽士嚴煥
文、張善淵復建後的神像是這樣排列的：

左有玉皇、神州、五路、天醫、真官、真武、三元、梓潼、張仙、
三茅、機房、關帝、東嶽、酆都十王、淨樂等殿；右有雷尊、五雷、觀音、
三官、八仙、靈寶、轉藏等殿，後有蓑衣、聖賢、高真、方丈等殿。[279]

277　《留青日札》卷之九。上海古籍出版社 1985 年影明本，上冊，第 334 ～ 337 頁。
278　《藏外道書》第四冊，第 273 頁。
279　《百城煙水·長洲》，江蘇古籍出版社 1986 年排印本，第 193 頁。

　　則雷部尊神居然與玉皇等分庭抗禮，真武與淨樂各為一神，關羽位居東嶽之前，觀音、八仙同享一體之祀。後人看起來頗似《西遊記》之「大鬧天宮」。元時道觀祀像之隨意，於此可見一斑。

　　另有一題，即關羽誕日向來有六月二十四日一說，北宋曾以此日為二郎神誕日。但在張天師的系統裡，這一天又有什麼特別意義呢？

　　前文已述黃帝「以雷精起」，《重修緯書集成‧河圖稽命徵》：「附寶見大電光繞北權星，照耀郊野，感而生黃帝軒轅於青丘。」《春秋合成圖》：「軒轅，主雷雨之神也。」《大象列星圖》：「軒轅十七星在七星北，如龍之體，主雷雨之神。」《雲笈七籤》卷一百〈軒轅本紀〉：「其母西喬氏女，名附寶，瞑見大電光繞北，樞星照於郊野，附寶感之而有娠，以樞星降，又名曰軒轅。懷之二十四月，生軒轅於壽丘。」可見宋人也承認黃帝即古之雷神。《山海經‧大荒東經》復言：黃帝戰蚩尤，得夔牛於東海流波山，「以其鼓為皮，橛以雷獸之骨，聲聞五百里，以威天下。」是為黃河中下游地區民間祈賽活動中大張鑼鼓之本源。

　　鑑於元至明初以來，進入國家祀典之道教致祭越來越繁複，明朝弘治元年（西元一四八八年）四月，禮部給事中張九功建言「乞敕禮部，稽之祀典，盡為釐正」。尚書周洪謨奉旨清查，言及雷神祭典時，曾道：

　　所謂九天應元雷聲普化天尊，為道教所尊雷部主神。道教以為玉霄一府，總司五雷，雷部諸神皆受其統轄。又以六月二十四日為天尊示現之日，故朝廷歲以是日遣官詣顯靈宮致祭。夫風雲雷雨，每歲南郊已有合祭之禮，山川壇復有秋報之祭，重複致祭，非其所宜。以六月二十四日為神現示日，和設像名稱，皆無所據，亦祈罷其祭告。[280]

280　《明孝宗實錄》卷一三。又《明史‧禮志四》所載亦同，有節略。

則六月二十四日本為雷神示現之日。又《鑄鼎餘聞》卷一：

明姚宗儀《常熟私志》云：致道觀雷部前殿，列律令大神鄧元帥，銀牙耀目辛天君，飛捷報應張使者，左伐魔使苟元帥，右伐魔使畢元帥，火犀雷府朱天君，糾伐靈官王天君，黑虎大神劉元帥，魁神靈官馬元帥，朗靈上將關元帥，雷公江使者（名赫沖），電母秀使者（名文英）。又雷尊殿在招真治，道房內奉九天應元雷聲普化天尊，九天雷祖大帝。

《正統道藏》卷二六○〈酆都朗靈關元帥祕法〉稱關羽封號為「酆都朗靈馘魔關元帥」，可知雷部眾神中的「朗靈上將關元帥」亦為關羽。但後世民間猶以六月二十四日為雷神「誕日」而祭之。案《山海經·海內東經》敘：「雷澤中有雷神，龍身而人頭，鼓其腹，在吳西。」吳承澤《山海經地理今釋》以為：「雷澤即震澤，《漢志》區具澤在會稽郡吳西，揚州藪，古文以為震澤，可證。」故三吳地區民間賽會獨重祀雷神，亦淵源有自。

光緒八年《周莊鎮志》：

二十四日，澄虛道院雷祖會。

光緒八年《蘇州府志》：

二十四日為雷祖誕，又為楊山太尉誕，燒香者不絕。是月多食雷齋者，謂之齋月。

民國六年《同里志》：

二十三為火德星君誕辰。是日，里中水龍齊集渡船，庵前互相試驗，觀者如堵。

民國十四年《盛湖志》：

二十三日炎帝誕，士女拈香於火神廟。二十四日為荷花生日，又謂雷祖誕。持齋者畢集於雷尊殿，進香闐塞道路。

民國十九年《崇明縣志》：

二十四日為雷祖誕，道士設醮，遊街市，焚紙龍。

民國二十二年《吳縣志》：

二十三日為火神誕。以神司火，禱謝者眾。二十四日為雷祖誕，城中圓妙觀、閶門外四圖觀各有神像，蠟炬山堆，香煙霧噴，有集眾為雷醮者，延羽流頌經，拜表焚疏，頗形嚴肅。自朔至誕日茹素者，謂之「雷齋」。是日又為二郎神生日，患瘍者拜禱於葑門之廟，祀之必以白雄雞。又相傳為「荷花生日」，群遊於荷花蕩，或遇雨而歸，相率科頭跣足，俗有「赤足荷花蕩」之諺。

民國十一年《杭州府志》敘述稍詳，曰：

二十四日，北山雷院炷香。（《萬曆志》）咸淳間，羽士陳崇真自閩來，卜居錢塘西湖，善雷法，因敕建雷院居之，賜號沖素真人。六月二十四日設醮釀資，郡人雲蒸川赴，至今不衰。（《西湖遊覽志餘》）闔城燒香，是夜山上茶店以及攤場均備，亮如白晝。

如果這則方志記載屬實，那麼江浙盛行的以六月二十四日為雷神誕日的風俗，還可以上溯到南宋。

《淮南子‧天文》：「北方水也。其帝顓頊，其佐玄冥，其神為辰星，其獸玄武。」《重修緯書集成》卷三〈詩含靈霧〉：「其北黑帝座，神名曰協光紀，其精為玄武之類。」同書卷六《河圖帝覽》：「北方玄

武之所生，其帝顓頊，其神玄冥。北方七神之宿，實始於斗，鎮北方，主風雨。」同卷《河圖》：「北方黑帝，神名葉光紀，精為玄武。」可見「黑殺神」即「北方黑帝」，轉而為真武亦與黃帝有關，且自有「主風雨」之神功。

我們知道，符籙派道教所以大興祈禳齋醮，意圖是感通宇宙天地之陰陽造化以趨吉避凶。在以農為本的傳統經濟模式中，自然災害對於國計民生的影響是顯而易見的，尤其是水旱兩災經常發生，關聯尤為直接，道教符籙各派亦俱以祈雨靈驗與否，作為爭勝之由。而雨以雲致風行，雷霆為號，此其常識之談。《夷堅支志》甲卷五：

淳熙丙午，桂林連月不雨。府守張欽夫杖遣馭卒持公牒詣雷州雷王廟，問何時當雨。

即以雷鳴為致雨之徵。故徵信於人，莫若顯示雷霆萬鈞之先導；宣示於民，亦莫若借助雷霆萬鈞之聲威，故有專以「雷法」祈雨禱驗之門派。前引陸游所述之神霄派道士林靈素[281]即以「雷法」著稱，曾在宋徽宗時以「金門羽客」烜赫一時。《宋史·方技傳》云林在京師開神霄籙壇：

浸浸造為青華正晝臨壇，及火龍神劍夜降內宮之事，假帝誥、天書、雲篆，務以欺世惑眾。其說妄誕，不可究質，實無所能解。唯稍識五雷法，召呼風霆，間禱雨有小驗而已。

這當然不是以今人科學眼光的批評，但畢竟承認他的雷法頗有功效。神霄派以雷法著稱的道士還有一些，如創建人王文卿（侍宸）、薩

281　林靈素本名靈噩（一作靈壼），字歲昌，或字通叟，溫州永嘉人。家世貧寒，《宋史·方伎傳》說他曾「從浮屠學，苦其師笞罵，去為道士。善妖幻，往來淮、泗間，丐食僧寺，僧寺苦之。」《正統道藏·歷世真仙體道通鑑·林靈素傳》則說他少時曾為蘇軾書僮，問其志，笑而答曰：「『生封侯，死立廟』，未為貴也。封侯虛名，廟食不離下鬼。願作神仙，予之志也。」則顯為道教附會之語。「生封侯，死立廟」乃儒家樹立的人生理想，如後世以關羽然。

守堅（薩真人）、鄒鐵壁、莫丹（月）鼎、譚悟真、陳楠、白玉蟾、彭耜等，一直延續入元。這些人有一個顯而易見的共同點，即自陳楠以上都是江西人，陳、白、彭則承接神霄而傍依南宗，主要傳行於福建一帶。《杭州府志》提到的陳崇真，或即其中一位。這個系統專以雷法行世，包括「行持雷法，祈晴求雨」。道教的雷部神系大概也出於他們之手。如果考慮到《宋史》集纂於正一派玄教領袖道教之時，這種肯定就更值得尋味了。[282]

張繼先就是以行持雷法，呼召雷霆的「正一雷法」傳世的。《中國道教史》稱：「該派自北宋末第三十代正一天師張繼先起，吸收內丹術，改進符籙道法，形成正一雷法，而且為之一新，從而表現出新的活力。」第四十三代天師張宇初著《峴泉集》卷七〈授法普說〉，即為張繼先「正一雷法」的說明。[283]

另有《東嶽獨體關元帥大法》一種，則索性載有召喚關羽的符咒和口令：

酆都大將，斬鬼鹹魔。拖刀仗劍，運戟揮戈。威聲炬赫，邪道消魔。大刀所拖，傾倒山河。隨吾符命，速出北羅。上帝有敕，普濟沉痾。急急如北帝律令。再一氣合德云云。

俺折吉盤陀加利帝敕煞攝（煞文北氣布）皂錢甲馬發之。

關羽關羽，吾奉事汝。汝若負吾，天亦不許。吾若負汝，仙職不舉。同結斯盟，相為終始。急急如新書律令。

信字召符：彳：速速通靈，北帝／關羽／威靈／威猛／上將／真形／聖者／神靈。四國八方。

282　參《中國道教史》第三冊，第 115～128 頁。
283　《中國道教史》第三冊，第 106 頁。又《正統道藏》第五十五冊。

關羽：結結咤咤，金那金那，留離留離，骨奴留離。聞召即至，不得有違北帝信令。違者斬屍。[284]

　　可知關羽一度還是道士可以拘魂招致的神將，不但要受天帝（北帝。疑即真武）約束，而且還與道士是「同結斯盟」的關係。道士所以選擇關羽結盟，或者就因為他的人格傳說中「忠義可嘉」，能夠做到「吾汝不負」，因而在有難求助之際，可以特別信賴的緣故。雖不能確定此法成書年代，但應該是在關羽之神格尚未獨立，仍然依附於東嶽廟神系的時期。

　　此外，該書基本上以符咒圖式口訣組成，屬於道士實用性的作法教程，包括召雷方法，就提到「神霄玉府五雷使院」、「祖師紫霄元明顯德元君馬道清」和「祖師太微侍宸洞玄高明君白玉蟾」，可知與神霄派頗有關係。這與《道法會元》收錄的《正一靈官馬元帥大法》、《上清武春烈雷大法》[285]的情況相似，有興趣的讀者不妨自行翻檢。而這正是為後世儒生深為詬病的。明代有署名「田家」者痛心疾首地說：

　　故窮村卑祠，邊壤猥廟，咸立將軍諸神之旁，庾幣郵廡，觀寺店獄，鮮不塑鏤將軍，競享紛薦，羽衲之輩，動以符牒，召將軍供庾攝之役，又謂將軍職天曹雷部，梁仙吏當聽指揮，而里人行儺，則屍將軍前導，舞蹈跪起，逮之徘優，倒與翻身，侮調斯極。將軍有知，寧丼心妖魔之挫，否邪？當其斬顏良，逼許都也，曹瞞雖猛黠超世，猶壯其氣而揚其威，今乃丼閭閻之戲具，巫覡之走卒，魑魅之侍胥焉。是所以悲將軍者，深於臨沮之死時矣。夫土水圖畫山川之靈，非真將軍也。然肖其形，書其號字，是刻畫將軍，為侮慢計也。即死數千百年，不之恕也，是所以

284　李一氓輯《藏外道書》，巴蜀書社 1992 年 8 月影印本，第二十九冊，第 91 頁。全書僅有 6 頁。
285　《正統道藏》第二十九冊，第 1、7 頁。

害將軍者，慘於孫權與馬忠矣。[286]

財神趙公明最初亦擅「驅雷役電」。《三教源流搜神大全》卷三云：

趙元帥，姓趙諱公明，終南山人也。自秦時避世山中，精修至道。功成欽奉玉帝旨召為神霄副帥……體則為道，用則為法，法則非雷霆無以彰其威……昔漢祖天師修煉仙丹，龍神奏帝請威猛神吏為之守護，由是元帥上奉玉旨，授正一玄壇元帥……天師飛昇之後，永鎮龍虎名山，厥今三元，開壇傳度，其趨善謝功謝過之人，及頑冥不化者，皆元帥掌之，故有龍虎玄壇賞罰之一司……驅雷役電，喚雨呼風，除瘟剪瘧，保病禳災，元帥之功大焉。至如訟冤伸抑，公能使之解釋公平，買賣求財，公能使之宜利和合。但有公平之事，可以對神禱，無不如意。

這證實他也屬於張天師系統的神祇。[287] 從「神霄副帥」而兼「正一玄壇元帥」，正如神霄「五雷法」到「正一雷法」的轉換，是否意味著正一派復出後也對其他門派有著某種借鑑承接呢？

前文曾道及，《道法會元・地祇馘魔關元帥祕法》所載關羽職務之一為「雷部斬邪使，興風撥雲上將」，受張天師徵召「解池誅蛟」時亦有「風雲四起，雷電交加」的配合。而風雷電雨本為自然現象，也許這正是關羽神格中所以有降雨職能之奧祕。其中雷能殛物，又使雷神憑空增添了道德方面懲惡的職責，如「雷部斬邪使」然。而解州鹽池廟嘉靖碑也明言關羽「為老氏言者，又尊而神之，以為雷霆」。[288] 可知元明時

286　《天一閣藏明代方志選刊・隆慶岳州府志》卷九，上海古籍出版社1963年影印本，第963～964頁。

287　真武也聲稱收服過趙公明，見明代建邑書林余氏雙峰堂刊《北方真武祖師玄天上帝出身志傳》，簡稱《北遊記》。說明全真派與正一派都在做收編散仙，擴大信眾的努力。又明清時一些地方志如《姑蘇志》、《浙江通志》等，又稱趙公明為三國蜀將趙子龍之從兄弟，則顯屬《三國志演義》小說戲曲風行之後的說法，不足深論。

288　《山西戲曲碑刻輯考》第210頁。

關羽已以「雷部主神」面目出現。扶正驅邪，懲惡揚善，這亦是後世賦予關羽神格中的最重要的教化功用之一。[289] 就像趙公明在正一玄壇「掌賞罰之一司」，而「非雷霆無以彰其威」一樣。筆者考察河北蔚縣明洪武十年（西元一三七七年）修造的玉皇閣時，赫然發現東牆壁畫之雷部眾神像中居中之主神即為關羽。此外，後世以關羽與二郎神和雷神的誕辰重合，也反映著長江下游三吳地區奉祀關羽的特點。

　　全真派亦不甘人後，也將關羽和趙公明納入自己的神譜系列。武當山為明永樂時與紫禁城同時修造之特大型道教宮觀，各大宮觀之真武像前均侍立四大元帥神像。四神帥又稱四大護法神，亦稱四大神將。名稱是：正一靈官馬元帥，名叫馬光華，又稱「三眼靈光」、「三眼靈耀」、「華光大王」、馬天君、馬王、馬祖、馬神等；都掌金輪如意趙元帥，名叫趙公明，亦稱「趙公元帥」，傳說姓趙名朗，字公明，民間稱為「財神爺」。武當山宮觀至今仍保存著明代御制的銅鑄飾金趙元帥站像，其像頂盔披甲，著戰袍，執鞭，黑面龍鬚，威嚴勇猛，造型生動。明成祖在武當山敕建財神廟，亦名黑虎廟，專奉趙公明神像；威靈瘟元帥，名叫溫瓊。傳說溫元帥「英毅勇猛」，玉帝封他為「亢金大神」，賜玉杯一只，瓊花一朵，金牌一面，上有「無拘霄漢」四字，這是出入天門的特級「通行證」，眾神將中，唯有他有此殊榮；顯靈關元

289　至遲從東漢王充《論衡》開始，已有「盛夏之時，雷電迅疾，擊折樹木，壞敗屋室，時犯殺人。世俗以為「擊折樹木，壞敗屋室」者，天取龍；其「犯殺人」也，謂之陰過。飲食人以不潔淨，天怒，擊而殺之，隆隆之聲，天怒之音，若人之呴吁矣。世無愚智，莫謂不然。推人道以論之，虛妄之言也。」（〈雷虛篇〉）以後演變為陰譴冥報。周作人以為「陰譴說──我們姑且以雷殛惡人當作代表，何以在筆記書中那麼猖獗，這是極重要也極有趣的問題，雖然不容易解決。中國文人當然是儒家，不知什麼時候幾乎全然沙門教（不是佛教）化了，方士思想的侵入原也早有，但是現今這種情形我想還是近五百年的事，即如《陰騭文‧感應篇》的發達正在明朝，筆記裡也是明清最厲害的講報應，以前總還要好一點。查《太平御覽》卷十三雷與霹靂下，自《列女後傳》李叔卿事後有〈異苑〉等數條，說雷擊惡人事，《太平廣記》卷三九三以下三卷均說雷；其第一條亦是李叔卿事，題云《列女傳》，故此類記事可知自晉已有，但似不如後代之多而詳備。」（《瓜豆集‧說雷公》）認為這是佛教抄襲道教的少數事例之一。

帥，名叫關羽。真武像前侍立明代御制的關元帥銅鑄站像，戴冠著鎧，紅面美髯，執偃月大刀，衣帶飄起，造型英武，威嚴侍立。四大護法神也是真武大帝麾下的三十六天將中成員。明代神話小說《北遊記》中敘述了馬、趙、溫、關四元帥歸順真武大帝的故事，另文再敘。

　　南朝梁之著名道士陶弘景《刀劍錄》曾提到關羽用刀，說他「為先主所重，不惜身命，自採都山鐵為二刀，銘曰『萬人』。及敗，投入水中。」唐代郎士元〈關羽祠送高員外還荊州〉「走馬百戰場，一劍萬人敵」[290]；宋人張商英〈詠辭曹事〉：「月缺不改光，劍折不改鋩。月缺白易滿，劍折尚帶霜。勢利尋常事，難屈志士腸。男兒有死節，可殺不可量。」[291] 可為佐證，說明唐宋祠廟中的關羽造像，有的仍然以劍為兵器。複檢關漢卿雜劇，其中雖然格於《單刀會》題目正名，幾次提到「三停刀」、「偃月刀」，但更多談及關羽所持的兵器仍然是劍。可以想見，長期以來所以關羽形象以持劍知名，可能主要受到道教因素的影響。至於何時改持「偃月刀」，另文辨析，不贅。

「磨刀雨」

　　道教源於巫術，是基於中國本土信仰發展起來的宗教。而中國本土盛行泛自然神信仰，甚至連素以「不語怪力亂神」的儒家先師都承認山川嶽瀆本來都具有自然的神性。殷商卜辭本有「貞舞，允從雨」。[292]《史記》卷四七〈孔子世家〉云：「吳客曰：『誰為神？』仲尼曰：『山

290　《全唐詩》卷二四八。又大塚秀高曾撰有〈劍神の物語—關羽を中心として〉（載日本《埼玉大學紀要》32 卷第二號，1996 年出版）專門討論了關羽及其他歷史人物的刀劍傳說問題，收集分析了大量資料，不妨參看。唯未提及戲曲史料，亦未涉及劍器與道教之關係，故本文略綴數語，以為該文補充。

291　張鎮《乾隆解梁關帝志》卷四，第 256 頁。

292　《殷禮·徵文》。

川之神，足以綱紀天下，其守為神，社稷為公侯，皆屬於王者。』」王肅注：「守山川之祀者為神，謂諸侯也。」韋昭注：「足以綱紀天下，謂名山大川能興雲致雨以利天下也。」按《禮記・王制》：

> 天子祭天地，諸侯祭社稷，大夫祭五祀。天子祭天下名山大川，五嶽視三公，四瀆視諸侯；諸侯祭名山大川之在其地者。

又《祭法》：

> 山林川谷丘陵，能出雲，為風雨，見怪物，皆曰神。

又《公羊傳・僖公三十一年》：

> 曷為祭泰山河海？山川有能潤於百里者，天子秩而祭之。

是故嬴秦以來，歷代皇帝都以祭封五嶽四瀆神靈為國之大禮。[293] 唐玄宗曾有是舉，「安史」亂後，不復有再。趙宋代周，結束了五代紛亂局面，重新實現了統一，不久即開始上承唐統而郊祀天下。[294] 在第一批列入國家祀典的祠廟中，當然會有文、武二廟，而關羽也在唐宋進入武廟從祀。[295] 許地山《道教史》認為：

---

[293] 筆者以為，這種觀念正是中國傳統文化中注意保護環境的萌芽意識。所謂「名山大川能興雲致雨」，「山川有能潤於百里者」，其核心原因正是在於其大面積的封樹植被涵養水土，且該處一旦進入封祀，則例禁樵採，歷代相沿，古木參天，而祭宮、僧寺、道觀、書院亦點綴其間，成為一方勝景。以今日之環保觀念視之，這類國家行為是有利於「可永續發展」的。傳統文化遭遇顛覆以後，在「破除迷信」的口號下，名山大川的森林相繼受到 1950 年代森林工業、大煉鋼鐵、1960～1970 年代圍墾開坡造田以及 1980 年代以後商業性無度開發的摧毀性破壞，遂不復舊觀，造成近世中國生態人文環境的急遽惡化，極可痛心。

[294] 宋開國之初，禮儀未修，常出現臨時將就之情事。可參釋文瑩《玉壺清話》卷二「太祖初郊，凡關典大儀，修講或未全備」條（第 15 頁），及其後「擒劉鋹至闕下，欲獻俘太廟，莫知其儀」條（第 16 頁）。

[295] 據《新唐書》卷十五〈禮樂志五〉，建中三年（782）始置武成廟，從祀即有「蜀前將軍漢壽亭侯關羽」。此事牽涉頗廣，當另文探及。宋人有〈武成王從祀贊〉：「劍氣凌雲，實日虎臣。勇加一國，敵號萬人。蜀展其驥，吳折其鱗。惜乎忠勇，前後絕倫。」（《乾隆解梁關帝志》卷四，第

　　祈禳本為宋國所重，墨子生於宋，故他的門徒多習祝史之事。道德家本不主祈禳，因為這是巫祝的要術，不是學清靜無為的人所當的。但自墨道參入後，祈禳幾乎占領道家施行方面的全部！秦漢間的方士都能祈禳，《淮南》有土龍求雨之文，董子甚且以儒家施行這事。祈禳之法到後來越盛，依《神仙傳・王遠傳》所記，則漢桓帝時，學神仙的人已教人用符法禳災治病了。漢魏道徒所知神仙不過如《神仙傳》所載九十二人（自注：葛洪的自序中提到秦時阮倉所記有數百人，劉向所撰又七十餘人）著者把墨子也入仙班，是一件很可注意的事。到五代時候。道士中還有會「墨子術」的，我們在史乘中找出底下一段話：「是時魏州妖人楊千郎用事，自言有『墨子術』，能驅役鬼神，化丹砂水銀。莊宗頗神之，拜千郎為檢校尚書郎，賜紫。其妻出入宮禁，承恩寵，而士或因之以求官爵。」（自注：《新五代史》卷十四太祖子）

　　趙宋本據宋國故地，善「墨子術」者尤多，故有宋一朝特重祈禳。《宋史・禮志・祈報》曰：

　　祈報。《周官》：「太祝掌六祝之辭，以事鬼神，示其福祥。」於是歷代皆有禬禜之事。宋因之，有祈有報。祈用酒、脯、醢、郊廟、社稷，或用少牢；其報如常祀。或親禱諸寺觀，或再幸，或撤樂、減膳，進蔬饌，或分遣官告天地、太廟、社稷、嶽鎮、海瀆，或望祭於南北郊，或五龍堂、城隍廟、九龍堂、濬溝廟，諸祠如子張、子夏、信陵君、段干木、扁鵲、張儀、吳起、單雄信等廟，亦祀之。或啟建道場於諸寺觀，或遣內臣分詣諸州，如河中之后土廟、太寧宮，亳之太清宮、明道宮，兗之會真景靈宮、太極觀，鳳翔之太平宮，舒州之靈仙觀，江州之太平觀，泗州之延祥觀，皆函香奉祝，驛往禱之。凡旱、蝗、水潦、無雪，皆禜禱焉。

359～360頁）即詠其事。

陸游的一番言論，足以為宋人觀念之代表。他說：

山川之祀，自《虞書》以來見於載籍，與天地宗廟並。或謂山川興雲雨，澤枯槁，宜在秩祀，非必有神主之。以予考之殆不然。「維岳降神，生甫及申。」山川之神與人死而為山川之神，一也。豈幸而見於經則可信，後世則舉而不可信耶？柳宗元死為羅池之神，其傳甚怪，而韓文公實之。張路斯自人為龍廟於潁上，其傳尤怪，而蘇文忠公實之。蓋二神者所傳雖不可知，而水旱之禱，卓乎偉哉，不可泯沒，則二公亦不得而掩也。予適蜀見李冰、張惡子廟於離堆、梓潼之山，皆血食千載，非獨世未有疑者，蓋其靈響暴著，亦有不容置疑者矣。[296]

說明韓愈、蘇軾亦參與立神，且以信善之人多勢眾作為神明「不容置疑」的理由。此番作為正值理學接受「神道設教」的前後，故不奇怪。

以農立國，最怕雨誤農時。故上古以來祈雨便是巫之基本職能，後來佛道兩家也於此道各擅勝場，而儒家以地方官吏職司所繫也於祈雨一事鄭重為之。查商湯即有為民祈雨之舉，《墨子·兼愛下》曰：

湯曰：「予小子履，敢用玄牡？」告於上天后曰：「今天大旱，即當朕身履。未知得罪於上下，有善不敢蔽，有罪不敢赦，簡在帝心。萬方有罪，即當朕身。朕身有罪，無及萬方。」即此言湯貴為天子，富有天下，然且不憚以身為犧牲，以詞說於上帝鬼神。

《荀子》雖「非鬼神」，但亦記敘說：

湯旱而禱，曰：「政不節歟？使民疾歟？何以不雨致斯極也！宮室崇歟？女謁盛歟？何以不雨致斯極也！苞苴行歟？讒夫昌歟？何以不雨致斯極也！」

　　許地山《道教史》嘗言道家巫術職能，主要有六，曰「降神」、「解夢」、「預言」、「醫病」和「星占」，其中也包括「祈雨」：

　　古時常以女巫祈雨。《周禮》女巫「曰暵則舞雩」，舞師「教皇舞，帥而舞旱日暵之事」。古時祈雨必舞雩，《論衡・明雩》說魯禮於暮春令樂人涉沂水以象龍從水中出，歌舞雩底歌，詠而行饋祭，所以《論語》說「浴乎沂，風乎舞雩，詠而歸。」歸在饋祭解。祈雨不應，甚至把巫焚燒。或曝於日中。《左傳》僖公二十一年公因大旱焚巫尪，臧文仲以為無益。縣子勸穆公的話也是一樣意思。

　　唯從唐碑記敘，當年馮興以解鹽池神禱雨，「嘗不朝而雨斯足，如是者數四」觀之，後世以關羽為禱雨之神靈，蓋亦有自。惜未能明言所禱者，是否為後世喧鬧五月之「磨刀雨」耳。後來關羽傳說中「龍」的部分，以及民俗祈雨及民諺「大旱不過五月十三」，都於關羽寄予特殊期望。原其所由，當自宋代始。歐陽脩有〈祭桓侯文〉[297]以禱雨，曰：

　　謹以麄肩卮酒，告於桓侯張將軍之靈：農之為事，亦勞矣。盡筋力，勤歲時，數年之耕，不遇一歲之升。升租賦科斂之不暇，有餘而食，其得幾何？不幸則水旱，相枕為餓殍。夫豐歲常少，而荒歲常多。今夏麥已登，粟與稻之早者，民皆食矣。秋又大熟，則庶幾可以支一二歲之凶荒。歲功將成，曷忍敗之？今晚田秋稼而少雨，雨之降者，頻在近郊。山田僻遠，欲雨（一作高阜）之方，皆未及也。唯神降麻，宜均其惠，而終成歲功。神生以忠勇事人，威名震於荊楚，沒食其土，民之所宜告也。尚饗！

297　載《居士集》卷四十九。

　　據《居士集》，此文為歐陽脩貶謫夷陵令任上所作，其地屬於荊州。唯從結末語「神生以忠勇事人，威名震於荊楚，沒食其土」觀之，頗疑所祭者原應當為關羽而非張飛，其理至明。不知是後世傳抄之誤，抑或歐陽脩確曾如此。[298] 若推斷不誤，則北宋時關羽已成為民間禱雨之神。從「今晚田秋稼而少雨」一語推之，所禱必非民間所傳五月之「磨刀雨」。

　　又《解梁關帝志》卷之一敕文云：

　　孝宗淳熙十四年加封壯繆義勇武安英濟王。敕云：「生立大節，與天地以並傳；沒為神明，亙古今而不朽。荊門軍當陽縣顯烈神壯繆侯義勇武安王，名著史冊，功存生民。一方以依，千載如在。凡有禱於水旱雨暘之際，若或見於蓑蒿淒愴之間，英烈言言可畏，而仰廟貌奕奕，雖遠益新。爰啟王封，仍加美號，豈特顯爾神威德之盛，亦以慰此邦父老之情。尚祈靈聰，服我休顯。可特封壯繆義勇武安英濟王。奉敕如右。」[299]

　　開手破題四六，即作兩比，當然出於兩榜甲科之手。又黃茂才〈武安王贊〉：

　　氣蓋世，勇而強。萬眾中，刺顏良。身歸漢，義益彰。位上將，威莫當。吳人詐，失不防。質諸心，吾何傷？嚴廟貌，爵封王。祚我宋，司雨暘。禱而應，彌災荒。名與澤，蒙泉長。[300]

298　《夷堅志》：「涪江張恆侯廟，紹興初，張魏公宣撫蜀中，有死卒更生，傳神語欲助順。未幾，金婁室兀朮連犯漢中，皆敗去。魏公承制，追封『忠顯王』。」則張飛之王封，亦自南宋始。按《三國志》本傳曾敘「當陽之役，先主棄妻子走，使張飛以二十騎拒後，飛據水斷橋，瞋目橫矛，曰：『身是張翼德也，可來共決死！』敵皆無敢近者。」此即其「威名震於荊楚」之神蹟歟？

299　張鎮《乾隆解梁關帝志》卷一，第 66 頁。按《宋大詔令集》（北京：中華書局，1962 年）未載此文，司義祖撰寫之「點校說明」亦明言該集收錄不全。如卷 135 ～ 136《典禮‧天神》類的詔書僅止於徽宗宣和元年。故不能以此驟定淳熙敕文之真偽。姑仍保留。

300　張鎮《乾隆解梁關帝志》卷四，第 359 頁。

　　則知關羽的禱雨功能，在南宋已有定論。案宋代於禱雨一事極為重視，《邵氏聞見後錄》卷第一曾描敘仁宗慶曆年間禱雨，本欲偷懶圖近便，卻為諫官王素駁難。幾番周折，終於決定在「日色甚熾，埃霧漲天」的情況下特意步行至西太乙宮禱雨，晚上又「即殿庭雨立百拜，焚生龍腦香十七斤，至中夜，舉體盡濕」的故事。邵博未言何年，但李燾《續資治通鑑長編》卷一百四十一，將此事繫於慶曆三年（西元一〇四三年）五月戊子，並考證說：「恐博所記西太一宮即相國寺、會靈觀。及七年三月，禱西太一宮，則素不在諫院矣。又按《會要·祈禱門》，慶曆三年五月十四日，幸大相國寺、會靈觀祈雨。先是，諫官以天旱，請遣官祈雨。帝曰：『朕已於宮中蔬食，密禱上天，引咎責己，庶獲豐穰之應。』宰臣章得象曰：『陛下奉天憂民，至誠如此，必有感召。』所稱諫官，必王素也。當考詳增入。」[301] 可知在當時皇帝親自禱雨，並非罕事。

　　有趣的是，道教典籍記敘當年黃帝系戰蚩尤系，是以「旱魃」破解「水攻」而致勝的。《山海經·大荒北經》：「蚩尤作兵伐黃帝，黃帝使應龍攻之冀州之野。應龍蓄水，蚩尤請風伯雨師縱大風雨。黃帝乃下天女曰魃，雨止，遂殺蚩尤。」《雲笈七籤》卷一百引〈軒轅本紀〉：「復率諸侯再伐蚩尤於冀州。蚩尤率魑魅魍魎，請風伯雨師，從〔縱〕天大風而來，命應龍蓄水以攻黃帝。黃帝請風伯雨師及天下女襖，以止雨於東荒之地，北隅諸山，黎土羌兵，驅應龍以處南極，殺蚩尤與夸父。」

　　兩說略有差異，但故事大體相同，或者反映的是洪荒時代人們常為水困的情形。鹽池因「水潦」致災而疑及蚩尤，倒是接近神話的本來面

301　《宋史·太宗本紀》：「（八年）五月丁卯，詔作太一宮於都城南。」又《東軒筆錄》：「太一宮舊在京城西蘇村，謂之『西太一』。熙寧初，詔作宮於京城之東西隅。」熙寧是神宗即位之年號。此次由城外搬進城內，恐怕與宋仁宗的此番遭際不無關係。

目。頗疑解池被水所以被「誤會」為「水涸」，亦為關羽能夠「掣電轟雷，騰雲致雨」之神功靈跡張本也。

至遲在元代，關羽誕日已被官方定為五月十三日，恰當孟夏之中，明清仍之。唯由郝經〈重建廟記〉曾言「郡國州縣、鄉邑閭井皆有廟，夏五月十三日，秋九月十有三日，則大為祈賽」，如果加上一月十三的春祭，則是三祭，並無其他寓意。但由於五月十三恰好撞上了明清以後的農業進步，這個日子被賦予全新的意義。

據《元史》卷七十三，忽必烈曾於正月十五日「舁監壇漢關羽神轎」奉佛。《清史稿·禮三》：

關聖帝君清初都盛京，建廟地載門外，賜額「義高千古」。世祖入關，復建廟地安門外，歲以五月十三日致祭。……（雍正三年）增春、秋二祭。洛陽、解州後裔並授五經博士，世襲承祀。尋定春、秋祀儀。

臺灣民俗中至今尚保存著春祭之日，不過也許是因為年代已久，失其所自，而訛傳為「關帝生日」。如西元一九七六年至一九八三年編纂的《嘉義縣志》就說：

歲時民俗：（正月）十三日關帝爺生……康熙五十二年（西元一七一三年）北路營參將翁國楨建關帝廟於嘉義縣內東部隅，參將阮蔡文、守備游崇功成之，日據後已拆毀無存。神像多混祀於縣境若干廟宇，民多崇祀之。

（五月）十三日關平生：此日是關帝部屬，即其義子關平神誕，世誤為夏禹神誕，有關廟宇舉行祭典。

一九五七年至一九六〇年編纂的《臺南縣志》亦云：

　　歲時民俗：（正月）關帝爺生（十三日）⋯⋯此日是其神誕，除相關廟宇舉行盛大祭典外，鄉鎮工商業者亦備辦牲醴隆重致祭，並於傍晚設宴招待員工聚飲，旨在使員工傚法關帝爺的信義清白之美德。

　　此亦物候使然，臺灣地處熱帶，已無求雨之需，故樂於與年俗合併。而此俗在中土則因物候不同，傳說亦多。試為分別言之。

　　清康熙時李光第等修《御定月令輯要》曰：

　　（五月）十三日，關廟祭獻：原《續文獻通考》，漢壽亭侯關公廟五月十三日遣太常寺官祭。增《帝京景物略》：五月十三日進刀馬於關帝廟。刀以鐵，其重八十觔。紙馬高二丈，鞍韉繡文，轡銜金色，旗鼓頭踏導之。[302]

　　而明清以來，此日又以「磨刀雨」，「大旱不過五月十三」等農諺盛行於黃河南北，其中緣故亦值得分析。[303]

　　郝經〈重建武安王廟記〉的記載：

　　郡國州縣、鄉邑閭井皆有廟，夏五月十三日，秋九月十有三日，則大為祈賽，整仗盛儀，旌甲旗鼓，長刀赤驥，儼如王生。[304]

　　證明至遲此時「五月十三」已經成為關羽祀日，唯顯然無關農作，倒更像是遊牧民族趁夏草正肥的閱兵式。自石敬瑭拱手送給契丹燕雲十六州以後五個世紀以來，河北一帶始終存在著農耕畜牧混合的經濟形態。但自明初大量移民由山西進入河北、河南、山東飽經戰亂蹂躪之

302　文淵閣四庫全書本《欽定月令輯要》，卷十，第 23 頁。

303　黃仁宇在《赫遜河畔談中國歷史·「藩鎮之禍」的真面目》中，曾約略論及「我們從各種跡象看，河北在九世紀好像已經成為農業和畜牧的混合區域。」（北京三聯書店 1992 年，第 124～125 頁）可以參看。

304　繫年己酉，即蒙古海迷失后元年（南宋淳祐九年，即 1249 年）。《全元文》（江蘇古籍出版社 1998 年排校本）第四冊，第 385 頁。

地，即所謂「要問家在哪裡住，洪洞縣裡老槐樹」之永樂年間北方大遷徙，耕作作物、技術和相關民俗自應發生變化，以中國之大，農業區域跨越了若干個植物帶，自然不能一概而論。以北方麥黍產區而論，農曆五月中旬意味著麥收後二期作物播種，亟需及時之雨。康熙三十一年山西《黎城縣志》言：

歲時民俗：（五月）十三日為「關帝誕期」，饗賽三日。解州則於四月八日，乃忌日也。是月也，種椹、采艾、移竹、薦含桃、刈麥。按《陰陽書》云：「大麥生於杏二百日秀，秀後五十日成。小麥生於桃二百一十日秀，秀後六十日成。皆在五月。」《說文》曰：「麥金旺而秀，火旺而死。八月乃金旺之月，麥於是月而生。五月乃火旺之月，麥於是月而死。」《月令》：「孟夏登麥。」蓋南北風土物候，自有不同也。

夏作播種季節的雨水，直接決定著秋糧的收成。但中原和華北地區由於多年連續性墾伐過度，夏季經常發生乾旱少雨，且趨勢越來越明顯，所以五月中旬的祈雨就成為影響民生國計的重要儀典了。民國二十二年河北《滄縣志》記述求雨儀式較詳，曰：

鄉民祈雨：五六月間旱，鄉民乃祈雨。先有一二無賴子夜入關帝廟，負偶像置村外。翌晨，村人相驚曰：「關帝至矣！」乃結蘆棚，擊鐃鼓，抬香案至偶像前。羅拜祈禱畢，舁偶像置之香案上，折柳作冠加像首，抬入棚。村人每日鐃鼓進香者四五起。若斯三日，名曰「坐壇」。四之日，乃出巡，意使關帝見旱槁之景象也。先一人執大鑼。帶黃紙符數十張，書「祈雨」二字，入村黏樹上或人家門戶。大群之行前，二人鳴鑼開道，一品執事列其後，再後為童子扮雷公、閃將、風婆、雲童，壯者肩之行，再後十餘人，再鼓鈸四五隨之，再後為龍公、龍母，手車一輪，

上置水缸，貯水插柳，龍公推之，龍母挽之，作醜裝醜態，以樂觀者。
再後為僧道，逢井泉或路祭者，則擊法器誦經，笙管和之；再後為赤兔
馬，赤色駿馬一匹，鞍轡陸離，馬童作劇場裝，掄大刀，挽絡緩步。再
後為神案，四人昇之，關帝偶像在其上。社首四五人。長衫搖扇，安步
左右。最後有抬大柳鉢者，收祭品雜置鉢中。出巡三日，歸復安壇三日，
如坐壇禮。前後凡九日。九日內微有雨，則歸功於羽，演劇以酬之。或
未出巡，雨已沾足，則仍具儀仗出行，名曰「誇觀」。九日不雨，則曰
「吾村關帝不靈」。次年復旱，則竊他村偶像以祈之。或兩村出巡相遇，
則爭道曰：「吾村之帝，不讓汝村之帝也。」東北一帶有抬大土龍者，
較之乞靈於關羽尚稍近理。

　　實際上董仲舒《春秋繁露·求雨》，已經記敘了西漢四月立夏日求
雨的儀典：

　　夏求雨，令縣邑以水日，家人祀灶。無舉土功，更大濬井。暴釜於
壇，杵臼於術，七日。為四通之壇於邑南門之外，方七尺。植赤繒七。
其神蚩尤。祭之以赤雄雞七。玄酒，具清酒、脯脯。祝齋三日，服赤衣，
拜跪陳祝如春祠。

　　范曄《後漢書·禮儀志中》劉昭補注「閉諸陽衣皂興土龍」亦云：

　　夏求雨，令縣邑以水日家人祀灶，毋舉土功。更大濬井。暴釜於壇，
杵臼於術，七日。為四通之壇於邑南門之外，方七尺，植赤繒七。其神
蚩尤。

　　可知明清鄉民五月因祈雨而拜祭關公，實為承襲漢代四月拜蚩尤而
來，真是匪夷所思。《春秋繁露》同卷也談到了龍：

以丙丁日為大赤龍一，長七丈，居中央。又為小龍六，各長三丈五尺，於南方。皆南鄉，其間相去七尺。壯者七人，皆齋三日，服赤衣而舞之。司空嗇夫亦齋三日，服赤衣而立之。鑿社而通之閭外之溝。取五蝦蟆，錯置里社之中，池方七尺，深一尺，具酒脯，祝齋，衣赤衣。拜跪陳祝如初。取三歲雄雞、豭豬，燔之四通神宇。開陰閉陽如春也。

《後漢書‧禮儀志中》劉昭注「官長以次行雩禮求雨」，亦云：

龍見而雩。龍，角、亢也。謂四月昏，龍星體見，萬物始盛，待雨而大，故雩祭以求雨也。

一說，大雩者，祭於帝而祈雨也。一說，郊，祀天祈農事；雩，祭山川而祈雨也。

以龍為祈雨之神，其實是比較後起的一種說法。印度地處熱帶，只有雨季旱季之分，不應有春夏祈雨之典。融入中國後，始以中土原有之「應龍」，雜糅進佛教的「龍王」觀念混合而成的。案「應龍」就是前述蚩尤率魑魅魍魎，「命應龍蓄水以攻黃帝」中所提，但是《山海經‧大荒東經》又云：「大荒東北隅中，有山名曰『凶犁土丘』。應龍處南極，殺蚩尤與夸父，不得復上。故下數旱。旱而為應龍之狀，乃得大雨。」「為之狀」即有些地方民俗祈雨必須舞龍之由。〈離騷〉有「應龍何畫？河海何歷？」之問，王逸注謂「禹治洪水時，有神龍以尾畫地，導水所注。」是應龍又兼為大禹之治水功臣。

致禱祈雨本承中土固有之嶽瀆崇拜，而在「三教論衡」中佛教亦不甘後人，故將《妙法蓮華經》和《華嚴經》中之八位或十位「龍王」，也作出了中國式的解釋。《法苑珠林》謂：

　　《分別功德論》：雨有三種：天雨細霧，龍雨甚粗。喜則和潤，瞋則雷電。阿修羅為共帝釋鬥，亦能降雨，粗細不定。

　　復據《文獻通考・郊社考》：

　　（開元）十八年，有龍現於興慶池，因祀而現也。敕太常卿韋紹草祭儀。紹奏曰：「臣謹案：《祭法》曰：能出雲為風雨者，皆曰神。龍者，四靈之畜，亦百物，能為風雨，亦曰神也。請用二月，有司筮日池旁，設壇官致齋，設籩豆，如祭雨師之儀。以龍致雨也。」詔從之。

　　考慮到當時道佛兩教紛爭的背景，韋紹建議算是一個折中的方案，當然會得到主張「三教平等」的唐明皇首肯了。「二月二，龍抬頭」的民諺，或者正因此而起。

　　自唐貞元起，「二月二」被定為道教之「中和節」，即以「踏青」為其特色。李商隱有〈二月二日〉詩：

二月二日江上行，東風日暖聞吹笙。
花須柳眼各無賴，紫蝶黃蜂俱有情。
萬里憶歸元亮井，三年從事亞夫營。
新灘莫悟遊人意，更作風檐夜雨聲。

　　以夜雨為憂思之由，可知其時尚在梓州東川節度使柳仲郢幕下。案此刻節氣已近驚蟄，陽氣萌動，萬物復甦，以春耕播種季節喜雨，故北方有「龍抬頭」之說，韋應物〈觀田家〉云：

微雨眾卉新，應雷驚蟄始。
田家幾日閒，耕種從此起。

　　即是詠此。而江南以物候關係，早已春意盎然，此日日「挑菜節」

而未必需雨。宋人張耒〈二月二日挑菜節，大雨不能出〉詩云：

> 久將菘芥芼南羹，佳節泥深人未行。
> 想見故園蔬甲好，一畦春水轆轤聲。

後世踵事增華，於「二月二」吃麵條（曰「龍鬚麵」），南方又有「二月二，照房梁，蠍子蜈蚣無處藏」等民俗，則是替代原出荊襄一帶「除五毒」的端午習俗，沿襲成例。後話不表。

五月中旬急需雨水的傳統麥作區域，似乎一直延伸到淮河流域。如萬曆四十二年（西元一六一四年）安徽《滁陽志》云：

> （五月）十三，農喜大雨。諺云：「五月十三下一滿，都去饒州販巨碗。」言獲多也。

康熙十二年（西元一六七三年）《滁州志》沿用前說：

> （五月）農喜是月大雨。諺云：「五月十三下一滿，都去饒州買豌豆（筆者按，應為『買巨碗』之訛）。」言獲多也。又云（五月）十三「大旱不過五月十三。」率驗。

但是在長江以南的傳統稻作區，卻有完全相反的「畏雨」農諺。如嘉慶十七年（西元一八一二年）湖南《祁陽縣志》：

> （五月）十三日為白龍生日，宜晴。諺曰：「五月十三下一遭，曬得南山竹也焦。」（道光三年《衡山縣志》，光緒元年《衡州府志》同）

民國二十五年（西元一九三六年）浙江《烏青鎮志》：

> 歲時民俗：（五月）十三日忌雨。（《田家五行》云：「五月十三連夜雨，明年早種白頭田。」）

　　五月中旬作物喜雨或畏雨的分野，在長江中游兩湖地區似乎特別清晰，宜乎有「單刀赴會」磨刀雨之稱。例如光緒元年（西元一八七五年）湖南《興寧縣志》辨析道：

　　歲時民俗：（五月）十三日為龍生，喜雨。諺云：「不怕五月十三漫，就怕五月十三斷。」又，二十六日有雨為「分龍雨」，南阡北陌，晴雨各別。諺云：「夏雨分牛跡。」（按：五月十三日雨，俗名磨刀雨，以關聖生日附會之）

　　又光緒八年（西元一八八二年）刊本湖北《孝感縣志》：

　　（五月）是月也，移竹，刈小麥。俗呼「雨程途」。初四、初五為划船雨，十三日為關公磨刀雨……十七日，十八日為洗街雨，二十四、五日為分龍雨。語云：「足不足，但看五月二十四、五、六。」又云：「五月看三八。」謂初八、十八、二十八宜有雨也。唯二十日俗云「龍曬衣」，不宜雨。語云：「打濕龍衣，四十日天乾。」

　　同治十一年湖北（西元一八七二年）《巴陵縣志》敘說稍詳：

　　（五月）十三日，謂之龍生日。可種竹，《齊民要術》所謂「竹醉日」也。（《岳陽風土記》）是日宜雨。諺云：「不怕五月十三漫，就怕五月十三斷。」以此卜後雨之有無。（《舊志》）《續博物志》云：「五月雨為分龍雨。」未定何日，楚俗謂二十為龍會，二十後逢辰為分龍日，此日無雨則旱。（《舊志》）岳州濱江，氣候尤熱，夏月南風則郁蒸特甚，居民多病痎瘧，皆暑濕所至也。湖湘間南風三日，則陂塘積水耗減已盡，土人謂之「南馬杓」。江湘四五月間，梅欲黃落，則水潤土溽，柱礎皆汗，蒸郁成雨，故曰「梅雨」。（以上皆出《岳陽風土記》）夏潦水漲，暑濕並蒸，牆壁衣帽，往往潛生白醭，倉禾發熱，米穀易霉。（《舊志》）

按宋人陸佃[305]《埤雅》已有「分龍雨」之說，略謂：

世俗五月謂分龍雨曰「隔轍雨」，言夏雨多暴至，龍各有分域，雨
暘往往隔轍而異也。……四月二十為小分龍，五月二十為大分龍。大晴
主旱，大雨主澇。

大晴大雨都不宜，既希望致雨而又非災，所謂「小雨下得正是時
候」。這個分寸也難拿捏，故須致禱求拜也。

由唐代二月「祭龍致雨」，到晚明及清代的「五月十三日，謂之
『龍生日』」，意味著求雨的需求已由春作播種延伸到夏作播種，實則
反映了中國「精耕細作」農業技術的長足進步。即北方由「春種秋收」
的一季作物栽培，發展為「冬種夏收」和「夏種秋收」的一年兩季或兩
年三季的作物栽培及技術。蓋源江南地區早已能夏播輪作水稻及棉花、
大豆等經濟作物，並逐漸北移到黃河流域。白居易任盩厔尉時有〈觀刈
麥〉詩「農家少閒月，五月人倍忙。夜來南風起，小麥復隴黃。」[306] 蓋
盩厔所需之刈麥南風，亦是解池所需之生鹽南風也。北宋時亦有「五月
麥黃水」的說法。劉跂《暇日記》「解凍水」條曰：

正月解凍水，二月白蘋水，三月桃花水，四月瓜蔓水，五月麥黃
水，六月山礬水，七月莬花水，八月荻苗水，九月霜降水，十月復槽水，
十一月走凌水，十二月蹙凌水。元祐春初，部管人夫到滑州大河上，聞
此。[307]

305　陸佃（1042～1102）字農師，號陶山，宋山陰人。陸游之祖父，熙寧三年（1070）應試入京，授蔡
　　州推官，召補國子監直講。後擢中書舍人、給事中。安石卒，佃率諸生哭而祭之，時人嘉其無向
　　背。遷禮部侍郎，預修《神宗實錄》，後改知江寧府。後知泰州，又改海州。徽宗即位，召為禮
　　部侍郎，命修《哲宗實錄》。尋拜尚書右丞，轉左丞。為政平恕，卒，年六十一。追復資政殿學
　　士。所著有《陶山集》十四卷及《埤雅》、《禮象》、《春秋後傳》等。《宋史》有傳。
306　《白居易集》卷一〈諷諭一・古調詩五言〉。
307　轉引自《宋人小說類編・地理類》，北京：中國書店 1985 年影印本。

191

這是民間不斷總結物候標準的結果。又《宋史‧禮十六（嘉禮四）》云：

太宗太平興國二年二月，幸新鑿池，賜役卒錢布有差，六月，幸飛龍院。是後凡四幸。三年四月，觀刈麥。

則汴梁四月亦可以觀刈麥，但恐怕不會是常例。宋真宗時開始有計劃地引進域外物種，以廣生計，《湘山野錄》云：

真宗深念稼穡，聞占城稻耐旱，西天菉豆，子多而粒大，各遣使以珍貨求其種。占城得種二十石，至今在處播之。西天中印土得菉豆種二石，不知今之菉豆是否。

又《宋會要輯稿》敘述稍詳：

大中祥符五年五月，遣使往福建取占城稻三千斛，分給江淮、兩浙三路，轉給種之。其法曰：南方地暖，二月中下旬至三月上旬下種。如淮南地稍寒，則酌其節候下種，至八月而熟。是稻即早稻也。真宗以三路微旱則稻患不登，故以為賜，仍榜示揭民。[308]

占城在越南，西天為中印度，都是熱帶和亞熱帶的物種。這恐怕是中國官方第一次大規模引進外來作物，目的應當是便於提前播下耐寒品種，以便達到一年兩作或者兩年三作之目的的。日本史學界近年討論宋代農村社會史時，曾爭論過類似問題。據稱「即按照一般觀點，在華北普及二年三熟制的同時，江南生產力超乎其上，推廣了水稻生產。以長江下游三角洲為中心修建了廣大圩田、圍田等水田，引進了占城稻等新品種，實行了稻麥二熟制、施肥、精耕細作等就是其象徵，特別以蘇州

308　《宋會要輯稿‧食貨》卷一，第17頁。

為中心的浙西地區，這些技術已普遍展開。」對此，大澤正昭綜合論述了浙東陂塘灌溉地區生產力相對於浙西圍田的優越性。足立啟二則謂：「兩浙對水的高度管理（乾田）、稻麥二熟制、施肥、中耕除草等農業集約化發達地區是河谷平原和扇狀地，以蘇州為中心的浙西三角洲地區仍停留在極粗放的水準上，不僅兩熟制不可能，甚至無法連作的耕地大量存在，也沒有引入施肥技術。[309] 這些討論所掌握的證據恐怕還不完備，沒有把各時代不同地區的農諺即當時富有總結性的實踐經驗作為重要證據考慮進去。

明初鄭和遠洋，即特別注意收集外來物種，尤以晚明與葡萄牙、西班牙海外貿易的成果最豐。由新發現的美洲大陸不斷傳入新的植物，使中國作物品系有了明顯增加，其中特別是甘薯、馬鈴薯和玉蜀黍等類作物的引入，逐漸成為夏播秋收之大宗。這是自漢唐沿絲綢之路先後由中亞、西亞及歐洲引進物種以來對中國農業最重要的貢獻。其中蔬菜就有辣椒、番瓜、番茄和一些豆類品種，自不必說花生、菸草等影響深遠的經濟作物了。

這一時期的耕作栽培技術也有明顯改進，使夏播的耕作區域沿廣東、福建迤邐北上，漸次覆蓋了整個中原、華北及西北、東北的部分地區。對比元代王禎《農書》、明人徐光啟《農政全書》到宋應星《天工開物》，應該展示出這一時段中國農業技術的全面進展。例如《天工開物·乃粒》記載的旱稻栽培、水稻浸種法育秧和礦肥殺蟲劑混合拌種等，至今仍在使用。尤其是《農政全書·荒政》提倡甘薯類種植，在明末天災人禍中活人甚眾。正是引進物種帶來了農業巨大的變革，才會刺激農耕技術新的發展，不但在中國廣大地區產生對「磨刀雨」的強烈需

309　參《日本學者研究中國史論著選譯》第二卷，中華書局 1992 年。

求，也帶來清代前期中國人口的史無前例的急遽成長。

　　據《中國人口報》一九九五年七月三日〈中國歷代人口變化略表〉報告，晚明萬曆六年（西元一五七八年）中國總人口為六千零六十九萬人，清初康熙二十四年（西元一六八五年）即增加到一億零一百七十一萬人，百年間翻了將近一番，且在中國歷史上首次突破一億大關。到乾隆六十年（西元一七九五年）則已達到二億九千七百萬人，從此穩居世界第一人口大國。[310] 這應該是傳統農業區域和成熟的物種及耕作技術承載量的飽和點。除稍早的湖廣「填四川」外，乾隆以後又陸續開始了山陝「走西口」、魯冀「闖關東」和閩廣「下南洋」（包括臺灣）的大規模外延式遷徙移民，把中土盛行之關公崇拜也帶至新開發地區。

　　鑑於中國是世界上唯一具有連續不斷人口紀錄的國家，這兩百年間百分之五百的巨大成長，竟然輕而易舉地破解了後起然而極其著名的「馬爾薩斯循環」，[311] 曾引起人口學家對這段歷史統計之準確性的疑惑和嚴重懷疑。但經過一百多年來世界人口由十億到五十億的神速進展，使懷疑派領悟到龐大的人口基數，物種和技術的創新，以及持續的和平

310　學界還發表過一些不同資料，不盡一致。如傅衣凌曾據何炳棣《明清社會史論》的統計，認為「明初全國人口約有六千五百萬，到了明末增加一倍。尤其值得注意的，即自清嘉慶五年（1800）的三億又激增到道光三十年（1850）的四億四千萬人。」（1981 年天津《明清史國際學術討論會論文集》，天津人民出版社 1982 年，第 5 頁）其中對於明末人口的猜想相差一倍。歷史統計向為專學，不容外人置喙，本文所引亦只供參考，並非權威。

311　英國人馬爾薩斯（Malthus，1766 ～ 1834）所著《人口論》（*Essay on the Principle of Population*）於 1789 年（乾隆五十四年）出版，該書對於達爾文《演化論》有相當巨大的影響。馬爾薩斯認為人口是按等比數列增加，而糧食則是按等差數列有限地成長，若不能節制人口的成長，就會造成生存的競爭和不適者的淘汰。在第七章中他曾提出：「在某些國家，人口的增加似乎受到了推動。……這時期人口持續不斷地增加，而生活資源卻沒有增加。中國似乎就是這樣的國家。如果我們所知道的有關中國的各種記述是可靠的話，則中國下層階級的人民已習慣於幾乎靠少得不能再少的食物來維持生活，並且樂於食用歐洲的勞動者寧願餓死也不願意吃的腐爛變質的食物。」鑑於此項推斷聲明了前提，自然無需追究他對於中國人食譜的妄斷。正好在該書出版的同一年，英國國王派遣的使節團在馬戛爾尼的率領下到達北京，攜帶大量禮品並以謙恭態度要求與中國平等通商。可知英人此刻「所知道的有關中國的各種記述」仍然充滿著矛盾。蓋緣清代海禁使得西方貿易商人極為迫切地期待著與中國交換產品，卻又對中國總是處於「出超」地位充滿詛咒。這種矛盾態度一直影響到五十年後因「鴉片」挑起「戰爭」時國會的表決。另話不提。

發展環境，與人口加速度大幅成長間的正比關係。但也許正因為富足和由此帶來的傲慢，耽誤了中國進入新一輪的產業調整和科技革命。成敗蕭何，福兮禍兮？此題牽涉甚廣，自有經濟學家，人口學家和科技史家平章，不欲弄斧班門。

如果我們注意到，關羽崇拜就在這一時期，在廣大的農耕地區中獲得了重要的發展。而五月中旬的祈雨儀典，又是傳統農耕社會中崇祀關羽最重要的祭典。那麼，這個變化背後的文化密碼，就不難破譯了。[312]

針對祈雨神功的由來，又產生了對關羽形象和神格作出新詮釋的需求，於是道教默認了「關羽原即龍之化身」的相應傳說。清人《歷代神仙通鑑》卷九曰：

桓帝時，河東連年大旱，蒲阪居民聞雷首山澤中有一尊龍神，相傳亢旱求之極靈，集眾往跪泣告。老龍憫眾心切，是夜遂興雲霧，吸黃河水施降。上帝方惡此方尚華靡，暴殄天物，當災旱以彰罪譴，而老龍不秉上命，擅取封水救濟過民。上帝令天曹以法劍斬之，擲頭於地，以警人民。蒲東解縣有僧普靜，晨出視之，溪邊一龍首，即提至盧中，置合缸內，為誦經咒九日。忽聞缸中有聲，啟視已無一物，而溪東有呱呱聲，發至關道遠家（夏直臣關龍逢後）。（道遠）名毅，世居解良常平村寶池裡。（延熹三年）六月十五日，忽快雨如駛，一黑龍現於村，繞道遠之庭，有頃不見。夫人流芳方娠，至二十四日產一子，啼聲遠達。普靜索觀，豎眼攢眉，超頦長面，遍體如嘖血。普靜點頭曰：「忠義性成，神聖之質。」乳名壽，幼從師學，取名長生。及長，贅力敵萬夫。讀書

312　後又有秋日望雨之說。乾隆時《帝京歲時紀勝·占雪》云：「鄉民於重陽日、十三日望雨，則不致冬旱。諺云：『重陽無雨看十三，十三無雨一冬乾。』」（潘榮陛《帝京歲時紀勝》，北京古籍出版社 1981 年排印本，第 32 頁）冬季祈雨，更是針對北方地區小麥越冬的需求而來，亦以十三為訊，或踵繼五月十三之說而來。

明《易》象，尤好《春秋》。娶妻胡氏，於光和戊午年五月十三日，生子名平（俗傳平為繼子，及年月日俱非）。後自名羽，字雲長。

「雲長」之字，也能給人以求雨的希望。明顯順應祈雨需求，道教對關羽生平重新進行了系統的詮解，也力圖規範各種不同的傳說。這裡也可看出中明以來流行的通俗小說戲劇的明顯影響。比如老龍抗命行雨，就與《西遊記》敘涇河老龍為與相士袁天罡打賭爭勝，故意違時行雨，觸犯天條，被魏徵「夢斬」一事相類；而普靜之說則是和《三國志通俗演義》「玉泉顯聖」中關羽惑於前孽，呼喊「還我頭來」，而為普靜喝破前生一事接榫。

道教系統還有一些神祇也具有類似的物候預示功能，如《鑄鼎餘聞》卷二引宋婁元禮《田家五行·雜占》曰：

二月八日俗謂祠山神（張渤）生辰，前後必有風雨，號「接客風」、「送客雨」。初十日雨謂之「洗廚雨」。

明人田藝衡《留青日札》卷二八〈祠山大帝〉條：

（神）以二月八日生，先一日必多風，後一日必多雨。俗人相傳，以為神請其夫人之小姨飲酒，故加以風雨，欲視其足也。可謂瀆神矣。然至今此日風雨甚驗，亦異事也。

清人顧祿《清嘉錄》「凍狗肉」條：

（二月）八日為祠山張大帝誕，相傳大帝有風山女、雪山女歸省，前後數日必有風雨，號「請客風」、「送客雨」，雖天氣甚溫，又必驟寒。俗有「大帝吃凍狗肉」之諺。[313]

313　案宋人吳曾《能改齋漫錄》卷十八「廣德王開河為豬形」條，及元人《說郛》本《三柳軒雜識》，俱言張渤疏通長興至荊溪之聖瀆時，曾幻為巨豕，如《西遊記》述豬八戒拱「稀柿衕」

　　是為以地區不同的江南風雨徵驗。歷代所傳愈加鄙俗之故無他，特以人格神之家務事以增強婦孺之印象耳，表達出民俗的人情純樸。

　　另有一事似可道者，也與關羽及五月十三日頗有淵源。有一種傳為關羽創製的藝術品 ── 「關帝詩竹」，即每字狀似一叢竹葉，在竹竿上組成一首五言詩。詩云：

　　不謝東君意，丹青獨立名。莫嫌孤葉淡，終久不凋零。

　　還有一些地方是「風雨詩竹圖」，以前句為〈風竹〉詩，另有〈雨竹〉云：

　　大業修不然，鼎足勢如許。英雄淚難禁，點點枝頭雨。

　　《關聖帝君聖蹟圖志》謂，「竹詩」之石碣係明代宣德間出土於徐州鐵佛寺，為建安五年關羽「屯土約三事」，「降漢不降曹」以後在曹營所寫畫，以當書信給劉備自明心志的。平心而論，此詩竹圖的筆致、詩意都非上品，但托物言志，倒也中規中矩，且構思相當巧妙，應當是出自鄉村文士的筆墨遊戲。

　　按類似圖詩有多種傳世，散見於解州、涿州、徐州、荊州、奉節、少林寺、洛陽、西安、濟南、桂林等地石碣，形態各有不同。以「託古前朝」慣例，此必清代始有之圖。滿人素敬關羽，或者還以此寄寓了入清以後明遺民自命清高的心態，故流傳獨廣。後人不理解其中的曲折幽隱，遂以此詩為褻瀆關帝，曾批評道：

　　然，故其祭祀例不用豕。張渤乃平民神祇，故民多嘲謔之談。明人善謔，意在房闈床笫偷情之事，清人之謔則在自嘲。江南「驟寒」之「凍」，豈唯狗乎？

河南許昌春秋樓「關帝詩竹」碑拓片。傳謂關羽在許昌時「明志」的之作，而春秋樓則正是關羽當年府第所在。

帝之為人性情剛直，心地光明，其不肯久留之意，已不憚明言。一旦辭去，拜書封賜，何等磊磊落落，而顧為此暗昧之事耶！其筆力薄弱，恐後人所造。[314]

後話再表。至於何以選擇竹為關羽言志致意之由，亦有可說者。自北魏《齊民要術》以來一直流傳有「移竹日」之說，此風經文人煽熾，宋時已蔚然成俗。宋人陳元靚《歲時廣記》云：

龍生日：《岳陽風土記》：「五月十三謂之『龍生日』，栽竹多茂盛，又前輩作〈蒼筠傳〉云：『筠每歲惟五月十三日獨醉，或為人迎置他處，不知也。當時諺曰：此君經年常清齋，一日不齋醉如泥。有時倒載過晉地，茫然乘醉俱不知。』宋子京〈種竹詩〉云：『陰地圍牆植翠筠，疏枝葉茂與時新。賴逢醉日終無損，正似德全於酒人。』晏元獻公詩云：『竹醉人還醉，蠶眠我亦眠。』又云：『苒苒渭濱族，蕭蕭塵外姿。如能樂封植，何必醉中移。』東坡詩云：『竹是當年醉日栽。』」竹迷日：《筍譜》：「民間說竹有生日，即五月十三日，移竹宜用此日。或陰雨土虛則鞭行，明年

314　民國九年《解州志》。又《管錐編》第三冊〈全上古三代秦漢六朝文〉九五〈全三國文〉六〇有辨析「張飛畫美人，關羽補竹」圖事，相當透澈，亦可參看。

筍莖交至。一云：竹迷日栽竹，年年生筍。劉延世〈竹迷日栽竹詩〉云：『梅蒸方過有餘潤，竹醉由來自古云。掘地聊栽數竿玉，開簾還當一溪云。』然竹迷亦此日也。陳簡齋〈種竹詩〉云：『何須俟迷日，可笑世俗情。』」[315]

明清則普及到民間。如江南如嘉慶十三年（西元一八〇八年）刊江蘇《如皋縣志》：

（五月）十三日官府、小民、市井、船戶無不作關帝會者。又名「竹醉日」，移竹必活。

民國九年（西元一九二〇年）刊江蘇《六合縣續志稿》：

（五月）是月十三日乃關帝誕辰，官民祭享，演戲建醮以娛神。神雨播秧，謂之磨刀水。移竹，謂之「竹醉日」。

而北方亦有相同風習。同治七年刊河北《鹽山縣志》：

（五月）十三日為「竹醉日」，栽竹易活。

光緒二十七年（西元一九〇一年）刊安徽《和州志》：

（五月）十三日雨，宜種竹（古謂「竹醉日」）。一曰「磨刀雨」。

竹以歲寒不凋，虛心有節，碧玉傲霜，灑然清風，直干凌雲，與松、梅合稱「歲寒三友」；又以枝幹挺拔修長，綠葉疏密相間，形態清新雅緻，而和蘭、梅、菊並稱為「四君子」。以此比擬不流俗品，獨立清高，向來為文人雅士喜愛。目前發現最早的墨竹圖見於唐章懷太子墓壁畫，經北宋文與可及蘇軾兄弟的大加提倡，始能自成一科。明人王紱

315　文淵閣四庫全書本《歲時廣記》卷二，第9～10頁。

總結墨竹通於書法，「幹如篆，節如隸，枝如草，葉如真」，發展出一套筆墨趣味來，後遂大盛於清代，石濤、鄭燮即是此中高手，鄭氏甚至自敘「四十年來畫竹枝，日間揮灑夜間思」。此類「詩竹」當成於墨竹風行以後，顯示關羽已被雅士引為同調，受到由衷愛戴了。

此外，竹子從筍到枝葉桿都具有實用性，也是其他植物不能替代的。南方很多地區還以人工種植竹林，為其副業收入之主要來源，五月十三的「竹醉日」對於他們也有特別的意義。

「黃帝」、「蚩尤」與律曆星占

解州鹽池廟嘉靖碑談到關羽神蹟的原因時，還說：

> 夫申自岳降，說為列星，蓋元氣所鍾，終還造化，亦理之恆，無足駭者。[316]

這提醒我們還可以從天象角度解釋「關公斬蚩尤」的傳說。這並非始自北宋，殆無疑問。後世道教依傍緯書中的黃帝星職司之事造作神話神譜，已見前說。但質疑後世附會之憑藉究竟在何處，竊以為亦不能忽視宋元星占觀念的影響。作為傳說中的歷史人物，黃帝、蚩尤固然往矣，但是在古代星象圖裡，他們卻始終存在不滅並且各有執掌。這個情況與黃帝和蚩尤的後世糾葛有無關聯，亦需論及。

《重修緯書集成·春秋緯》云：

> 蚩尤伐矜，誅逆滅患。蚩尤起，天下之兵合，禍紛紛。[317]

316　《山西戲曲碑刻輯考》第 210 頁。

317　（日）安居香山、中村璋八輯《緯書集成》（呂宗力、欒保群等校點，河北人民出版社 1994 年 11 月）中冊，第 934 頁。

蚩尤之旗，五精離芒，天運大兵。垂其彗，後曲而前長，四方並亂，天下滅，兵群猾，動帝座於堂。見則五寇行，主不正暴，必有反兵，期五年，天子憂，不以亡，則九年凶。加於斗宿，天子矍矍，出於列位，勉正四方。[318]

可知「蚩尤星」本主「兵災之象」。《重修緯書集成‧孝經雌雄圖‧三十五妖星》：

蚩尤星（在並[319]宿中），出月左方。日在丙寅，熒惑將出而不出。其與日合三十日。其未出三日，必有災雲，白、赤、黑色三物，厭日之光。赤色之星有兩，赤方在其旁出，而生蚩尤之星，長十丈。其下有大戰。正星變色而赤，期二年。[320]

中國擁有世界唯一的連續不斷的天文觀測紀錄，也形成了獨具特色的天文學和星相學，這自然是民族文化的驕傲。早期的星象觀測例有皇家委派的官員擔任，並確立了中國的星際天文分野和命名，基本格局也一直沿襲下來。隨著歷代天文觀測技術的改進和天文知識的豐富，中國天文學總的說來是在不斷發展。但也有例外，比如宋代。和其科技方面的整體輝煌相比，國家對於天文律曆的關注和投資雖然占最多，但實績卻可以用四個字來形容──「一塌糊塗」。

按東漢盛行讖緯以解經學。[321]魏晉之後佛學入主，讖緯之學遂由儒學流入數術占星之學，得傳後世。值得強調的是，出於漢儒「天人合

318　同注 [62]

319　筆者按：二十八宿無「並」宿，疑應為「井」字之訛。

320　《緯書集成》中冊，第 1045 頁。

321　參《緯書集成》李學勤序。李序對西漢以後儒生「以緯配經」及其淵源沿革有所論述，此不贅。又馮友蘭《中國哲學史新編》辟有專章〈緯書的世界圖式〉，討論到緯書中的宇宙論、時空圖等哲學範圍的問題，亦可參看。

一」的政治理念，天文星象又在中國政治文化的設計中擔負著重要的、不可替代的職能。拿出可靠準確的節氣年曆，以供天下臣民一體遵行的「奉正朔」，已經是政治權力正統化與合法性的基本象徵了。而「天象示警」之類，亦其常見一端。邵博《邵氏聞見後錄》卷八曰：

> 梁武帝以熒惑入南斗，跣而下殿，以禳「熒惑入南斗，天子下殿走」之讖。及聞魏主西奔，慚曰：「虜亦應天象邪？」當其時，虜盡擅中原之土，安得不應天象也。[322]

即其一例。南梁、北魏皆為歷史上著名的佞佛之朝廷，猶然如此崇信天象之讖，余可知矣。此亦可以見出宋人觀念中「熒惑入主」之示警象徵。

天文曆法又關乎「禮」，錢鍾書《管錐編》言：

> 吾國古人每借天變以諫誡帝王，如《晏子春秋·諫》上之一八及二一以彗星為「天教」、熒惑為「天罰」。又《呂氏春秋·制樂》記文王、宋景公等事，後世史家且特設《五行志》。然君主復即以此道還治臣工，有災異則譴咎公卿。如《漢書·翟方進傳》：熒惑星變，「大臣宜當之」，致方進自殺；《晉書·石季龍載記》（上）：石宣欲殺王朗而無因，會熒惑守房，思以朗當之；《明史·世宗紀》：嘉靖十一年八月彗星見，乃「敕群臣修省」。此類亦史不絕書，有若反戈之擊，入甕之請。蓋人事一彼一此，非一端可執矣。《荀子·天論》：「日、月食而救之，天旱而雩，卜筮然後決大事，非以為求得也，以文之也；故君子以為文，而百姓以為神。」楊倞注：「順人之請，以為文飾。」神道設教，乃秉政者以民間原有信忌之或足以佐其為治也，因而損益依傍，

322　《邵氏聞見後錄》，中華書局校點本，1983 年版第 62 頁。

俗成約定，俾用之尚有效者，而言之差成理，所謂「文之也」。[323]

　　雖然宋人武備一直不能得意，但是文化優越感卻十分濃厚。錢鍾書以為，「宋之於金，正猶古羅馬之於希臘也，以武力則臣之僕之，而以文教則君之師之。」[324] 紀曆即其之一大端。這還曾使宋人在外交上受辱：

　　淳熙五年，金遣使來朝賀會慶節，妄稱其國曆九月庚寅晦為己丑晦。接使伴檢詳丘崈辨之，使者辭窮，於是朝廷益重曆事。[325]

　　紀曆對於民間則又是另一番用處。嘉泰元年（西元一二〇一年），「監察御史施康年劾太史局官吳澤、荊大聲、周端友循默尸祿，言災異不及時，詔各降一官。臣僚言：『頒正朔，所以前民用也。比曆書一日之間，吉凶並出，異端並用，如土鬼、暗金兀之類，則添注於凶神之上猶可也，而其首則揭九良之名，其末則出九曜吉凶之法、勘婚行嫁之法，至於《周公出行》、《一百二十歲宮宿圖》，凡閭閻鄙俚之說，無所不有。是豈正風俗、示四夷之道哉！』」[326]「正風俗，示四夷之道」，已明白無餘地表達了朝廷紀曆一事的另一種政治文化用途。

　　對於一直努力創建正統文化的宋朝君臣來說，曆法不準始終是一個令他們尷尬的問題。《宋史·律曆志一》強調了星象觀測的重要意義，並且很有感慨地說：

　　古者，帝王之治天下，以律曆為先；儒者之通天人，至律曆而止。曆以數始，數自律生，故律曆既正，寒暑以節，歲功以成，民事以序，

323　《管錐編》第一冊《周易正義》五〈觀〉。
324　錢氏謂中原之君「蓋欲以出境『經典』之『流』，起入室戈矛作用，今世各國設官專司『文化交流』，略涵此意。」參《管錐編》第四冊，中華書局版，第 1339 ～ 1340 頁。
325　《宋史·律曆志十五》。
326　同上。

庶績以凝，萬事根本由茲立焉。古人自入小學，知樂知數，已曉其原。後世老師宿儒猶或弗習律曆，而律曆之家未必知道，各師其師，歧而二之。雖有巧思，豈能究造化之統會，以識天人之蘊奧哉！是以審律造曆，更易不當，卒無一定之說。治效之不古若，亦此之由，而世豈察及是乎！

　　古代天文星占的主要職責，無非是相互關聯的兩事：一事是觀察星系、星座、行星、流星的相對位置、關係以及運動變化；一事是計算和預測為當時政治、社會和農業所關注的某一類天體運動，究竟會在何時發生，何地顯現，以警示君上和百姓。而道教符籙派之設醮祈禳，正可在此時大顯身手。故其關注之切，於國君重臣亦不遑多讓。北朝道家祖沖之即以天文紀曆聞名後世，隋代道士張賓曾主持「開皇曆」的制定，唐代以「步罡推斗」和「推背圖」聞名的道士李淳風也曾主持《麟德甲子元曆》的制定。「隋末劉焯造《皇極曆》，其道不行。淳風乃約之為法，時稱精密」。[327] 又《中國道教史》第二冊曾闢專節〈道教學者對天文律曆的貢獻〉，列舉了隋唐道士張賓、馬頤、薛頤、傅仁、李淳風、尚獻甫等人的多方面天文成就和著作。其中傅仁曾主持過唐初《戊寅元曆》的制定，薛頤則在唐太宗時擔任過太史令的職務。北宋則以陳搏《易龍圖》為承繼漢代緯學的代表，經邵雍等人的發揮與理學結合。但釋道兩家似乎都已經缺乏精於「天算曆學」的學者了，這對宋代天文學當然也是損失。此不枝蔓。

　　觀察星象是人類從未停止的活動。最初為星系、星座和行星命名，也大多使用神的名字。中外皆然，不足為奇。中國在觀測儀器的設計及製造方面，曾經長時期領先其他的民族，宋代也不輸前人。仁宗朝蘇頌（西元一○二○年至一一○一年）等人奉敕製作的「水運儀象臺」就

---

327 《舊唐書‧天文志》。

以其活動式屋頂蜚聲後世，亦是現代天文臺開合式觀測屋頂的始祖；今存蘇州碑刻博物館的「石刻星圖」（西元一一九三年繪製，一二四七年勒石）原是為年輕的宋寧宗普及天文學知識的。上面至今能夠辨認的星仍有一千四百三十四顆，而歐洲天文學家直到十五世紀才繪製出一千零二十二顆的星圖。

計算和預測的成果通常是以曆法形式出現的。我國自夏以來，紀曆主要參照月亮，故謂「陰曆」（或「夏曆」）；而實用性主要在於農業，故後亦稱「農曆」。簡言之，以今日之天文學看來，律曆制定的困難主要在於太陽視運動繞地球一週（回歸年）的平均值為 365.2422 日，而月亮圓缺一次（朔望月，或稱太陰月）只有 29.530588 天，十二個月則是 354.367056 天，比回歸年少了 10.875144 天。所以每隔三年例設「閏月」，以平衡太陽和月亮鬧的這點小彆扭，不免截長補短，化零為整。如果事止於此，不過是個麻煩的算術問題，有足夠的耐心和細心就能完成。問題在於得保證陰陽「合朔」在初一，還要分配妥當二十四個節氣，以應農時，這就複雜得多了。南朝之道家天文學家祖沖之（西元四二九年至五〇〇年）在《大明曆》中引進了「交點月」，首先應用了「歲差」的方法。把日食作為觀測「合朔」的時機，並以此作為校驗律曆的標準，被認為是天文學上的創舉之一，也大幅度提高了日食預報的準確度。但是誤差總是積小成大的，到了盛唐時用初唐《麟德律》觀測日食就已經屢次不合，遂在開元九年（西元七二一年）命西域密宗「開元三大士」善無畏和不空的大弟子僧一行（張燧）[328] 制定了《大

328　開元十二年（724），太史監南宮說接受一行建議，在河南、北平地測日晷及極星，測出子午線每一度為三百五十一里八十步（約合 129.22 公里，現代測量數為 111.2 公里），此係人類第一次對子午線長度進行實測。次年，一行又與梁令瓚製作了水運渾天儀，這些當然有助於他制定新曆，或者就是制定新曆的前期準備工作。應當充分考慮到一行乃是善無畏和不空傳人，在制定「大衍曆」時或者也參酌過天竺、西域密宗天文曆學及數學的成果，方成卓然一家。宋代困於外患，雖

衍律》。實地觀測比較的結果，《麟德律》符合之十之三四，而《大衍律》符合者十之七八。從此曆法又相對穩定了一段時期。

但是既然偏差還有，總會積微見到。又過兩二百多年，後周顯德年間，覆命王朴重新制曆，初名「欽天曆」，宋初沿用之。但到了宋太祖建隆二年（西元九六一年），「以推驗稍疏，詔王處訥等別造新曆。」兩年後成，命名「應天曆」。但「未幾，氣候漸差」，太平興國四年（西元九七九年），宋太宗又行「乾元曆」，不料「未幾，氣候又差」。然後陸續製作了「儀天」、「崇天」、「明天」、「奉元」、「觀天」、「紀元」諸曆，「迨靖康丙午，百六十餘年，而八改曆」。這還不算完，「南渡以後，曰『統元』、曰『乾道』、曰『淳熙』、曰『會元』、曰『開禧』、曰『成天』，至德祐丙子，又百五十餘年，復八改曆。」曆法都快變成年號了，可見這個問題始終困惑著有宋君臣。連以科學精神譽名後世的沈括也未能逃脫此劫，李燾就曾批評他說：

熙寧八年，始用《奉元曆》，沈括實主其議。明年正月月食，遽不效，詔問修理推恩者姓名，括具奏辨，得不廢。識者謂括強辨，不許其深於曆也。[329]

《宋史·律曆志》的撰寫者還進一步埋怨道：

使其初而立法脗合天道，則千歲日至可坐而致，奚必數數更法，以求幸合玄象哉！蓋必有任其責者矣。

然民間海上貿易已經直達紅海、阿拉伯灣以至非洲大陸東岸，但士大夫的精力都集中到抵禦外患、黨爭和理學上面了，似乎對於在數學和天文學上吸收外來文明注意不夠，這應當是宋人曆法落後的原因之一。

329　《宋史·律曆志十五》。

　　但是這位先生想必也是「外行看熱鬧」，直到二十世紀，現代科學才終於產生出一種「千歲日至可坐而致」的曆法，何況當時簡陋的觀測儀器。根據天象的實際變化不斷修改，本是制曆的一條正途。可惜宋人儘管創造出中國古代科技的輝煌時代，卻由於其他越來越繁瑣因素的介入，而在天文學上裹足不前，其實所差者不過毫釐而已。

　　實際上，慶元五年（西元一一九九年）頒布《統天曆》時，楊忠輔已首先使用了一年為 365.2325 日的精密歲實數值，較歐人公曆早約四百年。但是不知為何，「慶元五年七月辛卯朔，《統天曆》推日食，雲陰不見。六年六月乙酉朔，推日食不驗。嘉泰二年五月甲辰朔，日有食之，詔太史與草澤聚驗於朝，太陽午初一刻起虧，未初刻覆滿。《統天曆》先天一辰有半，乃罷楊忠輔，詔草澤通曉曆者應徵修治。」開禧年間，另造《開禧曆》附《統天曆》行世。當時正值因理學崛起而導致的「慶元黨禁」，鬧得沸沸揚揚。稍後郭守敬（西元一二三一年至一三一六年）、王恂（西元一二三四年至一二八一年）、許衡（西元一二〇九年至一二八一年）等由金入元的漢臣，於至元十八年（西元一二八一年）發明了「簡儀」，重新推算出與楊忠輔同樣的歲時數值，並引入了伊斯蘭曆法（「回回曆」）創制《授時曆》，才補正了宋曆之失，再造中國天文學的輝煌，當然這是後話了。

　　律曆不準的原因之一是儀器誤差。據稱王朴曾制「律準」，但和峴等人「以影表銅臬暨羊頭秬黍累尺制律，而度量權衡因以取正。但累代尺度與望臬殊，黍有巨細」，度量誤差必然導致計算誤差。據周密《齊東野語》載：

　　姚虞孫乃出新意，用藝祖受命之年，即位之日，元用庚辰，日起己卯，號紀元曆。於是立朔既差，定臘亦舛，日食亦皆不驗，未幾遂更焉。

宣和間，妄人方士魏漢津唱為黃帝、夏禹「以聲為律身為度」之說，不以黍，而用帝指。凡中指之中寸三，次指之中寸三，小指之中寸三，合而為九，為黃鐘律。又云：「中指之徑圍為容盛，則度量權衡，皆自此出焉。」或難之曰：「上春秋富，手指後或不同，奈何？」復為之說曰：「請指之歲，上適年二十四，得三八之數，是為太蔟人統。過是則寸有餘，不可用矣。」其敢為欺誕也如此，然終於不可用而止。此事前所未有，於理亦不可誣。小人欺罔取媚，而世主大臣方甘心受侮而不悟，可發識者一笑也。[330]

　　按皇帝手指也跟百姓一樣粗細長短不齊，以此作為基準，當然會使制曆工作演變成為一場政治鬧劇。深層因素其實不是科技，而是拍馬屁的官僚任意改動基本標準。況且制曆之初由於資料尚未校驗，例需引證典籍，以明其淵源有自，即所謂「凡欲驗取將來，必在考之既往」。翰林天文鄭昭晏特為引用「《春秋》交食及漢氏以來五星守犯，以新曆及唐《麟德》、《開元》二曆，復驗三十事，以究其疏密」。[331] 這種方法本來不錯，問題是一涉及《春秋》，話語權就會極度擴大，人人得而言之。蓋儒生雖不知算學數術為何物，但研習《春秋》者眾，而宋儒又最喜聚訟。如英宗時曾命司天監周琮、王炳、周應祥等修定唐曆，歷時三年完成，賜名《明天曆》。[332] 新法以「舊曆氣節加時，後天半日；五星之行，差半次；日食之候，差十刻」，周琮曾奉詔與司天中官正舒易簡及監生石道、劉邁，翰林學士范鎮、諸王府侍講孫思恭、國子監直講劉放等「考定是非」，引證更繁，《春秋》三傳亦在其中，而「言談

330　朱菊如等《齊東野語校注》，上海：華東師大出版社，1987 年出版，第 303 ～ 304 頁。

331　參《宋史‧律曆志三》。

332　宋人制曆之典故爭端足以成專學，中華書局校點本《宋史‧律曆志一》起首即縷述諸曆修改過程，不俱引。有興趣者可以檢閱。

侃侃，總論古今，評議他人，毫無慚色。上推《尚書》『辰弗集於房』
與《春秋》之日食，參今曆之所候，而易簡、道、遘等所學疏闊，不可
用，新曆為密。」「後三年，驗熙寧三年七月月食不效，乃詔復用《崇
天曆》，奪琮等遷官。」可見光是能說會道，亦非制曆之正道。[333] 范鎮
也因制曆問題與司馬光爭訟三十年，「鎮說自謂得古法，後司馬光數與
之論難，以為弗合。世鮮鐘律之學，卒莫辨其是非焉。」[334] 南渡後《春
秋》經學大家胡銓又著《審律論》，以司馬遷之「六律為萬事根本」立
論，大談「深惜後之談兵者止以戰鬥、擊刺、奇謀，此律之所以汩陳而
學者未嘗道也」云云，越扯越遠，不知所云。枝蔓不提。而天文曆算之
學，終成以科技成就傲視後世的宋人隱痛。故《元史·天文志一》稱：

宋自「靖康之亂」，儀象之器盡歸於金。元興，定鼎於燕，其初襲
用金舊，而規環不協，難復施用。於是太史郭守敬者，出其所創簡儀、
仰儀及諸儀表，皆臻於精妙，卓見絕識，蓋有古人所未及者。

又《宋史·天文志五》亦言「蚩尤之旗」云：

熒惑為南方，為夏，為火。於人五常，禮也；五事，視也。
火星之精，化為昭旦、蚩尤之旗、昭明、司危、天欃、赤彗。

則蚩尤星本為「熒惑」之一，又屬於「妖星」之列。《天文志》
又說，所謂「妖星」是指「五行乖戾之氣也」，「形狀不同，為殃則
一」，「蓋妖星長大則期遠而殃深，短小則期近而殃淺。」值得注意的
是，由於真宗「托祖」之故，天象中的「黃帝坐」已幾經變化。在宋朝
的天象學家和星占家的觀念裡，分明就是人間君王的代表。它和其他星

333　《宋史·律曆志七》。
334　《宋史·律曆志四》。

體關係及位置的相對變化，以及所預示的前景，幾乎涵蓋了帝王從政治職責到個人生活中所有最主要的考慮。[335]

《宋史‧天文志二》曰：

（太微垣十星）內五帝坐五星，內一星在太微中，黃帝坐，含樞紐之神也。天子動得天度，止得地意，從容中道則明以光，不明則人主當求賢以輔法；不則奪勢。四帝星夾黃帝坐，四方各去二度。東方，蒼帝靈威仰之神也；南方，赤帝赤熛怒之神也；西方，白帝白招拒之神也；北方，黑帝葉光紀之神也。黃帝坐明，天子壽，威令行；小則反是，勢在臣下；若亡，大人當之。月出坐北，禍大；出坐南，禍小；出近之，大臣誅，或饑；犯黃帝坐，有亂臣。抵帝坐，有土功事。月暈帝坐，有赦。《海中占》：月犯帝坐，人主惡之。五星守黃帝坐，大人憂。熒惑、太白入，有強臣。歲星犯，有非其主立。熒惑犯，兵亂；入天庭，至帝坐，有赦。太白入之，兵在宮中。填逆行，守黃帝坐，亡君之戒。五星入，色白，為亂。客星色黃白，抵帝坐，臣獻美女。彗星入，宮亂；抵帝坐，或若粉絮，兵、喪並起。流星犯之，大臣憂；抵四帝坐，輔臣憂，人多死。蒼白氣抵帝坐，天子有喪；青赤，近臣欲謀其主；黃白，天子有子孫喜。月犯四帝，天下有喪，諸侯有憂。五星犯四帝，為憂。

335　宋人為天象星座重新賦予系統含義的例子，可見沈括《夢溪筆談》。他在卷七《象數一》駁斥了古人「極無稽」之說，並言：「余按『登明』者，正月三陽始兆於地上，見龍在田，天下文明，故曰登明；『天魁』者，斗魁第一星也，斗魁第一星抵於戌，故曰天魁；『從魁』者，斗魁第二星也，斗魁第二星抵於酉，放曰從魁；斗杓一星建方，斗魁二星建方，一星抵戌，一星抵酉。『傳送』者，四月陽極將退，一陰欲生，故傳陰而送陽也；『小吉』，夏至之氣，大往小來，小人道長，小人之吉也，故為婚姻酒食之事；『勝先』者，王者向明而治，萬物相見乎此，莫勝莫先焉；『太一』者，太微垣所在，太一所居也；『天罡』者，斗剛之所建也；斗構謂之『剛』，蒼龍第一星亦謂之亢，與斗剛相宜。『太沖』者，日月五星所出之門戶，天之沖也；『功曹』者，十月歲功成而會計也；『大吉』者，冬至之氣，小往大來，君子道長，大人之吉也，故主文武大臣之事；十二月子位，北方之中，上帝所居也，『神后』，帝君之稱也。天十二辰也，故皆以天事名之。」

　　天象星占另有「軒轅星」，與「黃帝坐」並無直接關係，似乎是主後宮嬪妃的。《宋史‧天文志四》：

　　軒轅十七星，在七星北，后妃之主，士職也。一曰東陵，一曰權星，主雷雨之神。南大星，女主也；次北一星，夫人也，屏也，上將也。次北一星，妃也，次將也。其次諸星，皆次妃之屬也。

　　從「權星主雷雨之神」的功能看，它也許才是軒轅黃帝的正星。可知星相學中的「熒惑犯太微」、「熒惑犯軒轅」對於當時司職天象觀察的官員來說，雖然不如日食、月食那樣直接構成對深居中宮的皇帝與國難兵災的莫大關係，但也非同小可，亦是「萬萬不可粗心大意」之政要大事。[336]

　　查《宋史》諸紀、志記載，北宋時期熒惑犯太微或軒轅星共計七十六次，其中太宗時期（西元九七六年至九九七年）九次，真宗時期（西元九九八年至一○二二年）二十四次，哲宗時期（西元一○八六年至一一○○年）十九次，都是其間比較活躍的時期。對於崇信天象的君主來說，就得做點積德行善的事情以求禳祈。又據《宋史》本紀，趙光義即帝位後，也許是民間對於天象的解釋不一，也許是害怕不利於己的讖言傳播，曾於太平興國二年（西元九七七年）冬十月丙子「詔禁天文卜相之書」。真宗景德元年（西元一○○四年）正月辛丑又重申嚴禁：「詔：民間天象、器物、讖候禁書，並納所司焚之，匿不言者死。」《宋史‧石普傳》說：「大中祥符九年，（石普）上言九月下旬日食者三；

336　作為政治危機的天象徵兆，「熒惑入太微」被認為是「凶相」的歷史，蓋亦有年。《世說新語‧言語第二》：「初，熒惑入太微，尋廢海西。簡文登阼，復入太微，帝惡之。時郗超為中書在直。引超入曰：『天命修短，故非所計。政當無復近日事不？』超曰：『大司馬方將外固封疆，內鎮社稷，必無若此之慮。臣以陛下以百口保之。』帝因誦庾仲初詩曰：『志士痛朝危，忠臣哀主辱。』聲甚淒厲。郗受假還東，帝曰：『致意尊公，家國之事，遂至於此。由是身不能以道匡衛，思共預防。愧歎之深，言何能喻？』因泣下流襟。」

又言：『商賈自秦州來，言唃廝囉欲陰報曹瑋，請以臣所獻陣圖付瑋，可使瑋必勝。』帝以普言逾分，而樞密使王欽若言普『欲以邊事動朝廷』，帝怒，命知雜御史呂夷簡劾之。獄具，集百官參驗，九月下旬日不食。坐普私藏天文，下百官雜議，罪當死。議以官當。詔除名，貶賀州，遣使繫送流所。」就是一個嚴厲追查天象案的實例，雖大臣亦不能倖免。這當然也會對承繼累積前人觀測經驗，造成一定障礙。

鑑於宋代曆法一改再改，今人已無法準確推知當時的天象情況。現將《宋史》北宋諸帝紀記載的「熒惑犯太微」或「軒轅」的連續記載表列如下：

時間	天象	措施	記載
乾德四年（966） 五月辛卯	熒惑犯軒轅	不載	太祖本紀
淳化元年（990） 九月辛巳	熒惑入太微垣	大宴崇政殿。禁川陝民父母在出為贅婿。是月，蠲滄、單、汝三州今年租十之六。	太宗本紀
大中祥符八年（1015） 五月丁亥 五月庚寅 五月辛丑	熒惑入太微 熒惑犯軒轅 熒惑犯太微上將	壬辰廢內侍省黃門，禁金飾服器；庚子放宮人一百八十四人。	天文志、真宗本紀
天禧元年（1017） 五月己酉	熒惑犯太微	乙卯縱歲獻鷹犬。	同上
皇祐二年（1050） 十月庚午	熒惑犯太微上將	乙亥，宴京畿父老於錫慶院。	仁宗本紀
治平元年（1064） 五月己未	熒惑犯太微上將	壬戌以病瘳，命宰臣謝天地、宗廟、社稷及宮觀。	英宗本紀
元符二年（1099） 閏九月壬申	熒惑犯太微左執法	己未，越王茂薨。	哲宗本紀

　　值得注意的是這九次天象活動中，有六次發生在五月。這與後世五月十三關羽生日的傳說有無連繫，也頗值得推敲。如有精於天象與民俗關係的朋友指教，或能釋疑解惑。

　　京師正陽門月城之內的小關廟為中明至清兩代祀關最重要的廟宇，其始建何時，何由興建，史無明載，傳說倒是很多。但是明代焦竑撰〈正陽門關廟碑銘〉為後人留下了一些可資考探的線索。其云：

> 國朝受命，宅內百靈效職，乃太微宮室之間，（關）侯實居之，儼如環衛。蓋四方以京師為宸極，而京師以侯為指南，事神豈可不恭歟？[337]

　　無論如何，看來後人還是在太微垣黃帝星的旁邊為關羽也留下了星宿的位置。此時的關羽雖已敕封為帝君，居夾「黃帝坐」之「四帝星」其一。屬於「南方，赤帝赤熛怒之神也」，已經統制著熒惑星，當然也就永遠鎮伏著搗亂鬧事的蚩尤星了。但他的基本職責，仍然是拱衛著星象中的黃帝。如果與正陽門關廟位於紫禁城南的位置合觀，尤能體會到其地位重要之由，這裡也直接拱衛著紫禁城內的帝王。[338] 這個變化，實際上關涉著明代皇室統緒的一次變遷，另文分解。

337　焦竑（1540～1629）字弱侯，江寧人。萬曆十七年殿試第一人，官翰林修撰，為皇長子講官。二十五年主順天鄉試，被劾，謫福寧州同知。大計鐫秩，遂罷官。博極群書，自經史至稗官雜說無不淹貫，善為古文。並與利馬竇（Matteo Ricci, 1552～1610）等入華耶穌會士頗有來往。有《澹園集》。《明史》卷二百八十八有傳。按明人劉侗《帝京景物略》曾記述：「萬曆四十二年十月十一日，司禮監太監李恩賫捧九旒冠、玉帶、龍袍、金牌，牌書敕封三界伏魔大帝神威遠震天尊關聖帝君，於正陽門祠建醮三日，頒知天下。」已在焦竑撰碑之後，故不得作為正陽門建廟之始，其理至明。

338　朱啟鈐之子朱海北言：「1914 年（民國三年），先父啟鈐公時任內務部總長兼北京市政督辦（相當於市長），有鑑於前門地區淆雜喧鬧現象的亟待改善，乃向袁世凱（當時的大總統）提出《修改前二門城垣》方案。」此過程中不僅未動關廟，還曾將「關帝廟髹飾彩畫」。（〈正陽門城垣改建史話〉《文史資料選編》第 27 輯，1986 年出版）

按五方四極之神各有主司。古人郊廟祭典中例祭五方之神「青帝」、「赤帝」、「黃帝」、「白帝」和「黑帝」，[339] 道教也一直在努力為這些「天帝」的人格神造譜。「黃帝」例為中央之神，而明時北方神已為玄帝（即真武大帝）所居。五行南方屬火，漢、宋兩代五行亦屬火德，故漢代後有「炎漢」、「炎宋」之稱，而兩宋君主亦虔誠遵奉南方赤帝為感生神。後世戲曲小說和民間傳說中的關羽「棗紅臉」、「赤兔馬」，亦似應火德而設。如與前文所述關羽為雷神，六月二十四日同時又是火德星君生日問題合觀，尤為明晰。此將在另文中討論，不贅。

清承明祚，女真人亦從北方入關，君臨中原，當然不能聽任關公星宿的位置屬南。於是出現了一種新的說法，認為他老人家的星象應在北第六星，且有詩云：「吾本天樞第六星，臨風欲使萬方寧。形容雖去神尤在，留得菁英震百靈。」倒也另有一番說詞可談。

《史記·天官書》說：

北七星，所謂「旋、璣、玉衡，以齊七政」⋯⋯斗為帝車，運於中央，臨制四鄉。分陰陽，建四時，均五行，移節度，定諸紀，皆繫於斗。[340]

又據《索隱》引《尚書大傳》，所謂「七政」指：春、秋、冬、夏、天文、地理、人道。即是說，自然界天地的運轉、四時的變化、五行的分布，以及人間世事吉凶否泰，皆由北斗七星所決定。

其後的緯書更對此作了發揮。《雲笈七籤》卷二十四〈北斗九星職位總主〉云：「《黃老經》曰：北斗第一天樞星，則陽明星之魂神也；

339　南朝劉宋始在郊廟祭祀中增入五方之神，可參郭茂倩輯《樂府詩集》第二卷（中華書局校點本）。在這些郊廟歌辭中，五方之神分別被稱為「青帝」（東方，青龍）、「赤帝」（南方，朱雀）、「黃帝」（中央）、「白帝」（西方，白虎）和「黑帝」（北方，玄武），賦予之色彩亦具有代表性。這種方位因素與明清兩代崇祀關羽實有微妙影響，另文再表。

340　《史記》第四冊第 1291 ～ 1292 頁。

第二天璇星，則陰精星之魂神也；第三天機星，則真人星之魄精也；第四天權星，則玄冥星之魄精也；第五玉衡星，則丹元星之魄靈也；第六闓陽星，則北極星之魄靈也；第七搖光星，則天關星之魂大明也。」[341]並引《河圖寶錄》具體介紹道：「第六北極星，天之太常，主升進。上總九天上真，中統五嶽飛仙，下領學者階級。圍七百七十里，有玄臺玉樓。步剛真人號北晨飛華君，姓明靈，諱昌上元。冠飛精華冠，衣紫錦飛裳，執九斗玉策。」又說：「兆若屈滯疾厄，乞申希免，告請天之太常第六玉皇君。」則第六星的職司已然與千家萬戶每一個人相關。

但《洛書》除了記述以上七名外，還記有另外七個名稱，曰：

> 闓陽重寶，故置輔翼，易斗中曰北斗：第一曰破軍，第二曰武曲，第三曰廉貞，第四曰文曲，第五曰祿存，第六曰巨門，第七曰貪狼。[342]

請注意，這裡的北斗第六星，正是明清以後民間講唱說話所津津樂道的「武曲星」。宋元間道教經典基本上沿襲了另一種說法，如《玉清無上靈寶自然北斗本生真經》、《太上玄靈斗姆大聖元君本命延生心經》等，稱「貪狼」、「巨門」等為北斗七星之名，並有紫光夫人感蓮花，化生北斗七星的故事流布民間。略云：龍漢時有一國王名周御，其妃名紫光夫人。某日，夫人於蓮池中沐浴，忽感蓮花九朵化生九子。長為天皇大帝，次子為紫微大帝，其餘七子為貪狼、巨門，祿存、文曲，廉貞、武曲、破軍七星。而《太上玄靈北斗本命延生真經》及《上清靈寶大法》卷三十九等，即據此稱北斗七星為「北斗陽明貪狼星君，北斗陰精巨門星君，北斗真人祿存星君，北斗玄冥文曲星君，北斗丹元廉貞星君，北斗北極武曲星君，北斗天關破軍星君。」

341　《道藏》第二十二冊第 181 頁。文物出版社、上海書店、天津古籍出版社聯合出版。
342　《重修緯書集成》卷六，第 204 ～ 205 頁。

清同治年刊《孝經傳說圖解》「馮履祥為父報仇」故事插圖。明顯地將關羽置於雲霄與星宿之間，表達了古人質樸的見解。清人觀念中，關羽地位已經超過玄武，他已經代表著天空顯現的北斗七星中之第六星。

按道教本以真武為武曲神。《玄天誥》云：

混元六天，傳法教主，修真悟道，濟度群迷，普惠眾生，消除災障，八十二化，三教祖師，大慈大悲，救苦救難，三元都總管，九天游奕使，左天罡北極，右垣大將軍，鎮天助順，真武靈應，福德衍慶，仁慈正烈，協運真君，治世福神，玉虛師相，玄天上帝，金闕化身，蕩魔天尊。

而關羽在星象位置上的變更，以及獲得「蕩魔天尊」神號，說明他在清代已經有全面取代真武大帝的趨勢。這或許和天師道與全真道勢力的消長有所關係。晚明有些地方立廟，甚至把真武廟置於關廟前偏。如崇禎《嘉興縣志》載：

玄天佑聖宮：在煙雨樓右，武安祠前。下有保安祠奉趙玄壇神像。明天啟癸亥知縣湯齊建。按玄武即斗牛女虛危室壁，七宿狀如龜形，位居北方，屬水。其下有騰蛇，星屬火，故繪為龜蛇蟠結之狀。宋代祀之，以厭火災。今宮建於湖中，控挹大潤，周慰閭閻，當知熒惑永為避耀也。[343]

343　《日本藏中國罕見地方志叢刊》影明本，第235頁。

結語

　　總括而言，宋代以後道教開始成為推動關羽崇拜的重要力量。其緣由大致有四：

　　一是因為道教源於本土巫術，將神力法術或山嶽河瀆的神性人格化，本來就是其特長，所以藉解池鹽災推出神將關羽，乃是順理成章之事。

　　二是藉「鹽池靖妖」一事來表達符籙派道教關注民生國計的大旨。尤其是正一派張天師系的復出，需要一個既與早期張道陵傳說「誅蛇伏虎青城山破鬼城」接榫，同時又靠近三十代天師張繼先時代的新故事，以弘揚法力，重振道門。所以他們反覆敘述張天師門下的「關羽斬蚩尤」神話，並把本體系甚至佛教中其他具有神力人物的神格和神功轉移到關羽身上，最終得到全民的認同。

　　三是在北宋時期的龍虎山正一派，最初不過是和茅山、閣皂山並列的「三山符籙」之一。但到南宋和元代以後，正一派地位逐漸上升，終於成為掌握官方「道籙」，「總領天下道教」的第一大派，且享有世襲二品秩的特權。而關羽影響的不斷擴大，也與正一派之地位的提高適成正比，其後還擴及其他道派。如筆者所見，明初永樂年間與紫禁城同時修造全真派武當山道觀中，就有關羽的天尊造像。又據《關帝志》卷之一〈封號〉載，萬曆四十二年十月加封關羽為「三界伏魔大帝神威遠震天尊關聖帝君」時，曾「特命全真道士周庀真等齎請，前去彼處供安，鎮靜方隅，肅清中外」。可知道教中崇奉關羽者，不獨南宗正一派，亦延至北宗全真派。建於解州的國家祀典關廟的格局、形制和建築紋飾，至今仍然保留著顯而易見的道觀風格。事實上，民間盛行的歷代關羽封

號中的「真君」、「天尊」甚至「帝君」等稱號，都屬於道教詞彙。

四是宋元以來的道教發展中，曾有一個創建神譜的過程，這個努力有其多維性質：一個維度是模仿彿教，如尊老子以類釋迦牟尼，創三清以象三寶，以王靈官作韋馱功能的護法神將等系列的道教體系；另一維度又仿照人間政權組織創立了天宮體系，如玉皇大帝，王母娘娘及其文臣武將，一直到城隍土地灶王神的系列；第三維度還要結合本土民間既有的嶽瀆崇拜建立仙班神系，例如東嶽大帝等五嶽四瀆神祇、湖海山川，一直延伸至洞天福地，遍及全國。三維交叉，愈發顯得疊床架屋，龐雜無序。這種構築神系法統的努力成果，集中反映在元明間道教最盛之際出現的小說戲曲《西遊記》和《封神演義》中，就展示的道教兜率、天宮、仙班、神將的不同組合及其體系，令讀者眼花繚亂，著述者也支拙難應。類似作品還有描述真武、華光、觀音、薩真人、許真人等多種戲劇小說，寶卷說唱。

但關羽似乎還難以納入這些體系中。明清以後數量眾多的神禡（即民間祭祀張貼的木版神像），諸神濟濟一堂，有若闔家歡似的展示中，關羽的位置往往變化較大。而且道教也沒有為關羽崇拜大量創制經典。今存道教通俗勸善文有《關帝覺世真經》、《關帝明聖經》、《戒世子文》等[344]，多屬善書寶卷，而且出自清中葉以後。近世臺灣相傳，全世界的「儒道釋耶回」五教教主已索性在清中葉推舉關羽為第十八代玉皇大帝了，此亦出於民間信善的推戴，與道教經典並無關係。[345]

344　據車錫倫編著《中國寶卷總目》（臺灣中央研究院文哲所籌備處圖書文獻專刊之五，臺北：1998年6月初版）統計，還有明萬曆刊本《護國佑民伏魔寶卷》及清末刊《護國佑民伏魔寶卷批注》、《關帝顯聖寶卷》、《伏魔寶卷》、《伏魔寶卷降乩批注》、《關聖玉律寶卷》等數種。但與關羽當時享有的無上尊崇比較而言，仍舊不能算多。

345　參覃雲生〈替關聖帝君封號──專家談玉皇大帝改選〉，臺灣《時報週刊》170期，1981年。1997年初筆者訪問臺灣的民間關廟時也曾親聞此種說法。

這是臺灣《關帝籤》籤書的封面及題詩，詩句出自清中期的《關帝桃園明聖經》，說明關公已成為北星君之一，又恢復到他在黃帝神話中的位置了。據稱這幅《關聖帝君像》原藏臺灣故宮博物院，是清宮保存之像，1998年中國收藏家協會曾以此圖發行金箔紀念藏品。

清代民間神禡之一。佛道仙三班排排而坐，儼若全家福。關羽作為仙班主神，位置正在玉皇、如來之間，儼然若「男主角」，可謂煊赫。左為元始天尊，右為張仙，關平、周倉仍侍兩側，但諸葛孔明卻被擠到周倉身後了。請注意圖中武當山（全真派）之真武大帝與龍虎宗（正一派）之張天師分庭抗禮，侍於玉皇兩側的情景。這是1906～1909年間俄人阿歷克謝耶夫（V. M. Alexeev）從中國購買的「百份」之一，現藏俄羅斯聖彼得堡冬宮博物館。轉引自李福清《關羽肖像初探（上）》。

元雜劇裡以關羽為主角或者重要角色的很多，其中不僅有《關雲長大破蚩尤》的神異，還有像《關大王月夜斬貂蟬》、《關大王斬紅袍怪》這類不經之談。但明清時期關羽受到理學的推戴和提升後，儒生就堅決反對道教如此利用「關夫子」了。如郎瑛引《桑榆漫志》明確指出：

> 關侯聽天師召，使受戒護法，乃陳妖僧智顗、宋佞臣王欽若附會私言。至於降神助兵諸怪誕事，又為腐儒收冊，疑以傳疑。[346]

恰好這個時期儒生也在插手戲曲小說等通俗創作的改編修定工作，連「花關索」這樣流傳已廣，而且還是顯揚蜀漢征西南夷時，關索作為先鋒功業彪炳的故事，都因於史無稽，在整理修訂中刪除了。

前述《新編目連救母勸善戲文》涉及關羽，算得「神魔小

346　郎瑛《七修續稿》卷四「辨正類·漢壽亭」。

說」的例外。道教勸善俗文「目連寶卷」及「目連戲」等，屬於「薦紳先生」所不屑理會的，因而還保留著部分早期形態。案「目連」故事是據佛教《佛說盂蘭盆經》演化而來，以「劈山救母」為盡孝之高潮，本也是佛教中土化後的變化。

據孟元老《東京夢華錄》卷八介紹，北宋時即在每年的七月十五（佛教稱「盂蘭節」，道教稱「中元節」）前後，連續多日舉行盛大「目連」戲曲演出，其風習一直沿襲到近代。由於該劇故事發生的時代地點皆無可稽考，故可容納三教及其他所有之神佛仙鬼，不僅熱鬧非凡，而且可以隨時代風氣之轉移，而變換人物故事。比如宋徽宗時的宦官楊戩，後來竟然成為阻撓目連救母的惡神。故能常演常新，民間影響極大。臺灣新竹國立清華大學王秋桂主持之「中國地方戲與儀式之研究」叢刊，收集有海內外「目連戲」的多個專題，包含現存民間的多種演本。如王躍〈（重慶）江北縣復盛鄉協睦村四社諶宅的「慶壇」祭儀調查〉所引用的資料，就說明有些地方「目連戲」演出第一天劇目中例有「征蚩尤」一出，敘黃帝為大霧所迷，而後部將「葛三剛」之卵生五胞子喜、馬、拉、雅、撒吞雲除霧，最終降服蚩尤的故事。[347] 可知該故事在傳播中還不斷變異，成長為傳說學的所謂「母題」。

另一方面又有明萬曆時祁門文人潘之珍本以「褒善貶惡」宗旨改編成的《新編目連救母勸善戲文》。清乾隆間大學士張照又以唐代作為故事背景，以別「忠奸」為大旨，編成《勸善金科》連臺本戲在宮廷演出，都是企望將該戲內容納入理學「忠孝節義」的框架之中，但深入下層社會的仍然是民間戲文。「目連戲」已成現代戲劇界一門跨越文學、

---

347 《（重慶）江北縣復盛鄉協睦村四社諶宅的「慶壇」祭儀調查》，臺北：《民俗曲藝叢書》，1993年，第 26 頁。此書為王秋桂兄餽贈，謹此致謝。

藝術、宗教、民俗和社會學的專學，[348] 此中有關問題，筆者將在研究元
明小說戲曲與關羽崇拜關係時一併探討。

　　張天師的地位在清代受到了來自儒家的激烈挑戰，蓋因龍虎山張氏
世襲特權是比照曲阜孔氏「衍聖公」的。筆者訪「嗣漢天師府」時，見
到大門至今仍鑴有「麒麟殿上神仙客，龍虎山中宰相家」的鎏金大幅門
聯，道盡了世代富貴尊榮、進退自如的得意，故明代以來儒家一直對
此不滿。王夫之〈噩夢〉曰：「名爵為人主所必惜，固也。乃惜之於文
臣，而以正二品之世爵，施之漢賊張魯之苗裔，使與闕里並崇，因宋元
之陋而流及於今，亦可長太息也。」朱彝尊《上史館第一書》則云：「張
道陵之後，靦顏受世祿，奉朝請，於義何居？」這些牢騷裡面，既有恪
守儒家「不語怪力亂神」的觀念而生的「主義」之爭，也有對張氏一門
不經寒暑苦讀，卻坐享榮華富貴的不平之氣。結怨既久，遂於乾隆十二
年（西元一七四七年）以副都御史梅毅成的上奏翻了一次舊帳。結果是
張天師被連貶了三級：

　　經部議奏，言「正一真人至宋始有封號，元加封天師，秩視一品。
明初改正一嗣教真人，秩視二品。本朝仍明之舊，而《會典》不載品級，
蓋以類於巫史、方外，不得與諸臣同列。即康、雍間曾褒封，亦用以祈
求雨澤，非如前代崇尚其教，而比階以極品也。」旋照太醫院使例，授
為正五品，嗣後襲補，照道官注。

　　案清室以喇嘛教為正宗信仰，除雍正外其他帝王對道教並無特別關
懷，而雍正恰恰就死在內丹派煉士手裡。儒臣選擇這個時機出手攻擊，

348　明清儒士插手「目連戲」改編的大概情形，可參中國藝術研究院戲曲所劉禎〈目連戲：文人與民
　　間〉（臺北：中央研究院中國文哲所籌備處《明清戲曲國際研討會論文集》，1998 年 8 月）。這齣
　　戲歷朝歷代被改編過不計其數，最近一個版本當是 1999 年上映的中國動畫《寶蓮燈》。

使漢天師府氣焰頓消。貶抑至此，連乾隆皇帝後來都看不過去了：

> 至三十年入京來朝，奉旨加恩升三品秩。諭旨言：「念其承襲已久，世守道教。舊例一品，未免太優，遽降五品，又過貶損。且其法官妻近垣現係四品，亦覺未協也。然朝覲筵宴大典，未便以道流廁身其間，一概停止，以肅體制。」[349]

從此天師府不復往日榮光。好在此時的關羽早已兼容三教，跨越種族，成為清廷以至全民普遍供奉的「護國佑民」神了。

349　傅增湘〈《漢天師世家》跋〉。又據「暢遊龍虎山」網站〈天師世系〉：五十六代天師張遇隆於乾隆十七年「左都御史梅瑴成劾降為五品」，五十七代天師張存義於乾隆四十一年「襲爵，由五品晉三品，賜老子繡像，授通議大夫。」（http://www.lhsol.com/travel/daojiao_5.htm）此後終清之世，爵秩未再改變。

附錄

關公信仰形成發展簡明年表

時期	朝代～年代	地點	事件
漢	建安二十四年（219）	當陽	關羽率兵北伐，威震華夏。年底孫權偷襲荊州，關羽退保麥城，兵敗被擒，遇害當陽。
	景耀三年（260）	成都	秋九月，後主追諡故前將軍關羽曰壯繆侯。
隋	開皇十二年（592）	當陽	天臺宗創始人智顗往荊楚傳法，創建玉泉寺。後世關羽皈依佛法事即附跡於此。
唐	儀鳳年間（676～679）	當陽	禪宗北派六祖神秀依附玉泉寺創建度門寺，後世關羽為護佛伽藍事即附跡於此。
	開元二十九年（741）	洛陽	《關楚征墓誌》稱「昔三國時蜀有名將曰羽，即公之族系。曾祖元敏，祖玄信，父思渾，並代推雄望，蔚為領袖。」可知至遲此時已有自承關羽後裔的家族。
	天寶元年（742）	安西	僧人不空託言請得天王之子解唐軍安西之圍，皇帝頒詔天下府州縣城西北角修建天王堂。此為中國普遍繪像敬奉毘沙門天王之開始。
唐	建中三年（782）	長安	禮儀使顏真卿奏請武成王配祀增加關羽等，共 64 人。
	貞元二年（786）	長安	刑部尚書關播奏請裁撤配祀之「異時名將」。「自是唯享武成王及留侯，而諸將不復祭矣。」
	貞元十八年（802）	當陽	董侹撰〈荊南節度使江陵尹裴公重修玉泉關廟記〉，為現存關羽成神之最早記載。
五代	後唐明宗年間（926～930）	洛陽附近	〈（後）晉故隴西郡夫人關氏墓誌銘並序〉稱唐明宗皇妃之母關氏為「蜀將鎮國大將軍、荊州都督（關）羽之後也」。此為另一自承關羽後裔家族。

時期	朝代～年代	地點	事件
宋	建隆元年 (960)	汴梁	太祖「幸武成王廟，歷觀兩廊所畫名將」，詔「取功業始終無瑕者」，配祀晉升灌嬰等 23 將，黜退關羽等 22 將。
	建隆三年 (962)	汴梁	詔給昭烈帝、關羽、張飛、諸葛亮等歷代「功臣、烈士」各置守塚三戶。
宋	大中祥符七年 (1014)	解州	始建關羽祠廟於其故里。
	慶曆三年 (1043)	汴梁	用范仲淹議，武成王廟「自張良、管仲而下依舊配享，不用建隆升降之次」。關羽等將復入配祀。
	皇祐五年 (1053)	邕州	此處原有關羽祠廟。元豐碑刻記述：「皇祐中，儂賊陷邕州，禱是廟，妄求福助，擲杯不應，怒而焚之。狄丞相破智高，乞再完。仁宗賜額，以旌靈貺。」
	至和二年 (1055)	桂林	釋義緣在龍隱岩題刻石壁，稱「智者大師，擎天得勝關將軍，檀越關三郎」。此為今存最早關羽崇拜的摩崖碑刻。
	嘉祐末年 (1061～1063)	鳳翔	蘇軾任簽判，與時任監府諸軍之王彭結識交往，始聞「說三分」事。北宋「說三分」風習至遲在此前開始。

時期	朝代～年代	地點	事件
宋	熙寧九年 （1076）	荔浦	西夏前線將領郭逵率領的威勝軍神虎第七軍南下征交趾時，曾參拜關廟，並發軍誓祈神護佑。後果在遭遇戰中覺有「陰兵助戰」，遂得大捷。
	元豐三年 （1080）	沁縣	西夏前線將領，知威勝軍王文郁率威勝軍神虎第七指揮及宣毅第二十五指揮官兵集體捐資，於原駐地新建蜀蕩寇將［軍漢壽亭］關侯廟，報答神貺，並立碑紀念。此為現存以關羽替代毘沙門天王成為軍隊「助戰神靈」的最早記載。
	元豐四年 （1081）	當陽	玉泉寺住持承皓鼎新寺院，張商英撰〈重建關將軍廟記〉，重申佛教「關羽顯聖」，皈依佛門傳說。
	紹聖二年 （1095）	當陽	賜當陽關羽祠廟額「顯烈」。
	元符元年至三年 （1098～1100）	解州	鹽池潰堤遇水，基本停產。
宋	崇寧元年 （1102）	解州	鹽池經過整修，開始恢復生產。二月封關羽為忠惠公。此為後世加封關羽新爵之開始，亦為「關公戰蚩尤」神話的由來。
	崇寧四年 （1105）	汴梁	五月，賜信州龍虎山道士張繼元號虛靜先生。六月解池修復，全面恢復生產。
	大觀二年 （1108）	汴梁	加封關羽為武安王。
	政和七年 （1117）	聞喜	地方治安官員募修關羽祠，撰解州聞喜縣〈新修武安王廟記〉。此為後世治安官員崇祀關羽之開始。
	宣和五年 （1123）	汴梁	正月禮部奏請，敕封關羽為義勇武安王，從祀武成王廟。

時期	朝代～年代	地點	事件
宋西夏金蒙古	宋建炎二年（1128）	洛陽	京西路關羽祠有張貼〈勸勇文〉者，以「五可殺」鼓勵齊心協力抗擊金兵。提點京西北路謝旣「得而上之，詔兵部鏤版散示諸路」。加封關羽為「壯繆義勇武安王」，誥詞云：「肆摧奸宄之鋒，大救黎元之溺。」此為視關羽為寧死不屈、抵抗外侮象徵之始。
	宋紹興二十七年（1157）	臨安	在西溪法華山建義勇武安王廟。此為江南三吳地區興建關羽祠廟之始。
	金大定十三年（1173）	平遙	慈相寺住持新建關羽廟於法堂東廡，言：「今茲天下伽藍奉此者為護法之神。」郝瑛撰〈慈相寺關帝廟記〉。此為金國奉祀關羽現存之最早記載。
宋西夏金蒙古	金大定十七年（1177）	解州	下封村柳園社鄉人王興為關羽修建家廟，有〈漢關大王祖宅塔記〉存世。井上建有瘞塔，塔銘且言：關羽「於靈帝光和二年己未，憤以嫉邪，殺豪伯而奔。聖父母顯忠，遂赴舍井而身歿。」此為現存民間為關羽事蹟添加前傳之最早記述。
	金大定年間（1161～1189）	鞏昌	相傳「西兵潛寇，城幾不守，乃五月二十有三日，見若武安狀者，率兵由此山出，賊駭異退走。」隨即在萬壽山建廟，府帥世代祀之。此為金軍猶自沿襲宋軍風習，以關羽崇拜對抗西夏毘沙門天王崇拜之記載。
	宋淳熙十四年（1187）	當陽	因「疫癘不作，饑饉不臻，盜賊屏息，田裡舉安」，特封壯繆義勇武安英濟王。此為宋代對於歷代功臣烈士之最高封爵，亦為現存以關羽為祈雨神衹的最初記載。

時期	朝代～年代	地點	事件
宋 西夏 金 蒙古	金明昌年間 （1190～1195）	河南、 河北	開州（濮陽）、固安等地建立關廟。
	蒙古成吉思汗 二十一年（1226）	黑水城	成吉思汗率大軍攻破西夏黑水城，直逼國都。黑水城守將於城破之前將佛經圖籍等藏入佛塔。其中包括金人版刻之〈義勇武安王位〉關羽神像。
	蒙古海迷失后元年 （1249）	清苑	張柔建順天府城，設關廟，郝經撰〈重建武安王廟記〉。此為蒙古政權建關廟現存最初記載。其中言及「夏五月十三日，秋九月十有三日，則大為祈賽，整仗盛儀，旌甲旗鼓，長刀赤驥，儼如王生。」則為現存關羽祀典日之最初記載。
元	中統四年 （1266）	汲縣	王惲撰〈重修義勇武安王祠記〉。又蔚州〈大元加封顯靈英濟義勇武安王碑銘〉稱：「本朝以武功定天下，所在郡邑，悉建祠宇，士民以時而享。」
元	至元六年 （1269）	徐州	州牧董恩建呂梁洪廟，以祀漢壽亭侯關羽、唐鄂國公尉遲敬德，以二公於徐州皆有遺跡。此為漕運祭祀關羽之最初記載。
	至元七年 （1270）	大都	八思巴設藏傳密宗「鎮伏邪魔獲安國剎」大法會，歲正月十五日，以「八衛撥傘鼓手一百二十人，殿後軍甲馬五百人，抬舁監壇漢關羽神轎軍及雜用五百人。」遂成「游皇城」制度，元末乃止。
	至元二十二年 （1285）	遼陽	建立關廟。此為東北地區設廟之始。
	大德～至大年間 （1297～1308）	當陽	儒士胡琦編纂《關王事蹟》（又名《新編關王實錄》），開始將關羽祖系、生平年譜、關王書札、身後靈異，到歷代封贈、碑記、題詠等匯刊一處。此為關羽虛構事蹟系統化之開端。

時期	朝代～年代	地點	事件
元	至大元年 （1308）	當陽	玉泉寺住持鐘山復新廟宇，發現關羽祠地基。延祐元年（1314）完成復建，毛德撰〈新建武安王殿記〉記其事。
	皇慶二年 （1313）	徐州	趙孟頫撰〈關、尉神祠碑銘〉，以「二公生為大將，歿而為神，其急人之患難，夫豈愆於素志」為由，奉為漕運護佑神。
	至治年間 （1321～1323）	建安	虞氏刊本《全相三國志平話》刊印。此為現存最早的三國平話話本。
	泰定二年 （1325）	大都	元帝、后出資復新西四北羊角市關廟，吳律撰〈漢義勇武安王祠記〉記其事。
	天曆元年 （1328）	大都	加封漢關羽為顯靈威勇武安英濟王，遣使祀其廟。
元	至順二年 （1331）	大都	封（關羽）齊天護國大將軍、檢校尚書、守管淮南節度使，兼山東、河北四門關招討使，兼提調諸宮神剎、無分地處檢校官、中書門下平章政事、開府儀同三司、駕前都統軍、無佞侯、壯穆義勇武安英濟王、護國崇寧真君。
	元代	大理	據天啟《滇志》記載：「大理府關王廟，在府治西南，元時建。」此為西南少數民族地區興建關廟之始。
明	洪武二十七年 （1394）	南京	以蜀漢原謚建關廟於雞鳴山，列入祀典。
	建文年間 （1399～1402）	寧海	方孝孺撰〈關王廟碑〉。
	宣德年間 （1426～1435）	北京	宮廷畫家商喜繪製巨幅〈關羽擒將圖〉。
	成化十三年 （1477）	北京	奉敕建廟宛平縣之東，祭以五月十三日。皆太常寺官祭。大學士商輅奉敕撰碑。此為明廷歷代皇帝在北京興建祀典關廟之始。

時期	朝代～年代	地點	事件
明	嘉靖元年（1522）	不詳	修髯子序繫年於此，一般認為現存羅貫中本《三國志通俗演義》此年刊印。
	嘉靖十年（1531）	北京	以出生地鍾祥升為承天府，荊門、沔陽等三個府州歸入承天府轄治。當陽原屬荊門，亦併入承天府治下。敕建正陽門小關廟，釐定關羽為南方神，為帝系轉南，護佑帝祚之保護神。
	嘉靖三十四年（1555）前後	江南	閩廣：江南、閩、廣屢遭「倭亂」，士民競以關羽為護境保民之神，爭傳顯靈助陣之事，紛紛修建關廟，以為一方護佑。此為關羽祠廟深入鄉里之始。關羽護佑科第士子的傳說，也於此時最早在江南士人的筆記碑刻中開始流傳。
	嘉靖三十五年（1556）	江陵	《關王忠義經》楊博序繫年。嘉靖近侍黃錦、陸炳捐資復新當陽關羽墓寢。
	萬曆十八年（1590）	高家堰	潘季馴治漕河，「以神顯靈高堰，詔加尊號，頒袞冕，賜廟額曰『顯佑』」，封此神為「協天護國忠義大帝」。此為封關羽帝號之始。從此大運河沿途競相建立關廟，以祈保人流物轉之平安。此為後世關羽司職財神之重要緣由。
	萬曆二十二年（1594）	北京	孫丕揚主吏部，為避免中貴干謁，轉效正陽門關帝籤，以掣籤方式決定官員銓選。此為後世官員舉子及行商坐賈競相掣取正陽門關帝籤之開始。並應道士張通元之請，敕解州關廟供奉神祇進爵為帝。
	萬曆四十二年（1614）	北京	以「夢感聖母中夜傳詔」，敕封天下關廟之神為「三界伏魔大帝神威遠鎮天尊關聖帝君」，「五帝同尊，萬靈受職」。實為護佑福王之藩。自此關羽成為無上尊神。

時期	朝代～年代	地點	事件
明	萬曆四十五年 (1617)	北京	萬曆帝親撰〈御制敕建護國關帝廟碑記〉，聲稱「曩朕恭謁祖陵，俄頃空中彷彿金甲，橫刀跨赤，左右後先，若護蹕狀。」「帝秉火德，熒惑應之。顏如渥丹，騎日赤兔，盡其征也。陽明用事，如日中天，先天則為南，當乾；後天則重明麗正，天且弗違。」明確以關公為明廷護佑神。
清	崇德八年 (1643)	盛京	以瀋陽為京城，敕建關廟，賜額「義高千古」。
	順治年間 (1644～1661)	寧古塔	被罪流放之漢人記述：「滿初人不知有佛，誦經則群伺而聽，始而笑之，近則習而合掌，以拱立矣……不祀神，唯知關帝，亦無廟，近乃作一土龕。」
	（明）永曆二十二年 (1667)	臺南	建立關帝廟，明寧靖王親書「古今一人」匾懸於廟內。
	雍正三年 (1725)	北京	頒詔比隆孔子儀典，「追封關帝三代俱為公爵，牌位止書追封爵號，不著名氏。於京師白馬關帝廟後殿供奉，遣官告祭。其山西解州、河南洛陽縣塚廟，並各省府州縣擇廟宇之大者，置主供奉後殿，春秋二次致祭。」此為關羽列入符合儒家規範之國家祭祀主神的開始。
	乾隆四十一年 (1776)	北京	頒詔「所有《（三國）志》內關帝之諡，應該為『忠義』。第本傳相沿已久，民間所行必廣，慮難以更易。著武英殿將此旨刊載傳本。用垂久遠。其官版及內府陳設書籍，並著改刊，此旨一體增入。」

時期	朝代～年代	地點	事件
清	咸豐四年 （1854）	北京	頒詔更定關廟祭禮，「（原）跪拜禮節，僅行二跪六叩，雖係照中祀例，然滿洲舊俗於祭神時俱行九叩禮，嗣後親詣致祭，亦朱定為三跪九叩禮，用伸儼恪之誠。」此與祭孔規格已全然相同，封爵則過之。僅因時值太平軍亂，未能按工部造圖，鼎革各地官修關帝廟。
民國	民國三年 （1914）	北京	大總統袁世凱「允陸海軍部之請，特將關帝及岳王合祀武廟。凡有軍人宣誓的大典，均在武廟行禮。」
	民國十七年 （1928）	南京	北伐成功，國民政府宣布廢除武廟祭祀。
	民國二十七年 （1938）	北京	日偽政權宣布恢復武成王祭祀，以關羽等為陪祀。

再版後記

　　山西是關雲長故里，民間相傳關夫人姓胡，先父胡小偉先生開玩笑說自己是關公親戚，雖為戲言，實存深意。於是在山西出版傳媒集團‧北嶽文藝出版社推動下，有了二〇〇九年出版的《關公崇拜溯源》上下冊六十萬字，也即開創關公文化學的里程碑著作、五卷本兩百五十萬字的《中國文化史系列‧關公信仰研究》的簡明本。

　　二〇一四年父親猝逝，沒能看到自己念念不忘的二〇二〇年關公大義歸天一千八百週年之際全球信眾共懷英雄的盛況。然而關公信仰仍在人心，不斷有人尋求關公研究的權威著作，因此有了本書的再版提議。此次修訂始自二〇一九年年底，逐一核對書中古今中外文獻出處，訂正各種訛誤，儘管如此，仍不排除有疏漏之處。有識者認為胡先生開創的是一門新的學科，即關公學。既然屬於學術研究，必然需要研磨切磋才能發展，還望讀者不吝指正。

　　借此機會向決策再版的幾任主編致謝！編輯樊敏毓老師即將退休，把此書作為告別職業生涯的紀念並付出很大精力。北嶽社的老編輯王靈善先生通校了全稿。審校者席香妮老師是先父母多年好友，以深厚的感情嚴格要求。遺憾的是初版責編胡曉青老師已故，未能得知再版的好消息，深為痛惜。此次再版，承蒙先父好友毛佩琦先生賜序，為我們講述那一代知識分子的共同追求，親切感人。此次修訂盡量替換了較清晰的

再版後記 ——————————————————————

插圖，提供者有運城關帝廟和在線古籍公益圖書館「書格」（http://new.
shuge.org），一併鳴謝。

胡泊

時在辛丑小雪

於京華瞰山室

關公崇拜溯源：

從「斬蚩尤」神話到宋朝天象解說，為什麼歷代皆尊關羽為忠義的化身？

作　　者：胡小偉

發 行 人：黃振庭

出 版 者：崧燁文化事業有限公司

發 行 者：崧燁文化事業有限公司

E-mail：sonbookservice@gmail.com

粉 絲 頁：https://www.facebook.com/
　　　　　sonbookss/

網　　址：https://sonbook.net/

地　　址：台北市中正區重慶南路一段六十一號八
　　　　　樓 815 室

Rm. 815, 8F., No.61, Sec. 1, Chongqing S. Rd.,
Zhongzheng Dist., Taipei City 100, Taiwan

電　　話：(02)2370-3310

傳　　真：(02)2388-1990

印　　刷：京峯彩色印刷有限公司（京峰數位）

律師顧問：廣華律師事務所 張珮琦律師

國家圖書館出版品預行編目資料

關公崇拜溯源：從「斬蚩尤」神話到宋朝天象解說，為什麼歷代皆尊關羽為忠義的化身？ / 胡小偉 著 . -- 第一版 . -- 臺北市：崧燁文化事業有限公司 , 2023.08
面；　公分
POD 版
ISBN 978-626-357-541-7(平裝)
1.CST:（三國）關羽 2.CST: 傳記 3.CST: 崇拜 4.CST: 文化研究
782.823　112011519

定　　價：320 元

發行日期：2023 年 08 月第一版

◎本書以 POD 印製
Design Assets from Freepik.com

電子書購買

臉書